이 책은 스티븐 매키아의 저서인 〈건강한 교회가 되자〉의 속편인데, 건강한 교회의 열 가지 특성에 이어 건강한 그리스도인이 되는 열 가지 특성이 추가된 것이다. 영적 목마름과 영적 타락을 경험한 사람들, 주님의 진정한 제자가 되기를 갈망하는 사람들에게 필요한 이 특성들은 성장하기 원하며, 또 그들을 통하여 살아 계신 주님의 능력이 역사하는 것을 보기 원하는 모든 신실한 주님의 제자들에게 이 책을 추천한다.

월터 카이저 (Walter C. Kaiser, Jr., Gordon-Conwell Theological Seminary 총장)

우리는 누군가를 위해 살거나 혹은 자신의 인생을 그냥 낭비해 버린다. 이 책은 예수님께 삶을 드린 모든 사람들이 어떻게 하면 예수님과 함께 또한 그분을 위하여 살 수 있는지에 관하여 구체적으로 이끌어 줄 것이다.

해돈 로빈슨 (Haddon Robinson, Gordon-Conwell Theological Seminary 교수)

이 책은 일상의 삶 속에서 성장하기를 원하는 모든 사람들이 꼭 읽어야 할 책이다. 스티븐 매키아는 가장 근본적인 그리스도인의 삶에 대한 비밀을 열어 보이는 동시에 일상생활 속에서 예수님을 닮기 원하는 사람들이 응답해야만 하는 것들을 직설적으로 도전한다. 이 책은 꼭 읽어야할 고전이다. 신실한 그리스도인의 삶을 살기를 원하는 모든 사람들에게 이 책을 적극 권한다.

테드 해가드 (Ted Haggard, National Association of Evangelicals, 전국복음주의협회 회장)

구체적인 처방과 간단명료한 도전으로, 스티브 매키아는 일상의 삶 속에서 예수 그리스도를 따르는 사람들에게 삶을 바꾸는 진리를 예리하게 설명하고 있다. 이 책은 어쩌면 다음과 같은 경고문을 붙여야 할 것이다: "독자들은 조심하세요. 이 책에 있는 진리들이 당신의 삶을 변화시킬 것입니다."

폴 보스윅 (Paul Borthwick, 작가, 강사, 지도력 개발, 상담가)

건강한 제자가 되자

생명력 넘치는 그리스도인의 열 가지 특성

스티븐 매키아 지음

최　　언　　집 지음

도서출판 세 복

세계복음화문제연구소
(The World Evangelization Research Center)는
한국 교회가 세계 복음화를 위하여
한 모퉁이를 담당해야 된다는 사명으로 사역하고 있습니다.

건강한 제자가 되자
생명력 넘치는 그리스도인의 열 가지 특성

지은이　스티븐 매키아
옮긴이　최언집
발행인　홍성철
초판1쇄　2007년 7월 30일
발행처　도서출판 세복
주소　서울특별시 종로구 신문로2가 1-70
전화: (02) 2066-5562
홈페이지: http://www.saebok.net
E-Mail: werchelper@hanmail.net
제1-1800호 (1994년 10월 29일)
등록번호　예영커뮤니케이션
총판처　전화: (02) 766-7912, 팩스: (02) 766-8934
ISBN　978-89-86424-94-2　03230
값　12,000원

ⓒ　도서출판 세복

Becoming a Healthy Disciple

Ten Traits of a Vital Christian

Stephen A. Macchia

목차

추천의 글

미국의 여론 조사에서도 밝혀졌듯이, 아마도 과거 10여 년 동안에 미국 전역에서 가장 놀라운 경향은 영적인 것에 대한 관심도가 매우 높아졌다는 것이다. 하나님에 대하여 매우 알고 싶어 한다는 것이다. 이것은 다른 사람들과 좀더 깊고 뜻 깊은 관계를 위해, 상호 간에 서로 돕고 함께 성장할 수 있기를 원한다는 의미이다.

열 명 중 여덟 명의 미국인들은 자신들이 그리스도인이라 믿으면서도 그들 중 대다수가 그들이 믿는 것이 무엇인지, 왜 그렇게 믿는지 모른다. 그들은 의무적으로 교회에 다니면서 교회에 다니지 않는 사람들과 좀 다르기를 원하지만 결코 "다른 사람"이 되지는 못한다. 즉 자신이 그리스도인이라고 스스로 생각하는 사람들도 영적 불확실성과 혼돈 속에서 방황한다는 것이다.

이러한 시대에 꼭 필요한 책이 바로 〈건강한 제자가 되자 생명력 넘치는 그리스도인의 열 가지 특성〉이다. 이 책은 이 시대의 영적 상태에 대하여 강력하게 충고한다. 또한 이 책은 설득력 있는 학문적 배경이 있고, 수년 간의 목회 경험이 있고, 또 창조적인 목회로 많은 사람들을 그리스도께 인도하는 데 도움을 주고 있는 "비전 뉴 잉글랜드"(Vision New England)의 회장으로서 훌륭한 자격과 실력을 갖춘 사람이 쓴 책이다.

이 책의 목적은 "온전하게 예수 그리스도를 따르는 것이 무엇인지를 넓고 깊게 이해하게 하는 것이다." 예수님의 제자들로부터 배우기 위하여 요한복음을 연구하면서, 저자는 예수님을 만난 모든 사람들에게 나타나신 예수님의 사랑을 통해 믿음의 깊은 샘물을 길어 올린다. 나의 사랑하는 친구요, 영적인 동지이며 가족인 스티븐 매키아는 그리스도의 제자를 만들기 원하는 사람들이 보여 주는 열 가지 특성들을 하나하나 짚어가며 명쾌하고 힘 있게 썼다.

만일 교회가 교인들에게 예수님이 하셨듯이 자기 십자가를 지고 순종하라고 한다면 과연 어떤 일이 생길 것인가? 최근의 연구 결과들이 몇 가지 섬뜩한 예측들을 보여 준다.

갤럽 통계 조사 기관(Gallup Institute)과 달라스의 판테고성서교회(Pantego Bible Church)의 담임목사인 랜디 프라지(Randy Frazee)와 밥 버포드(Bob Buford)가 공동으로 한 이번 연구에서는 하나님의 사랑이 이웃 사랑과 사회를 향한 봉사 활동과 밀접하게 연관되어 있다는 것을 통계적으로 보여 주고 있다.

하나님의 깊은 사랑이 담긴 기본적인 열다섯 개의 항목들을 가지고 있는 사람들은 다른 모든 그룹들(기독교적인 관습을 따라 사는 사람들—80%의 표본 조사 대상자)보다 배경에 관계없이 모든 사람을 사랑해야 한다고 믿을 가능성이 **훨씬 높았다.**

하나님의 깊은 사랑을 간직한 대다수의 사람들은 이런 믿음을 가지고 있다. 이 조사 결과는 만약 제자도가 우선적으로 회복된다면 수백만의 미국인들을 대표하는 목사나 종교적 지도자들과 그 외에 많은 사람들은 커다란 잠재적인 영향력을 갖게 된다는 것을 말해 주고 있다.

오늘날은 교회들을 위한 역사적인 기회의 순간이다. 그것은 "하루를 온전히 헌신하자"는 것이며, 하나님의 은혜를 통해 살아 계신 그리스도와 개인적으로 교제하며 충실하게 믿고 따르자는 믿음의 공동체들을 위한 기회인 것이다. 스티븐 매키아의 책은 이런 변화 과정을 인도하며 격려하는 중요한 몫을 담당하고 있다.

조지 갤럽 (George H. Gallup, Jr.)
갤럽연구소, 뉴저지의 프린스톤

서문

2001년 9월 11일, 이 날은 미국인 모두가 엄청난 상처를 받은 날이었다. 테러가 미국을 강타했던 그 날, 우리 각자가 어디에 있었든지 그 날을 생생하게 기억할 것이다. 하지만 시간이 지날수록 그 날의 상처받은 마음으로부터 회복하게 될 것이고, 마음에 새겨진 그 날의 아픔을 되돌아보면서 가족들과 친구들과의 관계가 더욱 돈독해지게 될 수도 있을 것이다. "하나님이여, 미국을 축복하소서," "우리는 단결한다," "소방관," "경찰," "구조대원," "세계무역센터" 등을 기억할 것이다. 우리 중에 이런 일을 경험했던 사람들은 기억으로 덮어둘 것이고, 결국은 그 기억에서 해방될 것이며, 새로운 시각으로 되돌아 볼 것이다. 이렇게 함으로 오늘을 사는 우리의 의무를 적절히 수행하면서 미래를 대비할 것이다.

제자들도 우리가 9.11 테러 때 받았던 것과 비슷한 경험, 즉 그리스도께서 십자가에서 처형됨으로 받았던 경험을 했었음에 틀림없다. 그런 재난이 영혼의 중심부를 강타했을 때, 그들은 예수님 없는 인생은 있을 수 없다는 생각을 했었을 것이다. 삼일 후에 그들이 무덤이 비어 있는 것과 예수님이 다시 살아나신 것을 발견했을 때, 그들은 부활의 진실을 중심으로 다시 뭉치게 되었으며 의심의 구름이 걷히게 되었다. 땅 끝까지 이르러 증인이 되라는 그리스도의 말씀에 따라 성령을 받은 무리들이 함께 모여 기도와 예배와 가르침과 교제와 동거함으로 앞장서서 증인의 사역을 감당하였다. 그들은 지상명령의 의무를 다하기 위하여 소망과 기쁨과 회개와 결단으로 무장하고 앞으로 나아갔던 것이다.

당신은 어떠한가? 당신이 예수 그리스도의 제자라면 미래에 대한 확신으로 가득 차 있어야 한다. 새롭게 결단하고 제자훈련의 본질로 되돌아가야 하는 때가 되었다. 하나님이 맡겨 주신 사역들에 관하여 우선순위를 다시 정할 필요가 있다. 복음에 대하여 다시 생각하고, 예수님의 제자가 되는 것에 대한 의미를 새롭게 자리매김해야 한다.

건강한 제자가 되는 것은 일생 동안 가야 하는 여행길이다. 하나님이 우리에게 원하시는 것을 온전히 달성한다는 것은 불가능하다. 제자의 도는 도제(徒弟)와 같다. 장인(匠人)은 완전을 기대하지 않는다. 다만 기술이 조금씩 향상되는 것만을 기대한다. 그분의 영광에 도달할 수 없고, 생각하는 것보다 훨씬 더 많이 그분을 실망시킬 수도 있다. 그러나 그분의 제자들에 대한 주님의 엄청난 사랑은 과거나 현재나 매래에도 헤아릴 수 없고, 부인(否認)할 수 없는, 무조건적이며, 깨어질 수도 없는 무한대의 크기이다. 인간적인 힘과 육감으로 살아갈 때, 우리는 그분을 실망시켜 드리게 된다. 그러나 그분이 주시는 힘과 능력으로 살아갈 때 우리는 그분에게 즐거움과 커다란 기쁨을 안겨 드리게 된다.

건강한 교회가 되자

건강한 제자도의 배경은 건강한 교회이다. 우리는 건강한 교회가 만들어 주는 환경 속에서 가장 잘 성장한다. 이 전제가 가능하다면 교회의 본질을 습득하여 교회 안에서, 집에서, 직장에서, 지역사회에서, 전 세계에서 실천하는 것은 참으로 쉬운 일이다.

〈건강한 교회가 되자〉(Becoming a Healthy Church)[1]에서 건강한 교회가 되는 특성 열 가지를 소개하였다. 이 특성들은 집중적인 연구와 교회 탐방, 성경 공부, 기도, 교회 지도자들과 면담, 훈련, 실험, 개선의 결과이다. 결론적으로 "건강한 교회"는 교회 생활과 사역의 모든 면에서 기도해야 하고, 하나님의 능력과 말씀의 권위에 의지해야 하고, 그리고 다음과 같은 가치들에 비중을 두어야 한다:

1. **하나님의 임재의 권능.** 건강한 교회는 매일의 삶과 사역에서 성령님의 인도하심과 권능을 구해야 한다. (롬 8:16, "성령이 친히 우리 영으로 더불어 우리가 하나님의 자녀인 것을 증거하시나니.")
2. **하나님을 높이는 예배.** 건강한 교회는 그리스도의 현존하는 몸이신 교회에 사람들의 마음과 영혼과 힘을 합하여 하나님께 예배하기 위해 정기적으로 모인다. (요 4:23, "아버지께 참으로 예배하는 자들은 신령과 진정으로 예배할 때가 오나니 곧 이때라. 아버지께서는 이렇게 자기에게 예배하는 자들을 찾으시느니라.")
3. **영적 훈련.** 건강한 교회는 남녀노소 모두에게 그들의 영적 제자훈련에 필요한 훈련 교재와 본보기 그리고 자료들을 제공한다. (약 3:17, "오직 위로부터 난 지혜는 첫째 성결하고, 다음에 화평하

고, 관용하고, 양순하며, 긍휼과 선한 열매가 가득하고, 편벽과 거짓이 없나니.")

4. **공동체 안에서 배우며 자라기.** 건강한 교회는 안정되고 지지해 주는 환경에서 하나님과 그리고 서로가 함께 동행하며 성장하도록 믿는 자들을 격려해 준다. (롬 14:19, "이러므로 우리가 화평의 일과 서로 덕을 세우는 일을 힘쓰나니.")

5. **사랑과 돌봄의 관계를 위한 헌신.** 건강한 교회는 가족들과 교인 들과 섬기는 지역 사회에서 사랑과 돌봄의 관계를 만들어 나가는 노력을 해야 한다. (요일 3:16, "그가 우리를 위하여 목숨을 버리셨으 니, 우리가 이로써 사랑을 알고, 우리도 형제들을 위하여 목숨을 버리는 것이 마땅하니라.")

6. **섬기는 지도력 개발.** 건강한 교회는 하나님이 부르신 지도력의 은사를 받은 사람들을 발견하고 개발하며, 그들이 섬기는 지도자 가 되도록 훈련한다. (엡 4:16, "그에게서 온 몸이 각 마디를 통하여 도움을 입음으로 연락하고 상합하여 각 지체의 분량대로 역사하여 그 몸을 자라게 하며 사랑 안에서 스스로 세우느니라.")

7. **불신자에게 초점.** 건강한 교회는 불신자들에게 예수님의 진리를 전하고 예수님의 사랑을 실천하는 것을 더욱 중요시한다. (눅 19: 10, "인자의 온 것은 잃어버린 자를 찾아 구원하려 함이니라.")

8. **지혜롭고 책임감 있는 행정.** 건강한 교회는 전도 사역의 개발과 성장을 위하여 시설과 장비와 시스템들을 잘 관리해야 한다. (눅 16:11, "너희가 만일 불의한 재물에 충성치 아니하면 누가 참된 것으로 너희에게 맡기겠느냐?")

9. **그리스도의 지체들과 협력.** 건강한 교회는 그리스도 안에서 공

동으로, 자료를 공유하며, 함께 배우고, 함께 예배하기 위하여 그리스도 안의 다른 지체들과 서로 협력한다. (요 17:23, "저희로 온전함을 이루어 하나가 되게 하려 함은 아버지께서 나를 보내신 것과 또 나를 사랑하심 같이 저희도 사랑하신 것을 세상으로 알게 하려 함이로소이다.")

10. **청지기 직무와 관용.** 건강한 교회는 각 교인들이 청지기인 것을 알게 하며, 다른 사람에게 희생적인 관용을 베풀 것을 가르친다. (고후 9:6, "이것이 곧 적게 심는 자는 적게 거두고 많이 심는 자는 많이 거둔다 하는 말이로다.")

건강한 교회를 위한 이 열 가지 특성들을 소개했을 때, 목사들과 교회 지도자들은 이 특성들이야말로 모든 교단을 초월하여 적용되며, 그리스도인 공동체 안에서 건강하고 생명력 있는 믿음을 원하는 모든 사람들이 수긍할 수 있는 원칙이라고 말하였다. 이 특성들은 여러 형태의 사역을 염두에 두고 모든 분야의 그리스도의 몸을 대표하여 쓰여졌다.

나는 예수님의 많은 제자들이 생활과 봉사를 똑같이 중요시할 때 교회 전체에 매우 좋은 영향을 줄 것이라는 근본적인 전제를 바탕으로 이 책을 썼다. 제자들의 건강과 교회의 건강은 서로 밀접하다. 그 두 가지가 서로 균형 있게 추구될 때 엄청난 변화를 경험하게 될 것이다.

당신이 예수 그리스도의 제자라면, 매일 매일 그분을 닮아가기 위하여 노력해야 하는 것이 의무이다. 당신이 평범한 사람이라면 이렇게 하기 위하여 교회의 지체로서의 위치를 이해할 필요가 있다. 혼자서 그분을 닮아가는 것은 불가능하다. 우리는 교회의 울타리 안에서 예수님의 형상으로 닮아가야 한다.

존 스토트(John Stott)는 명저 〈기독교의 기본 진리〉(Basic Christianity)에서 이렇게 썼다: "그리스도인의 삶은 단순하게 우리 자신에게만 관계되는 일로 끝나는 것이 아니다. 하나님의 가족으로 새로 태어났으면, 그의 민족이나 교파에 관계없이 그리스도 안에서 형제요 자매이다. 그렇다고 그리스도의 우주적인 교회의 일원이 되는 것만으로 충분한 것은 아니다. 지역 교회에 속해야 한다. 그리스도인으로서의 위치는 지역 교회에서 함께 예배를 드리고, 함께 교제하고, 복음을 증거하는 것에서 찾을 수 있다."[2]

예수 그리스도의 제자로서 우리의 역할은 우주적 교회와 지역 교회에서 크게 영향을 미칠 수 있다. 하나님의 가족의 일원으로서 예수님의 이름과 사랑과 그분을 주님으로 모시는 우리 모두가 추구해야만 하는 이 사실을 진지하게 받아들여야 한다. 이것은 예수님과 함께 하는 삶의 곳곳에서 믿음을 보여 주는 마음의 깊은 중심으로부터 나온다. 우리의 "행위"의 측면보다 "존재"의 측면에 더 우리의 초점을 맞추는 것이 전인적인 그리스도인의 제자도에 더 균형 잡힌 접근이 될 것이다.

건강한 제자가 되자

과거 수년 간 제자훈련에 관계되는 책들을 읽으며 한 가지 사실을 깨달았다. 예수님은 우리의 본보기이며 예수님과 같이 되기를 원하는 것이야말로 우리의 이상적인 목표라는 것이 강조되고 있음을 알았다. 그러나 그리스도와 그분의 가르침에는 두 가지 중요한 특성, 즉 기도 생활과 도움이 필요한 사람들에게 복음을 전하는 일에 초점을 맞추고 있다. 하루 일과 중에서 경건의 시간과 간증이 여기에 해당한다. 그런데 제자훈련에 대한 생각이 이 두 가지만으로 국한된다면 예수님이 그 당시의 제자들에게 말씀하신 것과 오늘날 우리들에게 원하시는 것들의 대부분을 놓치게 된다.

그러므로 건강한 제자의 열 가지 특성을 살피는 의도는 예수 그리스도를 온 마음으로 따르는 제자가 되는 것이 무엇을 의미하는지를 배우는 것이다. 이 특성들은 개인의 삶과 봉사의 다양성을 포함하며 그 특성들을 종합적으로 실천해 나가기 위한 것이다. 다시 말하면, 이 특성들이 각각 서로 연결되어 전체를 완성한다는 것이다. 열 가지 특성들은 각각 요한복음과 예수님과 그분의 제자들과의 관계를 바탕으로 한 그분의 삶과 가르침을 통하여 검증되어야 한다. 건강한 제자도의 목표는 하나님이 사랑하시는 것들을 사랑하는 것과 매일의 삶에서 그분의 가르침을 실천하는 것이다. 그러면 그분이 사랑하시는 것들을 어떻게 발견할 수 있는가? 그것은 하나님과 친구가 되고 그분의 사랑을 받는 제자가 되는 것이다.

건강한 제자는 개인의 삶과 사역의 모든 면에서 기도하며, 하나님의 능력과 그리고 그분의 말씀의 권위를 신뢰해야 한다. 특히 건강한 제자가 되는 다음과 같은 열 가지의 특성을 소개한다.

1. 하나님의 임재의 권능을 경험한다. 건강한 제자는 성령님의 역할을 이해할 뿐 아니라 매일의 생활 가운데 그분의 능력과 임재를 새롭게 실제적으로 경험한다. (요 14:26, "보혜사...성령 그가 너희에게 모든 것을 가르치시고, 내가 너희에게 말한 모든 것을 생각나게 하시리라.")

2. 하나님을 높이는 예배를 드린다. 건강한 제자는 하나님의 가족과 함께 매주 의미 있는 하나님 중심의 예배에 전심을 다해 참여한다. (요 4:23, "아버지께 참으로 예배하는 자들은 신령과 진정으로 예배할 때가 오나니 곧 이때라. 아버지께서는 이렇게 자기에게 예배하는 자들을 찾으시느니라.")

3. 영적인 훈련을 실천한다. 건강한 제자는 매일 조용한 독방에서 기도와 성경 공부 및 묵상의 훈련을 쌓는다. (요 15:4, "내 안에 거하라. 나도 너희 안에 거하리라. 가지가 포도나무에 붙어 있지 아니하면 절로 과실을 맺을 수 없음 같이 너희도 내 안에 있지 아니하면 그러하리라.")

4. 공동체 안에서 배우고 성장한다. 건강한 제자는 같은 믿음을 가진 믿음의 식구들과 영적으로나 생활 가운데서 함께 버성기며 성장한다. (요 21:6, "그물을 배 오른편에 던지라. 그리하면 얻으리라 하신대, 이에 던졌더니 고기가 많아 그물을 들 수 없더라.")

5. 사랑과 돌봄의 관계에 헌신한다. 건강한 제자는 가정, 직장, 교회 그리고 믿음의 공동체의 구성원들 사이에 신실한 사랑으로 연결되는 생명력 넘치는 관계를 대단히 중요시한다. (요 15:12~13, "내 계명은 곧 내가 너희를 사랑한 것 같이 너희도 서로 사랑하라 하는 이것이니라. 사람이 친구를 위하여 자기 목숨을 버리면 이에서 더 큰 사랑이

없나니.")

6. **그리스도와 같이 섬기는 종의 모습을 실천한다.** 건강한 제자는 모든 삶과 사역의 영역에서 예수님처럼 하나님을 높이는 종의 모습을 실천한다. (요 13:15, "내가 너희에게 행한 것 같이 너희도 행하게 하려 하여 본을 보였노라.")

7. **그리스도의 사랑을 풍성하게 나눈다.** 건강한 제자는 믿지 않는 사람들에게 말과 행동에 있어서 예수님의 사랑을 나누어 주기 위하여 모든 기회를 사용한다. (요 3:16, "하나님이 세상을 이처럼 사랑하사 독생자를 주셨으니, 이는 저를 믿는 자마다 멸망치 않고 영생을 얻게 하려 하심이니라.")

8. **지혜롭고 책임감 있는 삶을 산다.** 건강한 제자는 개인의 삶을 경영하는 법과 책임감 있는 관계 속에서 살아간다. (요 9:4, "때가 아직 낮이매 나를 보내신 이의 일을 우리가 하여야 하리라. 밤이 오리니 그때는 아무도 일할 수 없느니라.")

9. **그리스도의 지체들과 긴밀하게 협력한다.** 건강한 제자는 관계와 예배와 친교와 사역을 위하여 기독교 공동체 안에서 다른 사람들에게 능동적으로 손길을 뻗어야 한다. (요 17:23, "곧 내가 저희 안에 아버지께서 내 안에 계셔 저희로 온전함을 이루어 하나가 되게 하려 함은 아버지께서 나를 보내신 것과 또 나를 사랑하심 같이 저희도 사랑하신 것을 세상으로 알게 하려 함이로소이다.")

10. **풍성한 삶을 경영한다.** 건강한 제자는 모든 것이 하나님께로부터 온 것을 믿고, 먼저 하나님의 나라와 그 의를 위하여 그 소유를 풍성하게 사용해야 함을 안다. (요 12:24, "내가 진실로 진실로 너희에게 이르노니 한 알의 밀이 땅에 떨어져 죽지 아니하면 한 알 그대로

있고 죽으면 많은 열매를 맺느니라.")

여기 이 특성들은 당신의 경건의 시간이나 간증을 준비하는 것보다 더 포괄적이다. 오해하지 말라! 경건의 시간이나 간증은 매우 중요하다! 그러나 그것들은 예수님이 이 세상에 계시던 때에 원하셨던 제자훈련의 넓고 깊고 길고 높음을 다 포함하지 못할 뿐 아니라 오늘날의 우리를 위해서 그분이 주시고자 하는 모든 것을 다 포함하지도 않는다.

세상은 진정한 복음과 건강한 제자들로 가득한 뜨거운 교회를 갈망한다. 제자로서 우리의 건강은 육체적, 경제적, 감성적인 건강과 거의 관계가 없다. 우리의 **영적인** 건강이 이 책의 우선적인 목표이다. 성령의 능력을 받은 사람으로서 자신의 삶을 영위해 나가는 방법이 예수님의 제자로서 우리의 건강의 척도이다. 신체적으로 장애가 있는 사람도 건강한 제자가 될 수 있다. 경제적으로 어려운 사람도 건강한 제자가 될 수 있다. 감성적으로 유약한 사람도 건강한 제자가 될 수 있다. 그것이 바로 복음이 주는 소망이며, 그리스도를 발견하는 기쁨이요, 마음과 영혼에 그분이 주시는 평강이다.

외적으로 나타나는 것(육체적, 경제적)들이 제자도의 건강(성숙)을 측정하는 기준이 된다거나 외적인 것들을 추구하는 것을 제자도의 건강 표준으로 삼는 것은 옳지 못하다. 예수 그리스도의 제자의 성숙도는 **우리 안**(마음속 깊은 곳)에서 시작점이 마음과 영혼의 중심으로부터 이어지면서 우리의 삶을 사랑과 희생적인 방법으로 꾸준히 실천하면서 살아나가는 것이다.

치유된 마음이 건강한 제자에게 핵심 부분이다

마음이 부수어지고 통회하게 될 때, 죄인임을 진심으로 뉘우치면서 주님께로 돌아오게 된다. 그것은 그리스도의 구속하심을 발견한 회개한 마음에서 출발한다. 우리의 죄과 때문에 십자가에서 죽으셨으며 또한 영생을 주시기 위하여 부활하신 예수님의 희생적인 사랑 때문에 구속함을 받게 되었다. 그분의 영원한 구속의 은총 때문에 우리는 예수 그리스도를 통하여 하나님과 관계를 회복하게 됨으로 하나님과 화해되게 되었고, 그 화해는 우리로 하나님을 하늘에 계신 아버지라고 부를 수 있게 하였다. 그리스도 안에서 새로운 피조물이 된 우리는 인생들을 새롭게 하시는 성령님의 능력 안에서 배우고, 성장하고, 그분의 뜻을 따르는 삶을 살아간다.

치유된 마음은 회개함으로 구속함을 얻고, 하나님과 화해함으로 새롭게 되어 새로운 마음이 된다. 마음은 거듭나는 순간에 치유가 되고, 그 마음은 그리스도의 제자의 삶을 통하여 건강하게 된다.

우리의 모델인 사랑하시는 제자

내가 뽑은 열 가지 특성에 각각 사용된 성경 구절들은 대부분 요한복음에서 발췌하였다. 본문의 해설은 윌리암 바클레이(William

Barclay)의 유명한 〈매일 성경 공부 시리즈〉에서 인용했는데, 본문 내용 중에는 유명한 키체스터(Chichester)의 기도에서 리차드(Richard)의 말을 빌려서 "남녀 모두에게 예수 그리스도를 더욱 확실하게 알게 하고, 그분을 더욱 깊이 사랑하고, 그분을 더욱 가까이 모시게 하기 위한"[3] 것이라는 그의 견해가 있다. 내가 바클레이의 해석을 택한 것은 그의 성경 해석이 실제적이면서 학문적인 접근이기 때문이고, 요한복음 저자에 대한 견해를 정리한 것과 요한복음 전체를 통하여 알려진 "사랑하시는 제자"에 대하여 기술한 그의 평가에 동의하기 때문이다.

바클레이는 요한복음의 사랑하시는 제자가 누구인지 밝혀내는 데 대하여 토론함과 동시에 저자가 누구일 것인가에 대하여 연구하였다. 초대 교회에 쓰여진 문헌을 통하여 요한복음이 기록될 당시의 에베소 교회에는 실제로 요한이 두 사람이 있었다는 것을 알고 있다. 한 사람은 사도 요한이고, 또 다른 사람은 장로인 요한이다. 장로 요한은 너무나 사랑을 많이 받았기에 하나밖에 없는 **장로**로 통했다. 그는 분명히 교회에서 특별한 직분을 맡고 있었다. 이 장로 요한이 요한복음을 저술했다. 요한복음의 배경에 있는 생각과 사건들은 바로 장로 요한이 "예수님이 사랑하시는 제자"라고 적어놓은 나이 많았던 사도 요한이었다.

네 번째 복음인 요한복음을 알아갈수록 더욱 귀하게 느껴진다. 70년 동안이나 사도 요한은 예수님을 생각하였다. 예수님이 말씀하신 것에 대한 뜻을 매일 성령님이 알게 해주셨다. 그래서 사도 요한이 나이가 많아 주님의 부르심을 받을 날이 가까웠을 때, 친구들과 함께 예수님과의 삶을 기억하기 위하여 앉았다. 요한 장로는 그의 선생인 요한 사도를 위하여 펜을 들어 기록하였다. 사도 중 마지막 사도는 예수님이 말씀하신 것들을 기억했을 뿐 아니라 예수님이 의미하셨던 것들을 그제야 깨닫게 되었고 그것들을 기록하였다. 그는 예수님이 어떻게 말씀하셨는지를 기억해 냈는데, 예를 들면, "내가 아직도 너희에게 이를 것이 많으나 지금은 너희가 감당치 못하리라. 그러하나 진리의 성령이 오시면 그가 너희를 모든 진리 가운데로 인도하시리니..." (요 16:12~13). 그가 70년 전에는 많은 것들을 이해하지 못했는데, 지난 70년 동안 진리의 성령님이 그것들을 그에게 보여 주셨다. 사도 요한은 이것들을 기록했을 뿐 아니라, 영원한 영광이 그에게 임할 것까지도 기록했다. 요한 장로가 기록한 이 요한복음을 읽을 때, 모든 복음서는 예수님이 의미하신 것들을 우리에게 말해 주며, 또한 사도 요한의 생각과 기억을 통하여 우리에게 말씀해 주시는 성령님의 역사로 기록된 것임을 기억하라. 이 복음서의 배후에는 에베소 교회 전체와 성도들 전체와 마지막 사도들과 성령님과 부활하신 예수님 자신이 계신다.[4]

이러한 모든 것이 왜 그리 중요한가? 그 이유는 사랑하시는 제자인 사도 요한을 그리스도를 가까이 모시고 살았던 사람의 본으로 보기 때문이며, 그는 말과 행동에 대하여 매우 사려 깊었고, 예수님을 위하여 기쁨으로 희생하기를 원하는 것과 제자의 삶에서 그의 모범된 사랑과 영광을 보여 주었기 때문이다.

- 사랑하시는 제자는 최후의 만찬에서 예수님에게 가까이 기대어 앉았다 (요 13:23~26).
- 사랑하시는 제자는 십자가 위에서 예수님이 그분의 어머니를 의탁했던 그 사람이다 (요 19:25~27).
- 사랑하시는 제자는 베드로와 함께 달려가 무덤을 열고 예수님의 부활을 믿었다 (요 20:1~10).
- 사랑하시는 제자는 예수님이 부활하신 후 나타나셨을 때 주님이신 줄 알아보았다 (요 21:4~7).
- 사랑하시는 제자는 베드로와 함께 예수님을 가까이에서 모시고 다녔다 (요 21:20~23).
- 사랑하시는 제자는 요한복음의 증인이었다 (요 21:24).

예수님께 초점을 맞추고, 사랑하시는 제자인 요한이 거기에 가장 적합한 제자상의 본보기라면, 이 두 가지 모두 다 깊이 묵상해야 할 중요한 가치가 있다. 건강한 제자가 되기 위하여 가능하면 가장 친밀하게 주님과 가까워져야 하는데, 그런 건강한 제자가 되기 위해서 사도 요한을 본받아야 한다. 우리를 향하신 주님의 마음을 알 수 있도록, 그분의 인자하신 음성을 들을 수 있도록, 그분의 엄청난 사랑에 대하여 감사함으로 주님을 섬기면서 그분께 가까이 가야 한다.

사랑 받는 제가 되기

"누가 제가인가?"라는 질문에 마가렛 캠벨(Margaret Campbell)은

다음과 같이 썼다:

> 예수님의 제자는 예수님을 특별히 연모하면서 살아가고자 결단
> 한 사람이다. 속사람이 예수님과 같이 되기 위하여 겉 사람도
> 예수님과 일치할 수 있기를 바라는 특별한 마음을 가지고 산다.
> 믿음이 깊어질수록 하나님께 대하여 끊임없이 특별한 관심과
> 숭배와 항복과 순종과 감사함으로 살아가는 것을 배운다. 보이
> 지 않는 변화를 통하여 하나님은 그분의 선한 길을 우리의 마음
> 과 심장에 새겨 주신다. 그분의 은혜로 우리의 마음은 거룩하게
> 변화한다. 점차적으로 마음과 의지와 정신과 말과 행동 가운데
> 서 예수님을 닮아 가게 되어 있다. 우리의 말과 행동이 점점
> 더 하나님의 영광과 선하심을 나타내게 된다.[5]

조지 바나(George Barna)는 이렇게 말한다: "진정한 제자도는 생
활 방식이지 단순하게 성경 지식을 쌓아가는 것이 아니다. 대부분
의 교회들은 사람들이 성경을 읽고 소그룹에 참석하면 진정한 제자
도가 생긴다고 여긴다. 불행하게도 그렇게 하는 대부분이 사실은
제자도가 아니라는 것이다. 제자도는 그리스도를 위한 열광자가 되
는 그 자체이며, 그리스도를 위한 열광자를 재생산하는 것이다. 다
시 말하면, 제자도는 예수 그리스도의 삶과 가르침을 열정적으로
추구하는 것이다."[6] 예수님께 대하여 관심을 집중하는 삶은 이와
같이 온전히 헌신하는 제자도를 이루어낸다. 예수님의 인격과 성령
님의 능력을 가지고 열정적으로 하나님의 마음을 추구할 때 우리의
생활 방식과 삶의 목표는 안과 밖 모두가 변화되면서 완전히 바뀌게

된다.

축복을 받은 제자도는 연단과 은혜의 삶이다. "네 십자가를 지고 나를 따르라"고 말씀하시며 부르시는 예수님과의 친밀한 관계를 더욱 깊게 하기 위하여 스스로를 훈련한다. 그분과 같이 닮아가기 위하여 자세와 행동을 훈련하는데, 이것이 바로 연단과 은혜가 잘 조화된 사랑 받는 제자의 삶이다. 한 쪽 방향으로만 기울어진 저울은 힘을 주는 대신 파괴적으로 되어 영적인 건강을 잃거나 균형을 잃어버린 율법주의에 빠지게 만든다.

예수님은 제자들에게 그분의 가르침에 마음을 다하여 전념하는 삶을 살도록 가르치셨다. 말하는 것, 어떤 것을 결정하는 것, 삶에 대한 태도, 대인 관계, 명령을 행함에 있어서 매사에 절제하라고 가르치셨다. 삶에 있어서 이 모든 것 하나하나는 하나님의 계획에 맞추게 되어 있다. 건강한 제자를 만드는 열 가지 특성은 그분의 은혜를 따라, 그분의 주도권 아래서 부르심을 받은 삶을 돌아보게 하는 지침들이다. "영접하는 자 곧 그 이름을 믿는 자들에게는 하나님의 자녀가 되는 권세를 주셨으니" (요 1:12).

예수님은 우리 각자를 친밀하게 부르셨다. 그분은 우리를 하나님의 자녀로 부르셨다. "말씀이 육신이 되어 우리 가운데 거하시매, 우리가 그 영광을 보니 아버지의 독생자의 영광이요, 은혜와 진리가 충만하더라" (요 1:14). 우리는 그분의 말씀을 들으며 그분의 초청에 응답하여 우리의 믿음을 그분께 맡기고 영원까지 그분의 마음을 따라 가자. 그는 한 걸음씩 우리를 인도해 주신다고 약속하신다.

제자의 기도

☙   ❧

주 예수님, 주님께서 당신의 첫 번째 제자들을 당신의 자녀로 부르셔서 친밀한 관계로 만드셨는데, 저도 오늘 그 부르심에 응답하였나이다. 제가 일평생 순례의 길을 가는 동안 당신의 인도하심을 온전히 의지하게 하옵소서. 그리하여 당신의 부르시는 음성을 듣게 하소서. 당신과 더욱 가까이 하길 원하실 때, 저에게 사랑과 순종을 통한 연단과 은혜를 주옵소서. 저를 훈련하실 때 당신이 만드신 세상을 볼 수 있는 눈을 주시고, 당신의 음성을 들을 귀를 주시고, 당신의 조건 없는 사랑과 세상을 살피는 당신의 손길을 알아볼 수 있는 마음을 주소서. 당신의 훈련 받은 자녀라고 불리는 순전한 기쁨을 기대하나이다. 저를 건강하고 생명을 전하는 열매 맺는 길로 인도하소서. 당신께 영광을 돌리며 당신의 나라가 완성되기를 당신의 존귀하신 예수님의 이름으로 기도합니다. 아멘

생명력 넘치는 그리스도인의

열 가지 특성

1
하나님의 임재의 권능을 경험한다

건강한 제자는 성령님의 역할을 이해할 뿐 아니라 매일의 생활 가운데 그분의 능력과 임재를 새롭게 실제적으로 경험한다.

"보혜사...성령 그가 너희에게 모든 것을 가르치시고, 내가 너희에게 말한 모든 것을 생각나게 하시리라."

요한복음 14:26

나의 약속은 깨어졌다. 나의 말은 신용을 잃었다. 내가 한 행동들이 그것을 말해 준다. 그 날은 우리 딸의 시즌 마지막 축구 경기를 하는 날이었는데, 하필 나는 먼 곳에서 다른 사람들을 돕고 있었다. 그러나 그런 이유는 마음이 이미 상해버린 열 살 난 아이에게는 이해가 되지 않는 것이었다. "조금 있다가 집에 가서 잘해 줄 거야"라고 합리화했지만, 상처는 이미 받았고, 게임은 끝났고, 승리의 트로피는 이미 주어졌고, 내가 빠진 의미 없는 격려와 칭찬과 기념식이

추억이 되어버렸다. 이렇게 되었는데도 나의 신뢰를 다시 회복할 수 있을까?

물론, 명랑한 열 살 난 딸은 언젠가 나를 용서해 줄 것이다. 어쩌면 그 일을 아주 잊어버릴지도 모른다. 그때 받은 축구 트로피에는 먼지가 쌓일 것이고, 마침내 상자 속에 넣어져서 다락방 행이 될 것이고, 시간은 이 상처를 남겼던 기억을 치유할 것이다. "다른 많은 아빠들도 이런 경기에 참석 못하기 쉽지" 혹은 "다음번에는 달력에 표시를 더 잘해 두어서 잊지 않을게"라며 가족들에게 변명할 것이다.

감사하게도 딸을 위해서는 나중에 만회할 수 있는 기회가 많이 주어졌다. 아이들의 특별한 이벤트에 참여하는 것이 중요하다. 나 역시 부모님이 나를 위해 그런 때에 와 주셨던 것을 기억한다. 유년 단원 시절에 파인우드 더비(Pinewood Derby)와 고등학교 시절에 스파르타식의 합창단과 겨울 카니발, 고등학교와 대학교 졸업식, 각종 상을 받던 기념식들, 생일잔치들, 결혼식과 결혼기념일들, 학위 받고, 목사 안수를 받고, 또 취임 예배 등등. 일상의 뜻 깊은 순간들에서 특별한 사람들이 참석하는 것은 의미 있는 일이고, 그분들이 없으면 그 행사들은 다소 섭섭한 형국이 된다.

하나님이 우리와 함께 하신다고 약속하셨을 때, 그분의 약속은 **어김이 없으셨다.** 특별한 이벤트뿐 아니라 매일 매일의 삶 속에서 성령님의 임재하심을 통하여 그분은 우리를 인도하시고, 보호하시며, 이끌어 주시고, 또한 강하게 해주신다. 그분의 초대장에는 "우리 마음을 주 앞에서 굳세게 하리로다"(요일 3:19)는 것이다. 임마누엘ㅡ하나님이 우리와 함께 하시다ㅡ로서 그분은 우리를 절대 혼자 내버려 두시거나 잊어버리지 않으신다. 이 약속은 부인될 수 없다. 성령님이 오셔서 제자들과 함께 머무르시겠다는 예수님의 약속은 삶 가운데서도 실현되었다.

일반적으로, 현대의 평범한 그리스도인들은 성령님의 사역을 잘못 인식하고 있다. 당신이 만약 성령님에 대한 교리를 말할 수 있으면 당신은 보통 이상의 사람이다. 30년 이상이나 신앙생활을 해 왔고, 석사 및 박사학위를 받았지만, 아직도 하나님의 성령님이 인도하시는 것과 역사하시는 것에 대하여 알아 가고 있는 중이기 때문이다. 그렇지만 성령님이 항상 우리와 함께 하신다는 것을 확신한다. 언제나 함께 하신다. 이것은 머리에서 나오는 어떤 지식이 아니라 우리가 존재하는 모든 영역에서 경험할 수 있는 진리이다. 하나님께 복종하며 그분을 우리 마음 가운데서 최상으로 모시게 되면, 성령님의 임재하심 가운데서 우리가 결단하는 것을 도우실 것이요, 대인 관계를 풍성하게 하실 것이요, 하나님을 높이고, 기쁘시게 하고자 하는 우리의 마음을 인도하실 것이다.

그분의 임재 안에서

성령님이 임하시면 기쁨이 충만해진다. 우리의 삶의 형편과 상관없이 그분의 임재 가운데 거하면 그 곳에는 측량할 수 없는 평안과 풍성한 삶, 그리고 영원한 소망이 있다.

하나님의 성령은 예수님의 지상 사역에도 매우 중요하게 역사하셨다. "**성령으로 잉태된 것이 나타난**" 마리아는 "하나님이 우리와 함께 계시다"는 뜻인 "임마누엘"이신 아들을 낳았다 (마 1:18, 23). 성령님이 그분의 부모의 마음과 귀에 지시하신 꿈을 따라 그분을 헤롯의 칼로부터 막아 주셨다 (마 2:12). 세례를 받으실 때 하나님의 성령이 비둘기같이 임하셨고, "하늘로서 소리가 있어 가로되 이는 내 사랑하는 아들이요 내 기뻐하는 자라 하시니라" (마 3:16~17). 광야에서 시험을 받으실 때, 예수님은 성령님의 인도하심을 받은 천사들의 수종을 받으셨다 (마 4:11). 그분의 모든 지상 사역을 통하여 성령님은 예수님의 듣는 귀와 보호하는 팔과 인도하는 발이 되어 주셨다고 성경에 기록되어 있다.

성령님은 우리의 삶 가운데서 돕고 함께 하기 위하여 똑같은 권능으로 임하기를 원하신다. 우리는 요한복음 14~16장을 통하여 예수님이 세상을 떠나신 후에 성령님을 보내 주시겠다고 제자들과 약속하신 것을 안다. 그분은 제자들을 사랑하심으로 "내가 너희를 고아와 같이 버려두지 아니하고"라고 말씀하셨다. 그분의 죽으심과 부활하심 후에 비록 육신으로는 함께하지 못하셨지만, 그분의 성령께서 제자들과 우리들을 위하여 약속하신 대로 오셨다.

우리의 삶 가운데 성령님의 역사하심은 많고 다양하다. 성령님은 죄를 **깨닫게** 하시며, 고난을 기쁨과 믿음으로 변화시키시는 삼위 (三位) 중의 한 분이시고, 인격체이신 하나님이시다. 성령님은 상처받은 마음을 **변화시키시고**, 삶의 고뇌와 자기 연민으로부터 자유와 하나님을 의식하는 삶으로 **변화시키신다**. 삶 가운데서 성령님은 그분의 사랑과 은혜로 **도우시고**, 상한 마음을 고치시고, 실망과 좌절의 늪에서 **위로하시며**, **격려하심으로** 인도하신다. 성령님의 **도우심**

으로 그분만이 주시는 소망과 새롭게 하심이 우리 안에 생기게 하시며, 하나님 아버지의 부르심에 **協助하는** 순종의 삶 가운데로 인도함을 받는다. 그리고 인생 여정에서 성장하는 가운데, 성령님은 **繼續하여** 그분의 사랑, 말씀, 그리고 법도를 지켜나갈 수 있도록 분발시키신다. 결과적으로 영원토록 주님과 함께 살기 위해 본향으로 갈 때, 우리 안에서 역사를 **이루시는** 분이 성령님이 될 것이고, 그분이 사랑이 많으신 하나님 아버지로부터 "착하고 충성된 종아"라는 확증을 받도록 우리에게 능력을 주실 것이다.

그것은 하나님의 성령이 우리의 삶 가운데서 강력하게 임하셔서 믿는 자들을 깨닫게 하시며, 변화 받게 하시며, 도우시며, 위로하시며, 격려하시며, 조력하시며, 정진하게 하시며, 그리고 완전하게 하신다. 그리스도의 제자로서 매일 매일 **십자가**를 지는 경험을 할 필요가 있다. 처음 주님께로 나올 때뿐 아니라, 능력을 주시는 하나님의 임재하심이 하나님의 심장으로 더 가까이 인도하시는 것 같이, 그분의 목적은 삶을 통하여 함께 동행해 주시는 것이다. 성령님은 그분의 임재 앞에서 겸손하게 하시며, 또한 삶의 형편에 따라 그분을 의지할 수 있게 하신다.

예수님은 제자들이 그분이 계신 곳은 이 세상이나 천국이나 어디든 거할 곳이 많다는 것을 이해하기를 원하셨다. "내 아버지 집에 거할 곳이 많도다"라고 예수님이 제자들에게 말씀하셨다 (요 14:2). 윌리암 바클레이는 이 절에 관하여 다음과 같이 주석을 달았다: "그 시대의 집은 너무 비좁았다; 그때의 여관들은 방이 모두 차서 어떤 때는 지쳐 있는 여행객들을 돌려보내야만 했다. 아버지의 집은 그렇지 않다. 왜냐하면 천국은 하나님의 마음만큼이나 넓기 때문에 모든 사람들이 다 들어갈 수 있다. 예수님은 그와 가까이 있는 사람들에게 '걱정하지 말라. 사람들은 너희들을 향하여 문을 닫아버릴 수 있지만, 천국에는 결코 너희들을 제외시키지 않을 것이다.'"[1]

우리가 그분과 함께 거하면, 그분의 품 안이든, 그분의 무릎 위든, 또는 그분의 넓은 마음 안이든, 어디든지 거할 곳이 흘러넘치게 된다. 하나님이 계시는 곳은 비좁지 않다. 그분이 계신 영원한 천국뿐 아니라 우리가 살고 있는 이 지구상에도 거할 곳이 많다.

우리의 모습

매일 매일의 삶 가운데 하나님이 임재하시면, 상황에 따라 여러 가지 모습으로 나타나게 된다. 다양한 방법으로 의사소통을 하는 것과 같이 우리의 몸짓은 원하는 바를 전달함에 있어서 말로 하는 것 그 이상일 때가 있다. 하나님이 임재하심으로 주시는 권능을 경험하는 것도 이와 같은 것이다.

아침에 잠에서 깨어나면 우리는 나 자신이 주관하든지 아니면 성령님이 나를 주관하시든지 선택할 기회가 주어진다. 아침마다 올바른 결단을 내리는 것은 하루의 시작과 끝마무리가 어떻게 될 것인가에 많은 영향을 끼친다.

만일 아침에 일어나서 성령님 대신 내가 오늘 하루를 어떻게 보낼 것인지 주장하고 결단해야 한다면 이렇게 될 것이다. 아내와 아이들에게 어떻게 이야기를 할 것인지를 내 마음대로 정할 것이고,

무엇이 내게 제일 유익하고 중요한 것인지도 정할 것이다. 무엇을 하든 내가 제일 좋아하는 쪽으로 하루를 보낼 것이다. 만일 누군가의 참견이 거추장스러우면, 그 사람에게 나를 참견하는 것을 좋아하지 않는다고 대놓고 말할 것이다. 다른 사람을 상관하지 않고 내가 편한 대로 하려고 할 것이다.

다른 한편으로, 아침에 일어나서 성령님이 주관하시는 하루를 시작하면, 정 반대로 결단할 것이다. 무릎을 꿇고 기도하며 하루를 시작하고, 말씀을 삶의 지표로 삼을 것이다. 다른 사람들의 필요를 나의 것보다 더욱 중요하게 생각할 것이다. 하나님이 나를 부르신 목적을 이루기 위한 것에 초점을 맞추는 동안 다른 사람들의 관심사를 위해 민첩해질 것이다. 다른 이들과 보조를 맞추기 위한 방법을 찾는 것을 택할 것이고, 그들이 가장 원하는 것을 도와줄 것이다. 하나님과 다른 이들을 섬기는 자처럼 행동할 것이고, 생동감이 넘치는 살아 있는 삶 가운데서 기쁨과 평강과 만족과 소망을 찾을 것이다.

앞에서 예를 든 것 같이 나만을 위해서 사는 것은 "꽉 쥐고 있는 주먹"의 모습이다. 이렇게 꽉 쥐고 있는 주먹은 자기를 위해 모든 것을 이기적으로 잡고 있어서 다른 사람들을 위한 여유도 없고, 하나님에 대한 관심도 없다. 한편 성령의 인도함을 받는 삶은 "펴 있는 손"의 모습이다. 펴 있는 손은 하나님의 성령님에게 순종하며 또 그분으로부터 받으려 하고, 다른 사람들의 필요와 관심에 주의를 기울이고, 궁극적으로는 하나님이 다른 사람들을 위하여 하시고자 하는 것, 즉 다른 사람이 더욱 잘 되게 하기 위하여 그들을 사랑하며,

봉사하고, 주고, 세워 주고 강하게 하여 주기를 원하는 손이다.

진실로 성령님의 임재 가운데 살아갈 때 저 두 가지 다른 점을 확실하게 느끼지 않을 수 없다. 사실 우리는 저 두 가지 기본 자세—나 중심과 성령님 중심—로 매일 아침을 시작한다.

손을 벌려 내밀고 있는 모습은 성령님으로부터 하나님과 교제하는 가운데 있는 많은 기쁨들, 즉 그리스도 안에서 새로 태어나게 부르시는 것과 매일의 삶을 위하여 그분이 힘을 주시는 것, 그분의 채우심, 함께 하심, 그분의 열매 맺게 하심과 우리를 통하여 은사를 주심을 받을 준비가 되어 있다는 것을 의미한다. 이 모습은 내 밀고 있는 손뿐 아니라 성령님의 작은 음성을 듣는 열려진 귀와 그분이 함께 하심으로 따뜻해진 열린 마음과 먼저 하나님께 순종하기 위하여 움직일 준비된 충성스러운 발을 보여 주고, 다른 사람을 향한 하나님의 사랑을 보여 주는 자세인 것이다.

예수님에 대한 진정한 사랑을 보여 주는 것은 언제나 쉬운 것만은 아니다. 그것은 사랑과 진정한 순종을 통하여 가장 많이 나타난다. "예수님은 순종을 통하여 하나님의 사랑을 보여 주셨다; 순종함으로 예수님께 대한 우리의 사랑을 보여 드려야 한다."[2] 예수님이 그 제자들에게 "너희가 나를 사랑하면 나의 계명을 지키리라. 내가 아버지께 구하겠으니, 그가 또 다른 보혜사를 너희에게 주사 영원토록 너희와 함께 있게 하시리니, 저는 진리의 영이라. 세상은 능히 저를 받지 못하나니 이는 저를 보지도 못하고 알지도 못함이라. 그러나 너희는 저를 아나니 **저는 너희와 함께 거하심이요 또 너희 속에 계시겠음이라**" (요 14: 15~17). 진정한 순종은 삶 가운데서 무엇을 하든지 하나님의 영이 인도하게 하시고, 또 그 일을 하실 수 있도록 열어 두는 자세를 가질 때 가능해진다. 우리 안에서 우리를 통하여 성령님이 역사하실 수 있도록 충분히 기도하는 삶을 살 때, 그분은 사랑으로 순종을 하는 삶에 능력을 부어 주시기 위해 다가오신다.

☞ 원칙 1.1 성령의 열매를 예증하라

하나님의 권능으로 임재하심을 경험하는 동안 건강한 제자들은 어떻게 보일까? 우리가 매일 성령의 역사하심에 순종하며 살 때 우리는 하루 종일 그리고 우리의 삶을 통해 성령님이 우리의 삶 속에 임재하실 수 있도록 그분을 모셔 들인다.

〈건강한 교회가 되자〉[3]에서 지도자들에게 우리가 하나님의 임재하심 가운데 있는지를 측정할 수 있는 척도(尺度)는 사도 바울이 설명한 성령의 열매라는 것을 상기시켜 준다. "오직 성령의 열매는 사랑과 희락과 화평과 오래 참음과 자비와 양선과 충성과 온유와 절제니 이 같은 것을 금지할 법이 없느니라. 그리스도 예수의 사람들은 육체와 함께 그 정과 욕심을 십자가에 못 박았느니라. 만일 우리가 성령으로 살면 또한 성령으로 행할지니, 헛된 영광을 구하여 서로 격동하고 서로 투기하지 말지니라"(갈 5:22~26).

성령의 아홉 가지 사랑스런 표현들 중 아무것도 우리 자신의 능력과 힘으로 할 수는 없다. 그것은 이런 열매들이 나타날 수 있도록 성령으로 충만할 때에 가능하다. 그러므로 우리 가운데 성령의 열매가 나타나며 우리의 삶에 성령님이 임재하시도록 매일 기도하는 훈련이 절실히 요구된다. 이제 아홉 가지 성령의 열매들을 하나씩 상고해 보고, 개인적인 삶에 그것들 하나하나가 갖는 의미를 부여해 보자.

사랑 여기에서 사랑이라는 단어는 신약의 단어 **아가페**(agape)이다. 그것은 **사랑**이라는 헬라어의 네 가지 중에 하나이다. 내가 찾아낸 **아가페**에 관한 가장 적절한 뜻은 "억누를 수 없는 자비"이다. 사람들이 내게 어떻게 하든, 즉 욕하고, 때리고, 또는 모욕할지라도 그들을 위하는 것 외에는 아무것도 바라지 않는 것이다. 마음으로 생각하는 것뿐만 아니라 의지적으로도 행해야 하는 것이다; 그것은 실제로 악하게 해를 끼치려는 자들에게까지 가장 좋은 것으로 갚으려고 하는 적극적인 노력—오직 하나님의 도움이 있어야만 가능한 것 —이라고 해야 할 것이다.

희락 여기에 나오는 희락의 헬라어는 **카라**(chara)이다. 종교적인 경험에서 나오는 즐거움인데, 가진 것이나 세상적인 쾌락에서 오는 그런 것이 아니고, 경쟁에서 상대를 물리치는 것에서 나오는 그런 즐거움도 아니다. 성령의 희락은 우리와 하나님과의 관계에 바탕을 두고 있다. 그것은 명랑해야 하거나 억지로 기뻐해야 할 필요는 없다; 그것은 마음 가운데 자리하며 겉으로 표현 되지 않는 그런 잔잔한 기쁨일 수도 있다. 그런 진정한 희락은 우리의 삶이 하나님의 손에 안전하게 맡겨져 있는 것을 믿는 믿음에서 나온다.

평강 성령의 세 번째 열매는 헬라어의 **에이레네**(eirene)라 하는 평강이다. 사도 바울 시대에는 이 말이 정직하고 의로운 지도자가 통치하는 나라에서 영위되는 평온함을 나타내는 데 쓰였다. 그 단어는 또한 "평화 지킴이들"이 제 사명을 다할 때 도시와 마을에서 이행되는 법과 질서 같은 것을 표현할 때 사용되어졌다. 여기서는 우리의 삶이 전능하신 하나님의 품 안에 있다는 것을 온통 충만하게 느끼는 의식(意識)으로부터 나오는 그리스도인의 정신 가운데 내재하는 마음과 생각의 평안을 뜻한다.

오래 참음 네 번째 열매인 오래 참음의 헬라어는 **마크로투미아**(makrothumia)이다. 보통 이 말은 사건이나 사물에 대하여가 아니고 사람에 대하여 오래 참는 것을 표현할 때 쓰인다. 대항하여 싸우고 싶을 때에도 성내기를 더디 하는 사람에게서 이 열매를 찾아볼 수 있다. 하나님을 더욱 의지해야만 이룰 수 있는 것인데, 이것은 때때로 가장 나타내기 어려운 속성이다. 하나님은 우리가 짓는 모든 죄를 담당하시면서 우리를 내버리지 않는 무한한 인내를 가지고 계신다. 그것은 엄청난 사실이다. 서로를 대할 때 하나님의 이 사랑과 자제력과 용서와 인내하심을 본받아야만 한다.

자비와 양선 다섯 번째와 여섯 번째의 자비와 양선은 같이 상고해야 할 만큼 가까운 뜻이다. 실제로 헬라어의 **크레스토테스**(chrestotes)는 또한 **양선**으로도 번역된다. 여기에서 양선이란 친절을 말한다. 양선이 꾸지람과 징계의 뜻을 포함하고 있는 반면에 자비는 적극적인 도움을 준다는 뜻이다. 예수님이 거룩한 예배의 처소인 성전에서 물건을 팔고 있던 사람들을 쫓아내며 깨끗하게 하실 때 그 사람들에게 양선을 보이셨다. 그분은 또한 그의 발을 눈물로 씻어 준 죄지은 여인에게 자비를 보여 주셨다. 건강한 제자의 삶에서는 자비로 나타나는 양선을 같은 강도로 다루어야 한다.

충성 충성의 열매는 또한 신뢰할 수 있다는 것으로 해석된다. 헬라어의 **피스티스**(pistis)는 믿을 수 있고, 신뢰할 만하고, 진실한 사람을 가리키는 말이다. 충성은 기독교에서 매우 중요한 말인데, 왜냐하면 당신의 믿음을 깨는 사람과 일하는 것보다 좋지 않은 것은 없기 때문이다. 신뢰를 얻기 위해서는 시간이 걸리는 것과 같이, 함께 살아가며 동역하는 믿음의 공동체 안에서 진정한 모습으로 서로를 바라보며, 불화를 없애가는 과정을 통하여 서로의 신뢰와 신용을 쌓아가는 것이다.

온유 성령의 능력으로 사는 삶 가운데 여덟 번째 요소는 온유이다. 헬라어로 **프라오테스**(praotes)는 신약에서 세 가지 특징을 가지고 있다. 첫 번째는 하나님의 뜻에 순종한다는 것을 의미한다. 두번째는 배우려는 자세가 되어 있거나 교만하지 않다는 것을 의미한다. 세 번째는 다른 사람을 배려하는 것을 의미한다. 삶의 형편이 어떠하든, 얼마나 부자이든 간에, 온유한 사람은 유순한 말과 행동과 자세로 다른 사람을 대할 줄 알고, 성내는 것을 자제할 줄도 안다. 온유한 영은 저주를 물리치고, 믿음의 공동체의 분위기에 저항할 수 없는 아름다운 방법으로 영향을 준다. 온유는 연약한 것에 대한 대명사인 "남아다운 기백"을 비켜가는 비실거리는 것이 아닌 신성한 것이다. 그것은 하나님과 영적 교제를 통하여 갖는 깊은 평강의 표현이다.

절제 사도 바울에 의해서 명시된 아홉 번째이며 마지막 열매가 절제이다. 그는 가장 어려운 것은 맨 나중으로 미루어 놓았다! 헬라어로 **에그크라테이아**(egkrateia)이며, 간단히 말하면, "자기 절제"란 뜻이다. 이 말은 운동선수들이 자기의 육체를 단련할 때와 그리스 도인의 성적 유혹을 절제하는 데 사용된다. 자기 절제를 하는 사람은 우리의 욕망을 지배하기 위한 성령의 열매, 즉 다른 사람을 섬기는 자가 되기에 적합한 사람을 만들 수 있게 할 줄 아는 사람이다.

근본적으로 바울은 우리가 진정으로 성령의 강력한 인도하심을 받는 삶을 살아야 한다고 말하고 있다. 다른 사람의 필요를 돕기 위한 부르심에 항상 준비되어진 건전한 자기 절제를 필요로 한다. 자기도취가 되어 우리 자신의 필요만을 먼저 채우기를 원한다면, 성령님과 동행하지 않고 있거나 사랑을 실천하고 봉사하는 일을 위하여 온전히 준비되어 있지 않다고 보아야 한다. 절제는 시간과 육체와 정신과 감정과 영에 대한 것들을 사용할 때뿐만 아니라 삶 전체의 모든 방향에서 행해져야 한다. 이것은 그리스도를 주님으로 섬기면서 성령님의 인도하심에 따라 계속적으로 성장하는 것이다.

건강한 제자가 되기 위해서 그리스도 안에 거하는 사람이 되어야 하며, 그분의 성령에 의하여 능력을 받아야 한다. 사도 바울은 로마서 6장에서 우리 그리스도인은 그리스도와 함께 장사되었고, 과거의 악한 것들을 다 그만 두고 성령의 아름다운 것들이 결실을 맺는 새롭고 깨끗한 삶으로 다시 부활하였다고 말한다. 더 많이 공부하고, 가르치고, 성령의 아홉 가지 열매를 나타내려고 하면 할수록 하나님의 성령이 임재하심으로 주시는 권능이 없으면 그 중에 하나도 실천할 수 없다는 것을 확신하게 된다. 성령의 열매가 꽃피고 자랄 수 있는 것은 매일 기도와 순종이 요구되는 성령님의 역사하심에 대하여 온전하게 복종하는 삶을 통해서만 가능하다.

☞ 원칙 1.2 성령의 손자국을 구체적으로 남겨라

하나님의 영에 완전히 반대되는 것이 육신에 속한 삶이다. 자신을 보호하기 위하여, 우리는 성령님이 원하시는 것과 말씀이 명령하시는 것으로부터 반대 방향으로 가려는 경향이 있다. 실제로 이 나쁜 경향은 대체로 너무 심해서 하나님의 뜻에 대하여 노골적인 반항으로 나타나게 된다. 이것이 바로 죄(sin)이다. 너무 작고 잘 띄지도 않는 영어의 이 세 글자(s-i-n) 단어는 건강한 제자들의 삶에 도전하는 가장 막강한 악한 힘이다.

오늘날 죄는 별로 문제시 되지 않고 있다. 이 시대에서 가장 중요한 문제인데도 슬쩍 넘어가는 화제들 중의 하나이다. 옳고 그름 사이와 선과 악, 진실과 거짓을 규정짓는 한계들이 너무나 희미해져서 죄에 대한 개념이 사람들 사이의 대화에서 사라져 버렸고, 신학자와 목사의 몫으로 남게 되었다. 그러나 신학적 논문과 실제 목회에서도 더 이상 죄에 대하여 별로 들어보지 못한다. 그것은 친구를 사귀고, 사람들을 끌어들이는 데 별 도움이 되는 않는 주제이다.

2001년 9월 11일 이후 죄에 대한 개념이 ('죄'라는 말이 직접적으로 사용되지 않고) 많이 대두되었다. 우리는 악에 대하여 말하기 좋아하는데, 특히 야만적인 테러의 비열함에 대하여 손가락질하며 말할 때 더욱 그렇다. 그것은 굉장한 "죄"인데 뭔가 아주 좋지 않다는 정도로만 그것을 이해한다.

다른 사람의 죄에 대하여 손가락질할 때, 세 손가락이 자신에게 향한다는 것을 무시하는 것 같다. 이 책의 5장의 "사랑과 돌봄의 관계에 헌신한다"에서 다른 사람과의 깨어진 관계에서 생기는 죄에 관하여 다룰 것이지만, 죄성이 하나님의 마음을 향하여 행하는 것과 또 그것이 하나님의 임재로 주시는 권능에 대한 것을 어떻게 흐리게 하는지에 대하여 초점을 맞추어야 한다.

하나님 앞에서 죄를 자백하고 깨끗하게 되기를 진정으로 원하는 마음으로 매일 아침 깨어나기를 원하지 않으면, 하나님이 임재 하심으로 주시는 권능을 경험할 수 없고, 하루 종일 죄를 지을 수밖에 없을 것이다. 변화됨으로 죄 없는 자가 되는 것은 아니다. 그보다는 계속적으로 생각과 말과 행위로 침식해 들어오는 죄를 깨끗하게 하기 위하여, 우리의 삶에 그분의 손자국을 남기시고 죄를 용서하시기 위해 제자들을 초청하신다.

그렇다. 우리는 죄악으로 물든 사람들과 같이 살고 있다. 하나님은 상상할 수도 없는 방법으로 자격도 없는 우리의 삶을 보살피기 위하여 성령님을 보내 주셨다. 그러나 그분이 임재함으로 주시는 권능을 원하는 것은 의지적인 마음을 반영하는 것이다. 만약 우리가 의지적으로 그분의 임재하심을 피하거나 거부한다면, 그분은 우리를 떠나실 것이다. 그분을 모셔 들이는 것은 우리의 매일 매일의 의지적인 선택이다—성령님, 오시옵소서.

하나님의 영을 우리 마음 가운데 모셔 들이면 우리가 죄를 지을 때 우리를 용서해 주시고 하나님과 더 깊은 관계를 갖고 그분의 뜻을 이룰 수 있도록 우리를 죄로부터 회복시켜 주신다. 그러므로 우리를 용서하시기 위한 그분의 능력을 간구할 수 있다.

매일, 매 시간마다 그분이 임재함으로 주시는 권능이 필요하다는 것을 알 때 매우 자유롭고도 풍요한 삶을 누릴 수 있다. 그분의 발자국을 온전히 따를 때 우리에게서 그분의 인격과 말과 행동이 나타난다. 죄짓는 삶에서 축복의 삶으로 옮겨가는 것이다. 그리스도의 복된 제자로서 우리에게 주신 삶과 인격 가운데서 즐거워할 수 있다.

동역자요 친구인 데이빗 미드우드(David Midwood)는 마음 중심에서 계속 "하나님 만나기"에 초점을 맞추고 주의를 기울여야 한다고 항상 일깨워 준다. 그는 매일 그의 삶과 다른 사람들의 삶에서 역사하시는 하나님이 임재함으로 주시는 권능으로 일깨워 주기 위한 "하나님 만나기"를 기록해 둔다. 오늘 당신은 어디에서 하나님을 만나는가? 당신은 죄악으로 물들어 있는 당신의 삶을 구원해 주시며, 구원의 완성을 위하여 엄청나고 신나는 일들을 예비하시는 그 하나님의 임재를 즐거워하고 있는가? 당장 그것을 기록하라. 그것은 당신의 삶에서 성령님의 특별한 손자국을 보여 줄 수 있는 식별법 중의 하나이다.

☞ 원칙 1.3 성령의 은사를 나타내라

하나님의 특별한 손자국을 구체적으로 남긴다는 것은 그분의 은사가 나타나는 것으로 증명된다. 성령님이 믿는 사람 각자에게 자신의 강점이나 능력으로 할 수 있는 것을 훨씬 초월하는 초능력 은사들을 주셨다. 성령님이 우리 마음 가운데 계셔서 충만하게 하시며 또한 다른 사람들에게 아낌없이 관대하게 나누어 줄 수 있는 영적 사랑에 헌신하도록 도와주신다. 피터 와그너(C. Peter Wagner)는 그러한 사랑의 헌신을 "그리스도의 지체 안에서 사용하기 위하여 하나님의 은혜를 따라 각 지체에게 성령님이 주시는 특별한 속성"이라고 정의한다.[4] 그 특별한 속성은 성령님이 건강한 제자의 삶을 통하여 이루기 원하시는 그분의 목적을 위하여 우리 안에 새겨놓는 그분의 특별한 선물 중의 일부이다.

룻은 분별의 은사, 폴(Paul)은 가르치는 은사, 조안나(Joanna)는 화해의 은사, 데이빗은 긍휼의 은사, 밥(Bob)은 전도의 은사, 톰(Tom)은 지도자 은사, 팻(Pat)은 접대의 은사, 테드(Ted)는 방언의 은사, 브라이언(Brian)은 예언의 은사가 각각 있다. 주위에 이런 은사들을 볼 수 있을 뿐 아니라 그것들이 하나님의 영광을 위해 사용되어질 때, 성령님에 의하여 더욱 퍼져나가는 것을 알 수 있다.

은사를 발견하는 것이 우선이다. 로마서 12장, 고린도전서 12장, 에베소서 4장에 성령의 은사들이 잘 나타나 있는 것을 읽을 수 있다. 그 말씀들을 잘 공부하며 실천할 때 성령의 은사들을 간구하거나, 더 깊게는 우리 안에 이미 잠재해 있는 우리의 은사들이 나타날 수 있기를 기도할 수 있다. 윌로우 크리크 협회(Willow Creek Association)[5]에서 나온 **네트워크**(Network) 같은 훈련 과정을 사용하든지, 은사를 발견하기 원하는 사람들과 하는 소그룹 성경 공부 시간에 참여하든지, 믿는 자들의 은사를 찾아 주는 상담 그룹을 찾아 도움을 받는 것은 우리 안에 계신 성령님의 역사를 이해하는 데 확신과 도움을 준다.

은사를 발견한 후에는 은사를 더욱 잘 활용할 수 있도록 더 많이 갈고 닦아 빛나게 해야 한다. 룻의 분별의 은사는 다른 사람들에게 조언하며 기도해 줄 때 더욱 빛난다. 폴은 여러 계층의 사람들과 여러 교육하는 일에 참여할 때 그의 가르치는 은사는 더 나타나게 된다. 조안나는 치유를 위한 기도회에 열심히 참여하면서 그녀의 골방에서의 기도를 통하여 중보의 은사를 개발한다. 데이빗은 연중 내내 불우한 아이들을 돕는 사역을 할 때 그들을 향한 긍휼이 더욱 열매를 맺게 된다. 밥의 전도의 은사는 하나님을 찾는 사람들을 위해 하나님의 인도하심을 받을 때마다 그 은사가 확인된다. 톰은 그의 사역 팀의 동력 사업에 참여하고, 지역 교회에서 새로운 에너지 자원을 개발하는 동안에 더욱 역량 있는 지도자가 된다. 팻은 원래 접대를 즐겨 하지만, 그녀가 담당하고 있는 여러 행사에서 더 많은 사람들을 접대하고 팀에서 늘어나는 참석자들을 도와주는 일에 그녀의 도움이 더욱 필요하다는 것을 인식하게 된다.

성령의 은사들은 다른 사람들을 돕기 위하여 사용될 때 하나님의 영광을 위하여 열매 맺는다. 사도 베드로는 우리에게 "각각 은사를 받은 대로 하나님의 각양 은혜를 맡은 선한 청지기 같이 서로 봉사하라. 만일 누가 말하려면 하나님의 말씀을 하는 것 같이 하고, 누가 봉사하려면 하나님의 공급하시는 힘으로 하는 것 같이 하라. 이는 범사에 예수 그리스도로 말미암아 하나님이 영광을 받으시게 하려 함이니, 그에게 영광과 권능이 세세에 무궁토록 있느니라 아멘"(벧전 4:10~11)이라고 일깨워 준다. 하나님의 영광을 위하여 성령의 은사들을 행하는 것보다 더욱 크고 높은 소명이 있을까?

☞ 원칙 1.4 성령의 부르심을 기대하라

성령의 은사들이 자연스럽게 영적으로 표현되는 것은 우리의 삶에서 하나님의 부르심을 기대하는 데 있다. 이것은 다른 말로 하면, 비전이라는 말로 표현된다. 그의 제자가 되기를 열정적으로 소원하는 우리를 부르시는 하나님의 영은 누구신가? 우리의 먼 장래에 대한 오랜 꿈은 무엇인가? 하나님의 영이 그리스도의 몸에 속한 개개의 지체인 우리를 어떤 길로 인도하시는가?

비전은 "바라는 장래"라는 말로 가장 적절하게 묘사된다. 그것은 하나님의 부르신 임무를 완수하며 전진하도록 힘을 주는 삶의 방향이다. 예수님으로부터 강력하게 인도함을 받은 사도 바울은 가르치는 은사와 세상 모든 계층의 사람들에 대한 사랑과 세계 선교에 대한 열정 때문에 세계적인 지도자들을 양육시키는 사역자로 발전되었다. 그의 독특한 인격과 여러 은사들로 나타난 성령의 구체적인 열매는 그가 가졌던 장래에 대하여 갈망하던 비전의 결과였다. 그는 이 모든 여러 요소들을 모두 완전하게 완수하였기에 자신의 사역에 대하여 만족하였다.

선교를 위한 20/20에 대한 비전이 보여 주는 것은 하나님의 영으로부터 오는 비전이 아니면 거의 불가능하다. 그리스도의 제자로서 강력한 경험을 하게 되고, 열심히 기도하고 순복하는 자세로 하나님의 비전을 찾게 된다.

하나님의 소명을 기대하는 것은 삶을 통하여 세상에 대한 그분의 전체 비전의 일부를 완수해야 한다는 것을 이해하는 것이다. 비록 기독교 교회의 역사책에 기록이 되지 않을지라도, 각자는 인간에 대한 모든 것이 기록된 하나님의 정교한 백과사전의 중요한 한 부분을 담당하게 된다는 것이다. 지구상에 존재하는 것은 실수로 되었거나 의미 없이 그렇게 된 것이 아니다. 하나님의 무한한 명철하심을 통하여 인간에 대한 위대하신 설계에 참여하게 하기 위하여 그분은 우리를 부르셨다. 그분은 조용한 음성으로 우리 인생들을 위한 비전을 나타내실 것을 갈망하신다. 이것을 이 책의 8장, "지혜롭고 책임감 있는 삶을 산다"에서 좀더 자세하게 다룰 것이다

☞ 원칙 1.5 성령의 임재를 경험하라

하나님의 강력한 임재 가운데 완전히 둘러싸였던 경험을 한다면, 하나님의 영에 의존하여 살 것이고, 우리의 매일의 삶 가운데서 그분의 계획과 목적에 따라 살 것이다. 문제는 성령님의 역사보다 내 생각대로 살기를 좋아하고, 자신의 의지와 자신만을 믿고 살기를 원하는 것이다.

그러나 우리가 하나님의 임재를 위해 기도할 때, 그분이 우리와 언제나—매일 순간마다—함께 계시다는 것을 알 수 있다. 우리 인생을 향한 그분의 전지(全知: 모든 것을 아심), 편재(遍在: 어디에나 계심), 전능(全能: 모든 것을 하실 수 있으심)하신 능력은 이 순간도, 그리고 영원히 함께 하신다. 시편 저자는 그것을 이렇게 아름답게 표현하고 있다:

여호와여, 주께서 나를 감찰하시고 아셨나이다.

주께서 나의 앉고 일어섬을 아시며,

　　멀리서도 나의 생각을 통촉하시오며,

나의 길과 눕는 것을 감찰하시며,

　　나의 모든 행위를 익히 아시오니,

여호와여, 내 혀의 말을 알지 못하시는 것이

　　하나도 없으시니이다.

　　주께서 나의 전후를 두르시며, 내게 안수하셨나이다.

이 지식이 내게 너무 기이하니,

　　높아서 내가 능히 미치지 못하나이다.

내가 주의 신을 떠나 어디로 가며,

　　주의 앞에서 어디로 피하리이까?

내가 하늘에 올라갈지라도 거기 계시며,

　　음부에 내 자리를 펼지라도 거기 계시니이다.

내가 새벽 날개를 치며

　　바다 끝에 가서 거할지라도,

곧 거기서도 주의 손이 나를 인도하시며,

　　주의 오른손이 나를 붙드시리이다.

시편 139:1~10

하나님이 임재해 주시는 권능은 모든 그리스도의 제자에게 나타나는 현상이다. 건강한 제자도에 대한 첫 단계는 그분의 임재를 확인하는 것이고, 매일 그 임재 가운데서 사는 것이고, 그분의 모든 자녀들에게 넘치도록 주시는 축복을 소중하게 받는 것이다.

제자의 기도

⊂ʒ &⊃

살아계신 하나님의 영이시여, 저에게 다시 임하옵소서. 저를 변화
시켜 주시고, 만들어 주시고, 채워 주시고, 사용하여 주옵소서. 살아계
신 하나님의 영이시여, 저에게 다시 임하옵소서. 주님을 찬양하는 이
기도가 오늘을 사는 저의 기도나이다. 오, 주님. 주님께서 임재하여
주시는 권능 가운데서 살기를 원하나이다. 성령님의 실재 속에서 새롭
게 하시고, 성령의 열매를 맺게 하시며, 성령의 은사가 나타나게 하옵
소서.

주님의 꿈과 소명을 이루기 위하여 성령님의 능력의 충만하심에
저를 맡기나이다. 저의 매일의 삶이 당신의 임재의 자취가 되게 하소
서. 제가 오늘 당신을 능력의 주님이시요 왕으로 의지하오니, 당신의
권능이 제 안에 임하옵소서. 우리 주 예수 그리스도, 당신의 아들을
통한 당신의 모든 영광을 위하여 하옵소서. 예수님의 이름으로 기도
합니다. 아멘.

묵상과 변화를 위하여

건강한 제자는 성령님의 역할을 이해할 뿐 아니라 매일의 생활
가운데 그분의 능력과 임재를 새롭게 실제적으로 경험한다.

1. 당신은 당신을 위한 성령님의 어떤 사역에 대하여 더 자세히 알고 싶은가? 이번 장에서 어떤 것이 당신에게 가장 끌리는가? 그리고 그 이유는?

2. 이번 주에 당신은 어떻게 마음과 정신을 성령의 인도하심에 집중하겠는가? 성령의 아홉 가지 사랑스런 열매들을 외우고, 집과 사무실의 한 군데 이상 써서 붙여 놓으라.

3. 성령의 은사들 중 어느 것에 제일 감사하는가? 그리고 앞으로 어떻게 그것들을 개발하려고 하는가? 다른 사람들에게 어떤 은사들을 보여 줄 수 있는가?

4. 성령님이 임재하시는 권능 가운데서 당신의 삶을 통해 성령님이 어떻게 당신을 깨닫게 하셨는지 기도문을 작성하라.

5. 당신이 믿을 만한 사람과 이 장에서 가장 중심이 되는 부분을 나누고, 제자도의 건강에 관한 특성을 믿음으로 실천하기 위해 서로를 위하여 기도하기로 작정하라.

2
하나님을 높이는
예배를 드린다

건강한 제자는 하나님의 가족과 함께 매주 의미 있는 하나님 중심의 예배에 전심을 다해 참여한다.

"예배하는 자들은 신령과 진정으로 예배할 때가 오나니 곧 이때라. 아버지께서는 이렇게 자기에게 예배하는 자들을 찾으시느니라."

요한복음 4:23

세상이 찬양으로 울려 퍼진다—사랑하는 자들은 그들의 연인들을 연모하고, 독서가들은 그들이 좋아하는 시를 낭송하고, 걷기를 좋아하는 사람들은 시골길을 찬미하고, 게임하는 사람들은 자기들이 좋아하는 게임을 즐겨한다—날씨, 포도주, 접시, 연예인, 자동차, 말(馬), 대학, 나라, 역사, 아이들, 꽃, 산, 진귀한 우표, 진귀한 딱정벌레, 심지어 어떤 때는 정치가나 학자들까지 칭송한다. 나는 가장 겸손하고 가장 균형 잡힌 너그러운 마음을 가진 사람들이 어떻게 그렇게 칭찬을 많이 하는지, 그 반면 비뚤어진 마음, 못마땅하고 불만을 품은 사람들은 어찌 그리도 칭찬할 수 없는지를 이해할 수 없었다. 나는 또한 사람들이 "저 여자 멋있지? 정말 훌륭하지 않니? 너도 황홀하다고 생각하지 않니?"라며 자기들이 가치 있다고 여기는 것이면 무엇이든지 마음대로 칭찬하면서 우리도 그들이 칭찬하는 그 일에 동조하도록 종용하는 것을 이해할 수가 없었다.

성령님이 함께 하시며 하나님의 신실하심이 높여지는 예배는 점점 줄어들고 있다. 지나치게 "변태적이고, 합당하지 않으며, 비판적인" 사람들이 교회에 늘어나고 있다. 실제로 매주일 아침 예배를 준비하는 동안 우리는 서로 거울을 보는 것과 같이 행동한다. 각자 안에 하나님을 기쁨으로 찬양하는 것과는 관계없이 예배가 다른 방향으로 가는 것을 종종 보며, 당신은 "나는 아니야"라고 말할지 모르는 것들 때문에 예배를 은혜롭게 만들지 못한다.

나 역시 "변태적이고, 부적절하며, 비판적인" 사람들 중 하나가 되는 것을 인정하기 싫지만 그것이 사실일 때가 있다고 고백해야겠다. 너무나 여러 번, 주일날에 교회 좌석에 앉아 있고 싶지 않았고 심지어는 강대상에 서기도 싫었다. 나의 태도는 성령께 온 마음으로 드리는 예배가 아니었다. 말하자면, 나의 의롭지 못한 불만이 우리 가족 전체의 예배를 망치고 있다는 사실을 망각하고 있었든지, 예배드리기 위하여 교회 주차장으로 들어가면서 우리 아이들에게 언성을 높이는 경우이든지, 또는 예배 전에 복도에서 그 "변태적이고, 부적절하며, 비판적인" 교우에게 교회에 대한 불만을 털어놓든지, 지난번에 아내에게 상처를 주는 말을 했던 그 사람이 내 바로 뒷자리에 앉아 있든지 하면 그 날의 예배는 아주 엉망이 되어버리는 것이다.

이런 것들이 예배를 망치게 하는 자세이며 그로 인하여 교회에 악영향을 주는 경우들이다. 불행하게도 이런 일들은 이 지구상의 어디든지, 모든 교회에서, 매 주일마다 일어나는 것들이다. 그리고 더 나아가서는 당신도 이런 악영향을 끼치는 데 합세하고 있다는 것이다.

하지만 전능하신 하나님을 예배하기 위해 모일 때, 언제나 그렇게만 되는 것은 아니다. 그와 반대로 하나님 아버지께서 원하시는 진정으로 찬양하는 예배로 하나님의 사람들을 인도할 수도 있기 때문이다.

예배의 문자적인 뜻은 어떤 사람이나 물건 앞에 "최상의 경배를 드림"이다. 함께 예배를 드린다는 것은 하나님께 우리의 신령과 그분의 전능하심과 현존하시는 위엄과 인생을 변화시키시는 말씀을 찬양하고 최상의 경배를 드리는 것이다. 예배를 드리기 위하여 하나님의 임재를 믿고 나 자신을 깊이 성찰하는 경험을 기대해야 한다. 자신을 하나님께 드린다는 것은 마음과 영과 이성과 그 모든 것을 함께 드린다는 것이다.

신령과 진정으로 드리는 예배

예배하는 자들은 "신령과 진정으로 예배할 때가 오나니 곧 이때라. 아버지께서는 이렇게 자기에게 예배하는 자들을 찾으시느니라"

고 예수님은 제자들에게 가르치셨다 (요 4:23). 하나님께 대한 우정과 애정은 예배의 목적이다. 그것이 아버지께서 그분의 자녀들과 함께 하기 원하시는 것이다. 하나님의 속성들에 대한 사랑, 순종, 헌신, 결단 그리고 깊은 충성은 이런 종류의 예배에 담겨져 있다.

예수님은 이 장에서, 사마리아인의 예배와 신령과 진정으로 드리는 예배의 깊은 의미를 비교하셨다. 예수님은 사마리아인의 예배를 형식적인 예배라고 하셨다. 왜냐하면 그들은 모세오경밖에 알지 못했고, 그것만 믿었으며, 성경 전체를 이해하지 못했기에 결국 온전하지 못한 예배를 드렸던 것이다.

사마리아인들의 예배는 사랑과 지식에 바탕을 둔 것이 아니라 무지(無知)와 눈물로 이루어졌다. 그것은 진정한 예배라기보다는 역사적으로 기록된 대로, 그들이 사마리아로 이사 올 때 가지고 왔던 우상들을 섬기는 미신이었다 (대하 17:29). 그들은 자신들을 위하여 예수님이 제자들에게 가르쳐온 것과는 반대되는 거짓 예배를 드리고 있었다.

거짓 예배란 무엇인가? 성경 주석학자 윌리암 바클레이에 따르면, 거짓 예배란 첫째로 **선택적 예배**라는 것이다. 그런 예배는 하나님에 대하여 알고 싶은 것만 취하고 나머지는 무시하는, 즉 편파적인 종파를 만드는 예배이다.[2] 예수님이 말씀하셨던 온전한 예배란 순전한 목적이 있어야지 우리 자신의 입장에만 국한된 부분적인 진리만을 추구하는 예배가 아니라는 것이다.

둘째로, 거짓 예배란 **무심한 예배**—마음에 없는 예배이다. 신령한 체험은 단순히 지적인 고난의 체험과는 거리가 멀지만, 오늘날에는 지식의 부족함으로 인하여 꽤 많은 영적 체험이 실패로 나타난다. 믿음은 소망에 근거하지만 그 소망은 그에 관한 이유에 대한 지식을 바탕으로 한다 (벧전 3:15). 예배는 예수님의 몸으로서 전 인격체이신 하나님께 나아가는 것이다. 예배를 통하여 우리의 이성뿐 아니라 마음과 혼과 모든 것을 훈련하는 것이다.

셋째로, 거짓 예배란 **미신적인 예배**이다. 그런 예배는 갈급함도 없고 진실함도 없이 다만 예배를 드리지 않으면 재난이 닥치지 않을까 하는 마음으로 드리는 예배이다. 어떤 사람들이 마치 사다리 밑을 통과하기 싫어하는 것처럼, 불운을 가져오는 검정 고양이가 우리 앞을 지나가기 원하지 않는 것처럼, 요행을 믿는 것처럼, 죽을 사(死)자를 연상하게 하는 숫자 4를 좋아하지 않는 것처럼 하나님을 모시지 않으면 우리에게 무엇인가 불행이 닥칠 것이라는 공포감에서 예배를 드리는 사람들이 있다. 이런 것은 진정한 예배가 아니다. 진정으로 드리는 예배란 공포감에서 드리는 것이 아니고, 하나님을 사랑하며 우리를 위하여 행하신 모든 것에 감사하는 마음으로 드리는 것이다.

예배는 편파적이거나, 무심히 하거나, 미신적이어서는 안 된다. 실제로 예배는 예수님이 제자들과 동행하면서 손수 본을 보이시며 가르쳐 주신 그 예배를 그대로 행해야 한다. 왜냐하면 하나님은 영이시며 예배를 통하여 하나님께 바치는 은사는 성령님이 주신 은사이어야만 한다. 이와 같이 진리와 성령은 진정으로 드려지는 모든 예배에서 서로 힘을 합친다. 이것이 하나님께 찬양을 드리는 예배이며 우리들 모두가 사모해야 하는 예배의 형태이다.

사랑에 근거한 예배

요한복음 2장 1~11절은 가나의 혼인잔치의 첫 번째 기적을 통하여 예수님의 기적이 어떤 의미인지를 우리에게 보여 준다. 요한이 이 기적에 관하여 상세하게 기록한 동기는 예수님이 우리의 삶에 들어오실 때 어떤 일이 일어나는지를 알게 하기 위해서이다. 마치 물이 변하여 포도주가 되는 것 같이 우리의 삶이 새로운 차원의 삶으로 바뀐다는 뜻이다. "예수님 없는 삶은 의미가 없고, 더러운 냄새가 나고, 변화도 없다. 그러나 예수님과 함께 하면 삶은 생기가 넘쳐나고, 반짝일 뿐 아니라 활기차게 변한다. 예수님 없는 삶은 맥 빠지고 재미없지만 그분과 함께하는 삶은 감동적이며 생기가 넘치게 된다."[3]

우리는 네 번째 복음서에 나오는 일곱 가지 기적들 가운데서 예수님께 대한 이런 반응들을 관찰한다:

가나의 혼인잔치 (요 2:1~11)
왕의 신하의 아들을 고치심 (요 4:46~54)
38년 된 병자를 고치심 (요 5:1~15)
5천명을 먹이심 (요 6:1~15)
물 위를 걸으심 (요 6:16~20)
소경을 고치심 (요 9:1~41)
죽은 나사로를 살리심 (요 11:1~44)

예수님은 기적을 만드는 분이시고, 그분이 제자들의 마음에 들어

가실 때 생동감이 넘치는 예배를 드리게 되고, 마침내 그분은 모든 찬양을 받으신다. 실제로 그런 예배가 하나님 아버지께서 제자들을 통하여 받기 원하시는 진정한 예배요, 사랑에 근거하며, 신령과 진정으로 드리는 예배이다. 그것은 또한 예수님이 행하신 기적들을 보답하기 원하는 건강한 제자들의 마음 깊은 곳에서 나오는 감사의 표현이다.

우리가 예수님의 친구가 되어 믿음의 공동체 안에서 진정으로 예배하는 것과 가짜로 예배하는 것에는 뚜렷한 차이가 있게 된다. 예수님의 처음 기적들은 깊은 믿음을 나타내셨고, 사람들로 하여금 놀라움을 금치 못하게 하였다. 하지만 시간이 지나면서 제사장들과 바리새인들이 그냥 우연한 일이었던 것처럼 꾸미려고 노력하였다. 11장에 가면, 산헤드린 공회에서 예수님을 죽이려고 음모를 꾸민다. "우리가 뭘 하려고 하지?"라고 그들은 서로 물었다. "여기 많은 기적을 일으킨 자가 있다. 우리가 만약 그를 이대로 두면 모든 사람들이 그를 믿을 것이다"라고 하면서도 그들은 어쩔 수 없이 예수님이 일으키신 기적을 아무것도 아닌 것처럼 덮어 버리기로 하였다. 왜냐하면 사랑에 근거한 예배는 이런 지도자들에게는 이해될 수 없는 것이었기 때문이다.

베다니의 나사로의 집에서 우리는 진실한 예배와 가짜 예배를 볼 수 있다.

유월절 엿새 전에 예수께서 베다니에 이르시니 이곳은 예수께서 죽은 자 가운데서 살리신 나사로의 있는 곳이라. 거기서 예수를 위하여 잔치할새 마르다는 일을 보고 나사로는 예수와 함께 앉은 자 중에 있더라. 마리아는 지극히 비싼 향유 곧 순전한 나드 한 근을 가져다가 예수의 발에 붓고 자기 머리털로 그의 발을 씻으니 향유 냄새가 집에 가득하더라.

제자 중 하나로서 예수를 잡아 줄 가룟 유다가 말하되, 이 향유를 어찌하여 삼백 데나리온에 팔아 가난한 자들에게 주지 아니하였느냐 하니, 이렇게 말함은 가난한 자들을 생각함이 아니요, 저는 도적이라 돈 궤를 맡고 거기 넣는 것을 훔쳐 감이러라.

예수께서 가라사대 저를 가만 두어 나의 장사할 날을 위하여 이를 예비하게 하라. 가난한 자들은 항상 너희와 함께 있거니와 나는 항상 있지 아니하리라 하시니라.

요한복음 12:1~8

이 본문에서, 예수님은 마리아가 사랑으로 드리는 예배를 칭찬해 주셨다. 다른 복음서에서는 예수님은 "그녀가 내게 아름다운 일을 하였다"(막 14:6)라고 하셨다. 이 아름다운 일이란 무엇인가? 예수님이 그녀를 위하여 베푸신 모든 것에 진정으로 감사하는 마음으로 그분께 합당한 예배를 드리는 모습이었다. 그런데 왜 유다는 그런 반응을 보이지 않았는가? 그것은 그의 마음이 굳어져 있었고, 이기적인 마음으로 가득 차 있었기 때문이다.

예수님께 대한 마리아의 예배는 다른 사람을 의식하지 않았다. 예수님의 발에 부어 드린 비싼 향유는 예수님의 무조건적인 사랑에 대한 감사의 표현으로 그녀의 고귀한 사랑을 표현하였던 것이다. 그것은 매우 위험했고, 담대했으며, 많은 사람들의 시선을 감수했어야 했으나, 그런 행위는 그녀와 주님의 친밀한 관계를 아름답게 표현하는 방법이었다. 이와 같이 예수님을 향한 사랑을 바탕으로 하는 예배가 주님의 친구(제자)들에게 새로운 모습을 보여 주었지만, 그들 가운데 있던 비판적인 사람들과 방관자들과 불신자들은 잘못된 것으로 보았다.

같은 맥락에서 우리가 드리는 사랑에 근거한 예배는 예수님이 보여 주셨던 기적들 하나하나에 의하여 놀랍게 변화된 사람들에 의하여 더욱 알려지게 된다. 예수님을 좇는 무리들이 폭발적으로 많아졌고, 많은 사람들이 그분의 구원의 은혜와 능력에 의하여 변화되었다. 하나님이 마음을 열어 주셔서 천국을 보게 된 사람들은 그보답으로 그들의 사랑에 근거한 예배를 즐거운 마음으로 드렸다.

군중들의 함성은 예수님이 어린 나귀의 등을 타고 예루살렘 성으로 승리의 입성을 하시는 날에 절정에 달했다 (요 12:12~19). 거리는 온통 예수님이 예루살렘으로 오신다는 소문을 듣고 모인 사람들로 북적거렸다. 그들은 종려나무 가지를 들고 그분을 맞으러 거리로 나갔고, "호산나, 찬송하리로다. 주의 이름으로 오시는 이, 곧 이스라엘의 왕이시여" 하고 외쳤다. 그 순간의 기쁨은 너무나 엄청난 경험이었다. 군중들은 기적을 행하시는 그분의 능력에 대한 소문을 퍼뜨렸고, 많은 사람들이 그분을 만나기 위해 몰려왔다.

그러나 바리새인들은 기뻐하지 않았다. "볼지어다 너희 하는 일이 쓸데없다. 보라, 온 세상이 저를 좇는도다" (요 12:19). 그것은 곧 예수님이 이 세상에서 그의 사역의 마지막이 다가옴을 아시고, 그의 죽으심에 대하여 말씀하신 것을 의미하였다. 예수님은 "인자의 영광을 얻을 때가 왔도다"(요 12:23)라고 제자들에게 말씀하셨다. 여기에 바로 사랑에 근거한 예배에 대한 중요한 가르침이 있는 것이다. 진심으로 드리는 제자들의 예배는 아름답지만, 하나님의 사랑의 손길을 거부하는 자들의 예배는 하나님을 대적하게 되는 것이다.

이 시대에 하나님을 향한 사랑에 근거한 예배는 우리 가운데 있는 산헤드린 의원, 바리새인 또는 그리스도를 배반하는 자들에게는 모욕적으로 보이게 된다. 그런데 믿는 자들 중에서도 일부는 좀더 표현이 자유로운 예배를 드리기 원하는 반면, 다른 사람들은 그렇지 않은 사람도 있다. 좀더 엄숙하게 예배를 드리기를 원하는 그룹과 좀더 현대 감각적인 예배를 드리기 원하는 그룹들은 서로 분리되어 있는 것처럼 보인다. 예배의 형식이야 어떻든 여러 교파와 신학적인 배경을 가진 사람들이 함께 여러 형태의 사랑에 근거한 예배를 드리고자 나름대로 노력하고 있다. 형태야 어떻든, 언제 당신은 위의 성경에 나오는 사람들과 비슷한 방법으로 사랑에 근거한 예배를 하나님께 드려 보았는가? 당신은 주님께 당신의 최상의 것을 "아름다운 제물"로 드리기를 원하는가?

남녀노소 모두가 최선을 다하여 예배드리기를 원할 때 사랑에 근거한 예배를 드릴 수 있다. 부모들이 그들의 아기를 위하여 헌아식 또는 유아세례를 받기 위하여 나올 때 그들은 최선을 드리는 것이다. 사람들이 예수님을 주님과 인도자로 모실 때, 주님을 사랑하는 헌신된 마음 전체를 하나님께 드리는 것이다. 청년들이 인생관이 바뀌는 놀라운 선교 여행을 다녀 올 때, 그들은 선교 팀에서 경험한 엄청난 봉사 활동에 대하여 놀라운 감사로 예배를 드린다. 살아 계신 그리스도께서 삶과 사역에서 역사하실 때에, 그분의 역사하심에 마음을 온전히 드리지 않을 수 없을 뿐 아니라 기쁨으로 인도하시는 예배의 삶에 대하여 감사와 찬양을 드릴 수밖에 없다.

무엇을 선택할 것인가는 우리의 마음에 달렸다. 즉 사랑에 근거한 예배를 드리는 삶을 살 것인지, 마음과 영과 이성에 하나님을 예배하는 기쁨이 없는 삶을 살 것인지는 당신이 선택해야 한다.

예수님, 당신께 드리는 사랑의 예배를 위하여 정성을 다해 드리지 못하고 너무나 부족한 것을 고백하나이다. 제가 당신께 예배를 드릴 때 저의 마음을 그대로 표현하면 다른 사람들이 나를 어떻게 볼까 하는 것을 너무나 걱정하였나이다. 나 중심에서 벗어나 마리아처럼 당신을 높이는 예배를 드리면서 맛보았던 그런 자유함을 경험하게 하옵소서.

우리 교인들과 우리 형제자매들이 신령과 진정으로 자유롭게 당신께 예배를 드릴 때, 우리의 개인의 삶과 공동체의 삶에서 당신의 사랑과 인도하심에 감사드릴 때, 더욱 풍성한 은혜를 경험할 수 있게 하옵소서. 제가 기도하는 골방에서 더욱 깊고 진정한 예배를 경험하게 하옵시고, 믿음의 가족들과 함께 예배를 드릴 때 나의 삶과 우리의 삶 가운데서 성령님의 역사하심에 대하여 열린 마음으로 하나님을 높이는 예배의 통로가 되게 하옵소서.

마음과 영과 이성과 모든 것으로 당신께 언제나 예배를 드리기 원하옵고, 제게 베푸신 당신의 사랑에 대하여 마음 깊이 감사하나이다. 성부와 성자와 성령의 이름으로 기도합니다. 아멘

전인적인 예배

나의 친구 데이빗 미드우드는 건강한 제자를 위하여 하나님을 높이는 예배라는 주제로 강의할 때, 마음과 감정과 영과 몸이 모두 동원되는 "전인적인" 예배를 가르친다.

1. 우리는 **마음을 새롭게 함으로** 예배를 드린다 (빌 2:3~5)
   a. 마음과 목숨과 뜻을 다하여 (마 22:37)
   b. 마음으로 기도하고 (고전 14:15)
   c. 하나님이 온 땅의 왕이신 것을 찬양한다 (시 47: 6~7)
2. 우리는 **감성을 새롭게 함으로** 예배를 드린다 (롬 12:11~15)
   a. 부지런하고, 열심을 품고, 영으로 (롬 12:11~15)
   b. 주님께 큰 소리로, 손뼉을 치면서 (시 47:1)
   c. 우리 모두가 큰 소리로 주님을 찬양하며 (시 47:1)
   d. 감사로 기뻐하면서 (시 100:1, 4; 빌 4:4)
   e. 무엇을 하든지 마음을 다하여 (골 3:23)
   f. 하나님 앞에 잠잠하며 (시 46:10; 합 2:20)
3. 우리는 **영을 새롭게 함으로** 예배를 드린다 (겔 36:26; 요 1:13)
   a. 영으로 예배를 드리고 (요 4:23~24)
   b. 영으로 기도하며 (고전 14:14)
   c. 영으로 찬양하며 (고전 14:15; 엡 5:19; 골 3:16)
   d. 영으로 진정한 감사를 "잘" 드리며 (고전 14:16~17)
4. 우리는 **재 헌신된 몸으로** 예배를 드린다 (고전 6:19~20)
   a. 우리의 몸을 산 제사로 하나님께 드리며 (롬 12:1)

b. 우리는 경건을 연습하며 (딤전 4:7~8)

c. 엎드려 절하며, 무릎을 꿇고 예배를 드리며 (시 95:6; 빌 2:9~
   10)

d. 손을 흔들며 (시 63:4)

e. 손을 들고 (시 63:4; 141:2; 딤전 2:3)

f. 두려움으로 주님 앞에 서서 (시 4:4)

g. 손뼉을 치며 (시 47:1)

h. 악기를 연주하며 (시 33:2; 92:3; 98:6; 144:9)

i. 소고를 치며 제금으로 찬양하며 (시 150:4~5)

j. 하나님 앞에서 춤추며 (삼하 6:14; 시 30:11; 149:3; 150:4)

k. 머리 숙여 경배하며 (창 24:26, 52; 미 6:6~3)

l. 머리와 눈을 들고 (시 3:3; 123:1; 히 4:16)

m. 기쁨으로 찬양하며, 노래하며, 외치며 (시 32:11; 47:6; 59:
   16; 66:8; 69:30; 98:1; 100:1~2)

n. 하나님 앞에서 잠잠하며 (시 46:10; 합 2:20)

성경의 여러 곳에서 하나님의 사람들이 마음과 혼과 정신과 힘을
다하여 예배를 드리는 것을 볼 수 있다. 그것은 또한 우리가 목적하
는 바이고, 건강한 제자가 되기 위하여 일생 동안 지속적으로 해야
만 한다. 교회의 회중 가운데서 온전히 드리는 예배를 경험할 때
사람들이 침묵 가운데서 혹은 차분하게 혹은 찬송으로, 심지어는
기쁨으로 외치면서 자유롭게 예배를 드릴 수 있도록 도와주는 것이
하나님의 말씀의 진리가 충분히 선포되고, 성령님이 우리들이 모여
서 예배를 드리는 곳에 충만하게 임하실 때, 각 제자는 자신을 하나

님께 전심으로 드리는 예배자가 된다. 예배는 그렇게 복잡한 것이 아니다. 단지 하나님께 마음으로부터 우러나오는 사랑과 감사를 순수하게 표현하는 것이다.

예배의 실제

하나님을 높이는 예배의 상황에는 믿는 자, 믿는 가족 그리고 지역 교회를 위한 "안식일의 휴식"의 배경이 있다. 건강한 제자와 가족과 교회 공동체의 삶에서 안식일의 우선권은 무엇인가? 안타깝게도 우리들은 주일을 바쁜 일정으로 꽉 채운 나머지 하나님의 가족들과 함께 경험하는 예배에 대한 의미 있는 묵상을 할 여유가 없어서 안식일의 의미를 잃어버린 것처럼 보인다. 그러면 이제 하나님이 십계명에 그렇게 완벽하게 설명해 놓으신 안식이라는 선물을 다시 찾아야 할 때가 아닌가? 맥스 루카도(Max Lucado)는 그의 베스트셀러인 〈나그네 빛〉(Traveling Light)에서 독자들에게 안식일에 대한 하나님의 엄중한 명령을 상기시켜 준다:

돌판에 새겨 놓은 십계명 중에 어떤 계명이 가장 많이 차지하고 있는가? 살인? 간음? 도둑질? 그렇게 생각하는가? 물론 그 모두가 잘 새겨져 있다. 그러나 이상하게도 이 계명들은 간결하게 되어 있다. 하나님은 간음죄에 대하여 영어 단어 다섯 개와 도둑질과 살인죄에 대해서는 네 단어만 사용하셨다.

그러나 안식에 관해서는 한 문장으로도 모자랐다. "안식일을 기억하여 거룩히 지키라. 엿새 동안은 힘써 네 모든 일을 행할 것이나, 제 칠일은 너의 하나님 여호와의 안식일인즉, 너나 네 아들이나 네 딸이나 네 남종이나 네 여종이나 네 육축이나 네 문안에 유하는 객이라도 아무 일도 하지 말라. 이는 엿새 동안 에 나 여호와가 하늘과 땅과 바다와 그 가운데 모든 것을 만들 고 제 칠일에 쉬었음이라. 그러므로 나 여호와가 안식일을 복되게 하여 그 날을 거룩하게 하였느니라"고 자세하게 말씀하셨다.

하나님은 우리를 너무도 잘 아신다. 그분은 어느 상점 주인 이 이 구절을 읽고, "누군가 안식일에 일을 해야 하는데. 내가 일을 하면 안 된다면 우리 아들이 일하게 해야지"라고 생각할 줄 아셨다. 그러나 하나님은 **아들도 안 된**다고 말씀하신다. "그 러면 딸이 일하게 해야지." **딸도 안 된**다고 하셨다. "그럼 종업 원을 시키지요." **그들도 안 된**다고 하셨다. "그렇다면 소를 보 내어 지키게 하든지, 지나가는 사람을 시켜야 되겠네요." 하나 님이 **그래도 안 된**다고 하셨다. **하나님이 일주일 중에 하루는 일에 대해서는 "안 돼"라고 하고 예배에 대해서는 "그래"라고 하셨다. 즉 하루는 일하지 말고 예배를 드리라고 하셨다. 그 하루는 바쁜 일정을 줄이고 누워서 쉬라고 하셨다.**

19세기에 찰스 스펄전(Charles Spurgeon) 목사는 그의 설교 학 과목을 수강하는 제자들에게 이런 충고를 하였다—짐을 지는 당나귀도 풀밭에서 가끔 쉬어야 한다. 바닷물도 썰물 때나 밀물 때 잠깐 멈춘다. 지구도 겨울 동안 쉬고, 사람이 하나님의 사자를 모실 때라도 몸을 돌보지 않으면 쓰러진다. 등잔불의 심지도 다듬지 않으면 불이 밝지 못하고, 체력을 보충하지 않으면 빨리 체력이 소진되고, 우리가 더 많은 사역을 하기 위하

여 어떤 때는 일을 줄여야 한다.[4)]

그렇다면 그리스도의 제자들은 건강과 활력을 얻기 위해 어떻게 하였는가? 그러나 안식일은 21세기에 사는 우리에게도 똑같이 적용되어야 한다. 하나님이 세우신 우선순위들을 심사숙고해야 하는 것은 그것들이 몸과 혼과 마음과 정신을 쉬게 하고 새롭게 하는 데 관계가 있기 때문이다.

그러므로 만약 우리의 목표가 하나님을 영화롭게 하는 예배를 드리는 것만이 그분의 엄청난 사랑에 대한 순종의 표현이라면, 여기에서 이것은 우리가 하나님의 가족과 매주 경험하는 삶 가운데서 어떻게 표현되어야 하는가? 다음의 원칙들은 그리스도를 영화롭게 하는 영적 건강과 활력을 추구하는 데 고려하고 적용해야 하는 지침이다.

☞ 원칙 2.1 예배 준비는 월요일에 시작된다

당신은 하나님의 사람들과 매주 어떻게 예배를 준비하는가? "내가 왜 그런 것을 생각해야지?"라고 당신은 생각할지 모른다. "그것은 목사님이 해야 하는 것 아니야?"라고 말이다. 물론 목사가 주일 예배를 계획하는 것이 당연하지만, 건강한 교회의 일원이라면 마음과 정신과 찬송으로 드리는 축제의 예배를 위해 온전히 준비해야 할 것이다.

이렇게 준비하는 것은 주일에 앞서 매일 골방에서 조용히 기도하는 것이다. 가장 중요한 것은 (다음 장에서 다루게 되는) 우리의 영성 훈련을 위한 가장 기본적인 것들, 즉 말씀과 기도와 묵상으로 하나님의 은혜의 보좌 앞에 나아감으로 예배 준비는 월요일 아침부터 시작된다는 것이다. 우리 각자가 예배를 준비하고 함께 온전히 준비하여 예배에 임하게 될 때 더욱 온전한 예배를 드리게 될 것이다.

"예배에 앞서서 한 교우가 먼저 와서 기도했고, 성경을 공부했으며, 예배를 준비했다고 하면, 목사로서 나는 그가 이 예배를 통하여 크나큰 은혜를 받게 될 줄 알고 있지"라고 친구 목사가 말한 적이 있다. "그는 예배 후에 지난 주간 내내 기도했던 것에 대하여 주님이 말씀하심을 듣거나 설교와 찬양과 함께 주님의 특별한 인도하심에 대하여 느끼는 등 하나님의 임재를 구체적으로 체험하고 간증하겠지. 준비된 예배자가 하나님의 임재를 경험하는 것이 그렇지 못한 사람들에 반하여 크게 차이가 나지."

건강한 제자는 하나님의 가족과 성령님의 임재로 나타날 표적과 주님과의 개인적인 경험들에 대하여 기대에 찬 마음으로 준비하고 예배에 임한다. 이런 마음으로 공동체 예배를 드리는 것과 아무런 준비 없이 그냥 단순히 예배에 참석하는 것과는 엄청난 차이가 있다. 당신이 월요일 아침부터 일주일 내내 삶 가운데서 준비한 후에 예배에 참석하는 것이 당신의 예배에 어떻게 차이가 날 것인지 상상해 보라.

☞ 원칙 2.2 예배 참여는 성취를 낳는다

당신은 다음과 같은 말을 자주 듣는가?

"나는 예배를 드리면서 하나도 은혜를 받지 못했어."

"오늘 목사님 말씀이 도대체 도움이 안 돼."

"왜 성가대가 그런 옛날 찬송만 하는지 모르겠어."

"오늘 말씀이 무엇에 대한 것이었지? 선교의 중요성에 대해 도무
   지 이해가 안 되네."

혹시 이와 비슷한 말들을 들어본 적이 있는가?

이런 말들은 예배를 통하여 흔히 듣는 말 중의 일부이다. 도대체
이 **받다**라는 말이 **주다**라는 말을 실천해야 하는 예수님을 따르는
삶 가운데 어디에서 나왔는가? 우리는 원래 하나님께 예배를 **드리**
는 것이 아닌가? 우리의 삶, 마음, 가족, 섬김 등 이런 선물을 주신
주님께 다시 되돌려 드리는 것이 아닌가?

우리는 받기 위해서가 아니라 주기 위해서 예배를 드리러 간다.
우리가 주면 확실히 받게 된다. 그것은 성 프란시스(St. Francis)의
기도와 같다: "우리는 주는 가운데서 받게 된다; 우리는 용서할 때
용서를 받는다; 영생을 위하여 태어나는 것은 죄에 대하여 죽는 것
이다." 예배의 가장 기본적인 자세는 우리 자신과 우리가 가진 모든
것들을 감사함으로 하나님께 드리기 위하여 성소에 들어간다는 것
이다.

불행하게도, 주는 행위로서의 예배의 이런 관점은 전국의 모든
예배당의 좌석을 차지하고 있는 자들의 소비 심리로 바꿔치기 되고
있다. 우리는 필요가 있기에 교회에 오기도 한다. 물론 의견이 있을
수 있고, 그 의견을 말할 수 도 있다 (도전하려는 것은 결코 아니다!).

바쁘게 사는 만큼, 시간을 잘 활용해야 하는 것도 사실이다. 우리에게는 기대감이 있고 또 그 기대감을 만족시키기를 원한다. 대인 관계가 원만하지 못한 것도 많지만, 그래도 타인과 교제하기 위하여 모인다. 여러 가지 이유로 예배를 드리러 오지만 우리는 하나님께로부터 또 목사님으로부터 또는 서로에게로부터 무엇인가 얻으러 오는 것이다.

그러나 이런 마음 자세는 틀린 것이다. 모두 이번 기회에 하나님으로부터 받으려고만 하는 자세를 단번에 고쳐라. 마리아가 예수님의 발아래 가장 비싼 향유를 드리되 부어 드렸고, 그녀의 눈물과 머리털로 닦아 드린 것을 기억하는가? (요 12:1~8) 그 자세는 받는 자세였는가? 물론 아니다. 그러나 분에 넘치도록 드린 예배를 통하여 그녀는 엄청난 하나님의 은혜와 사랑과 자비를 받게 되었다. 결국 겸손히 수용하며 사랑으로 하나님을 높이는 예배가 최상이고 유일한 길이다. 바로 이런 예배가 하나님이 찾으시는 예배이다.

☞ 원칙 2.3 예배의 형태들은 다양성을 반영한다

나는 〈건강한 교회가 되자〉에 있는 내용 중에서, 나 자신을 성공회-침례-오순절-회중교인(EpiscoBaptiPentaGationalist)이라고 소개했다! 나는 회중교회의 예배 분위기를 즐기게 되면서 이 네 교파가 대표하는 예배 형태의 다양성을 인정하게 되었다. 나는 성공회의 예배 형식과 침례교회의 말씀 중심의 예배와 성령 중심의 오순절교회와 내가 믿음의 뿌리를 내리고 성장한 회중교회를 좋아한다. 실제로, 오늘날의 많은 교회에서 볼 수 있는 다양한 예배 형태를 존중함에 있어서 나는 오히려 절충주의라고 할 수 있겠다 (아마도 내가 14년 이상 섬겨왔고, 80개 교파를 포용하는 비전 뉴잉글랜드 사역 때문일 것으로 생각한다!) 그리고 25년 이상의 사역을 하면서 비단 나 혼자만 그렇게 생각하는 것이 아니라는 것을 확신한다.

당신은 어떠한가? 당신은 한 가지 예배 형태, 즉 하나님께 사랑과 찬양과 감사와 그리고 순종에 대한 표현에 있어서 조금만 달라도 예배를 망가뜨린다는 생각에 매여 있는가? 아니면, 당신은 한 가지 예배 관습에 묶여 있는 당신의 교회에 불만을 가지고 있는 많은 신자들 중 하나인가? 당신의 예배 스타일과 같지 않은 다른 스타일의 예배를 드리는 사람들에 대하여 당신의 의견은 어떠한가?

기독교 안에는 아주 다양한 예배 형태들이 있다. 당신이 진정으로 예배를 드리기 위해서는 어느 교회를 다니든지 당신의 모든 것 즉 마음과 영혼과 정신과 모든 것들을 드려야 한다. 또한 예수님의 지체로서 당신의 예배 스타일과는 다르지만 매주 드려지는 다양한 예배 스타일도 또한 존중해야 한다.

건강한 제자는 예배의 본질이 바뀌지 않는 한 어떤 스타일의 예배 형태이든지 간에 예배를 드릴 수 있어야 한다. 아주 드물게는 예배 형태를 바꾸다가 예배의 본질을 바꾸게 되는 경우도 있는데, 건강한 제자는 그 정도는 분별할 수 있어야 한다. 예배 형태는 예배의 본질을 표현하는 방법이며, 그것은 존중되어야 한다.

예수 그리스도의 주님 되심과 하나님의 사랑과 성령님의 교통하심을 믿는 교회는 예배의 본질을 나타내 보이는 가장 좋은 곳이다.

삼위일체를 기본으로 하는 예배 가운데, 설교, 기도, 찬송, 참회의 기도, 세례, 성찬, 십일조와 헌금 등으로 형편에 맞는 형식으로 정하여 순서를 만든다. 만일 당신이 말씀과 기도와 주님께 초점을 맞추기보다 촛불, 예배 가운, 음악 같은 것들에 더 신경이 쓰인다면, 당신은 형식을 더 중요시할 것인지 내용을 더 중요시 할 것인지를 정해야 한다. 형식은 좀 자유로워져야 할 필요가 있는 대신 예배의 본질을 생략하면 안 된다—그것은 당신이 제자로서, 또 당신의 교회가 하나님의 가족으로서 너무나 중요하기 때문이다.

☞ 원칙 2.4 예배가 산만하지 않게 보호

나는 예배 도중에 쉽게 산만해진다. 가족의 일원인 아내와 아이들이 옆에 앉아 있다는 것에 대하여 신경이 쓰이고, 예배 후에 만나고 싶은 친구들이 예배당 저편에 앉아 있는 것을 보고 마음이 쓰이고, 예배를 드리기 위해 들어오고 있는 사람들이 필요한 것이 없을까 배려하는 것에 마음을 빼앗기고, 아침 예배에 무슨 프로그램이 있나 생각하며, 주보에 있는 교회 생활에 관한 소식을 읽는 등, 예배에 임하기 전에 마음이 방해 받기 쉬운 여러 가지 요인들이 있다. 예배를 방해하는 그러한 것들을 어떻게 다룰 수 있는가?

당신이 20명, 200명 혹은 2,000명이나 되는 교회에 속해 있을 지라도, 당신의 목표는 당신의 주변에 있는 예배를 방해하는 여러 가지들, 즉 소리, 사람들, 필요한 것들, 여러 상황들 등 그런 가운데서라도 주님의 음성을 듣는 것이다. 이 주님의 음성을 듣는다는 것은 말씀이 읽혀지고, 찬양을 드리고, 말씀이 선포될 때, 더욱 절실하여 오직 기도만이 하나님의 음성을 듣는 것을 방해하는 것들로부터 우리를 지키는 방법이라고 나는 믿는다.

기도는 개인기도 시간을 통해서, 크고 작은 기도 모임에서, 함께 예배를 드림으로 하나님과의 관계를 지속적으로 성숙하게 하는 훈련이다. 기도가 예배의 가장 중요한 부분을 차지할 때, 성령님은 우리들의 마음을 그분의 임재를 잘 받아들일 수 있도록 만드시며, 예배의 중심이 되시며, 하나님의 사랑을 경험하게 하심으로 삶의 방향을 더욱 확실히 알 수 있도록 인도하신다.

열심히 기도하는 것은 하나님을 찬양하는 예배를 드리기 위한 마음가짐을 의미한다. 왜냐하면 그것은 그분을 전폭적으로 신뢰한다는 것이고 또한 그것에 대한 구체적인 표현이기 때문이다. 예배를 통하여 하나님과 직접 만나게 되고 우리의 삶이 그분의 형상을 더욱 닮아가도록 변화되고, 결과적으로 그분께 초점을 맞출 수 있도록 변화하게 된다.

그러므로 내 옆에 앉은 가족들 때문에 방해 받기보다는 오히려 그들을 위하여 기도해야 한다. 친구들을 찾기 위해 예배당을 둘러보기보다는 그들을 위해 기도하는 것에 초점을 맞추어야 한다. 다른 사람들의 필요를 위하여 부르짖어 기도하다는 것은 그들의 가슴 아픈 사연들의 기도를 십자가 앞에 내려놓는 그것이다. 주보를 보며 교회 소식을 읽는 것을 뒤로 미루고 먼저 기도해야 한다. 건강한 제자는 오직 이 기도를 통하여 비로소 하나님을 높이는 온전한 예배를 드리게 되는 것이다.

☞ 원칙 2.5 향상을 위한 처방

친구가 저자 미상의 "왜 교회를 가야 하는가?"라는 제목의 전자메일을 보냈다:

어떤 사람이 신문사의 편집장에게 편지를 보냈는데, 매주 일요일에 교회에 가는 것이 도대체 이해가 되지 않는다고 투덜거리면서 다음과 같이 썼다. "교회를 30년 동안 다니며 약 3,000번의 설교를 들었지만, 하나도 기억할 수 없다. 그러니 내 시간을 쓸모없이 버렸고, 설교자들은 그 설교를 하느라고 그들의 시간을 또한 허비했다."

이 기사가 편집장을 신나게 해주는 "편집장에게 보내는 편지"난에서 큰 논쟁거리를 불러일으켰다. 이 논쟁은 어떤 사람이 다음과 같은 쐐기를 박는 글을 쓸 때까지 몇 주 동안이나 계속되었다. "나는 30년 전에 결혼했고, 아내는 32,000번이나 식사를 만들었지만, 일생을 통해서 그 식사들 중 단 한 가지의 식단도 기억할 수 없다. 그렇지만 다음과 같은 것은 안다. 그 식단들이 나에게 영양을 공급했고, 일하는 데 필요한 힘을 주었다. 만약 아내가 그 식사들을 주지 않았다면, 나는 벌써 죽었을 것이다. 마찬가지로, 영적인 양식을 위해 교회에 가지 않았다면 나는 벌써 영적으로 죽었을 것이다!"

영육간에 먹여 주시는 하나님께 감사드린다. 또한 매주 갈 수 있는 우리들의 영의 안식처인 교회를 주신 하나님께 감사드린다.

하지만 대부분의 사람들은 이 집에서 저 집으로 옮겨 다니고, 식당을 바꿔가며 식사를 하는 등 한 가정에서 한 달 이상이나 혹은 몇 달 동안 머물지 않는다. 오늘날에도 방황하는 예수님의 제자들이 너무나 많이 있다. 그들은 지역 교회에서 주는 "식사(예배)"를 즐기지만, 그들은 수많은 식당(교회)들을 전전하고 있다.

우리는 가족의 일원들이 그렇게 이 집 저 집 옮겨 다니는 것을 용납하지 않는다. 왜냐하면 가족 안에서 즐거우나 힘들 때나 삶을 나누는 것이 중요하기 때문이다. 그것은 그리스도인 공동체에 대해서도 똑같이 적용된다. 교회의 일원으로 오랫동안 함께 있을수록 그 교회에서 더욱 많은 것을 주고받게 된다. 상호간에

교회에 적을 두는 것과 헌신과 단결과 오래 다니는 것과 협동심 —이 모든 것의 진정한 가치는 아주 중요하다. 그것들은 목회 현장에서와 예배를 드리는 삶을 나누는 데 있어서 커다란 영향을 끼친다. 당신은 예배를 더 잘 드리고 싶은가? 그렇다면 한 교회에 적을 두고 헌신해야 한다. 영적 성장을 위한답시고 이 교회 저 교회로 옮겨 다니지 말라. 하나님의 교회에 적을 두고 헌신하고 오랫동안 옮겨 다니지 말고 헌신하라. 당신이 이 교회 저 교회로 옮길 수밖에 없는 경우에는 그리스도를 위하여 당신의 존엄성을 걸고 그렇게 하라.

제자의 기도

⋐   ⋑

주님, 다음 주부터 당신이 그렇게도 원하시는 그런 예배자가 되겠나이다. 지금까지 한 번도 드려 본 적이 없는 당신에 대한 그런 사랑의 표현을 아주 정성스럽게 당신께 기꺼이 드리겠나이다. 이번 주에 예배를 드릴 때 당신의 인도하심에 온전히 나를 맡기게 하옵소서. 그러므로 제가 예배당에 들어갈 때 기도로 충분히 준비되어 있게 하소서. 당신의 제자 중 하나 같이 당신께 대한 사랑이 저에게 대한 당신의 사랑의 표현이 되게 하소서. 그리하여 하나님 가족의 일원으로서 예배에 적극적으로 참여하게 하소서. 제 입의 모든 말과 마음의 묵상이 주께 열납되기를 원하나이다. 오, 나의 반석이시요 구속자이신 주님, 전능하신 그리스도의 이름으로 기도합니다. 아멘

묵상과 변화를 위하여

건강한 제자는 하나님의 가족과 함께 매주 의미 있는 하나님 중심의 예배에 전심을 다해 참여한다.

1. 이번 주일 예배에는 하나님께 어떤 "아름다운 선물"을 드릴 수 있는가? 당신은 어떤 마음과 자세로 지금까지 해오던 것보다 좀

더 색다르게 주일 예배에 임하겠는가?

2. 장차 당신은 교회의 일원으로서 어떻게 하나님을 높이는 예배에 전심으로 임하겠는가?

3. 예배를 방해할 수 있는 가능성들은 무엇인지, 하나님께 초점을 맞춘 완전한 예배를 드리기 위해 혁신적으로 바꿀 수 있는 것들은 무엇이 있는가?

4. 당신이 속한 교회의 일원으로서 좀더 깊이 헌신하기 위하여 이번 주에 당신이 한두 가지 할 수 있는 것들이 있는가?

5. 다섯 가지 예배의 실제 원칙들 중 어느 것에 가장 공감하며 그 이유는 무엇인가?

6. 당신 자신과 당신의 가족들을 위한 안식일의 우선권을 어떻게 재주장할 수 있는가? 매주 안식일의 휴식, 시종일관하게 몰두하고 열중하려는 경향이 있는 행동들에 관해서 이것은 무슨 의미가 있는가?

3

영적인 훈련을 실천한다

건강한 제자는 매일 조용한 독방에서 기도와 성경 공부 및 묵상
의 훈련을 쌓는다.

"내 안에 거하라. 나도 너희 안에 거하리라."

요한복음 15:4

조안나 목클러(Joanna Mockler)는 하나님의 임재를 연습하여 남편
의 갑작스런 죽음의 충격을 딛고 일어나 영적 건강을 유지할 수 있
었다.

내가 여호와를 항상 내 앞에 모심이여,
　　그가 내 우편에 계시므로 내가 요동치 아니하리로다.
이러므로 내 마음이 기쁘고 내 영광도 즐거워하며,
　　내 육체도 안전히 거하리니,
이는 내 영혼을 음부에 버리지 아니하시며,

주의 거룩한 자로 썩지 않게 하실 것임이니이다.
주께서 생명의 길로 내게 보이시리니,
주의 앞에는 기쁨이 충만하고,
주의 우편에는 영원한 즐거움이 있나이다.

시편 16:8~11

조안나는 내가 만난 사람들 중에서 가장 잘 훈련된 하나님의 여자였다. 그녀는 하나님의 자녀로서 깊은 평안과 충만을 보여 준다. 주 안에서 은혜와 기쁨으로 어려움과 역경을 이겨낸 그녀는 어려운 형편에 있는 사람들에게 넉넉한 마음과 기도와 사랑으로 사역한다. 어떻게 매일 그런 힘을 얻는지 물었더니, 즉시 "어려움을 이겨내려면 내 기분보다는 믿음을 따라서 사는 것을 연습해야 해요. 그런데 이것은 많은 훈련을 요구하죠"라고 대답했다.

조안나와의 대화 속에서 그리스도에게 온전히 헌신한 그녀의 깊은 마음의 비밀을 엿볼 수 있다. "믿음의 삶을 살면서 하나님의 임재를 연습하며 사는 훈련은 감사하는 삶과 용서의 삶 그리고 하나님을 찬양하고 기뻐하며 우리의 삶 가운데 하나님이 역사하시도록 인내를 가지고 기다리는 것이다." 그녀의 믿음의 훈련은 하나님의 말씀에 바탕을 둔다. (예를 들면, 감사하는 삶에 대하여는 빌립보서 4:6~7, 데살로니가전서 5:18; 그녀가 좋아하는 용서에 대한 말씀은 골로새서 3:13~14; 기다림의 훈련에 대한 것은 시편 130:5와 이사야 30:18이다.) 이 삶에 대한 헌신은 말씀에 기초를 두고 있는데, 그녀의 삶의 열매가 그것들을 증명해 준다. 하나님은 이 충성된 그리스도의 제자의 사역을 통하여 풍성한 은혜를 베푸시고 열매를 맺으셨다.

예를 들면, 조안나는 그녀가 살고 있는 동네에서 여성들을 위한 성경 공부를 수 없이 인도했다. 그녀는 교회에서 여전도회와 기도회들과 구도자들을 위한 주일학교, 그리고 봉사 사역들을 인도하였다. 또한 지역 선교회와 신학교에서 이사 직분을 감당했고, 그녀 자녀들을 포함하여 이웃과 주민들의 삶에 도움을 주었다. 그녀가 하나님의 인도하심을 이해하게 된 것은 매일 주님과 동행하는 조용한 시간을 통해 가능했고, 그녀의 영혼 깊숙한 곳에서 주님과 늘 동행하였다. 얼마나 놀라운 일인가!

건강한 제자가 되려면, 매일 우리의 영성을 갈고 닦는 훈련이 필요하다. 이것은 갑자기 되는 것이 아니다. 즉 영혼이 주님의 방법에 따라 길들여져야 하는 것이다. 그렇게 되면 하나님의 임재 가운데 커다란 기쁨과 깊은 만족을 찾을 수 있게 된다. 우리가 우리의 사명을 발견하는 것은 이 영성을 개발하는 것에서 나온다.

그리스도 안에 거함

그렇다면 제자란 무엇인가? 그것은 평생토록 마음과 혼과 정신과 힘을 다하여 예수님이 좋아하는 것을 하는 사람이다. 이렇게 훈련되려면, 제자로서 그리스도와 날마다 함께 해야 한다. 그것은 하나님의 사랑을 받아들이는 것으로부터 시작된다. 하나님의 선물은 노력의 대가로 오는 것이 아니기 때문에 마음을 열고 받아들이기만 하면 된다.

영적인 훈련들, 즉 기도와 말씀 읽기, 묵상, 그리고 때로는 하나님께 사랑을 받도록 노력하는 모습들이 훈련되어야 한다. 하나님의 크신 사랑과 은혜는 무한정으로 풍성하게 무조건적으로 주시는 선물이다. 그것은 바로 주님과의 관계를 키워 나가며, 우리들의 감사함을 나타내는 영적 훈련을 통하여 발견할 수 있다.

하나님은 마음의 상태와 관계없이 우리를 사랑하신다. 온전히 그의 마음에 합하든지 아니면 마음대로 불순종하든지 상관없다. 그것이 바로 그분의 놀라운 사랑이다. 마음 깊이 묵상해 보면, 하나님의 아가페 사랑은 **비교할 수 없는** 사랑이다. 어떻게 말하든, 생각하든, 느끼든지 간에 하나님은 무조건 사랑하신다. 우리는 이런 사랑을 이해하기 힘들다. 왜냐하면 우리들 중 대부분이 이런 사랑을 경험해 보지 못했기 때문이다. 우리는 무조건적인 것과는 거리가 먼 열심, 충분함, 풍족함과 관련된 조건적인 사랑을 경험하며 성장했다. 무엇을 했는지, 어떻게 했는지, 또는 자신이 행한 예절 등에 따라서 사랑을 받는 것에 익숙해 있다. 그것은 하나님의 방법이 아닐 뿐 아니라 그분의 제자들 사이에서도 사용하면 안 되는 방법이다.

하나님은 죄를 기뻐하지 않으시고 우리의 삶을 통하여 기쁨을 찾으신다. 그분은 우리의 죄를 사랑, 은혜, 긍휼 그리고 용서 등으로 다스리신다. 불순종하거나 그분을 실망시킬 때, 껴안으시고 귀에 용서한다는 말을 속삭이듯 말해 주신다. 하지만 우리는 그분의 말씀을 잘 알아듣지 못할 때가 많은데, 그 이유는 죄를 감추려고, 혹은 죄를 시인하기 싫어서, 죄에 대한 진실로부터 도망가기 위해 시간과 노력을 허비하기 때문이다. 왜 우리는 그분이 이미 알고 있는 사실을 속이려고 꾀를 쓰는가?

우리가 아가페 사랑의 실체를 이해하는 동안, 영광스런 사랑을 받고 있고 그것이 우리를 위하는 것이라는 것을 조금씩 깨달아 가게 된다. (1장에서 언급한 것과 같이) 하나님이 성령의 열매를 허락하지 않으시면, 하나님이나 다른 사람에 대한 사랑을 실천할 수 없다는 것을 금방 깨닫게 된다. 놀라운 사실은 "하나님은 그의 자녀들에게 이런 놀라운 사랑을 부어 주길 기뻐하신다"는 것이다. 골방에서 기도할 때 이런 성령의 열매가 얼마나 중요한지를 발견하게 된다.

영성 훈련은 청각 테스트이다. 하나님의 음성을 들으려고 하는가? 그 음성은 귀로 들어야만 하는 것은 아니지만, 바쁜 삶을 "잠시 멈춤"의 버튼을 누르고 조금 기다리고 있으면, 고요함 가운데서나 말씀을 읽을 때, 그리고 그분이 창조하신 만물을 통하여 그분을 들을 수 있다. 그분의 임재 가운데 거하는 것을 발견하는 열쇠는 그분의 목소리, 사랑, 은혜 그리고 새 생명을 주심으로 죄로부터 우리를 건지시는 것을 기대하며, 깨어 있고, 경험하는 것이다. 이것이 진정으로 그리스도 안에 거하는 것을 뜻한다.

그분 안에 남아 있음

내 마음은 너무 무거웠다. 아버지의 죽음과 다가오는 아들의 수술에 대한 염려와 사역의 어려움으로 인하여 영적인 고갈 상태에 있었다. 하나님께 기도하며 그분의 음성을 듣기 원했으나 그분을 만나지 못했다. 그분은 어디에 계셨는가? 그분은 내게 관심이 있으신가? 그분은 우리에게 좋은 일이 있을 때만 계시는가? 나는 그분의 임재를 느끼고 싶었고, 그분의 부드러운 음성을 듣고 싶었으나 소위 "영적인 암울함" 가운데 있는 나 자신만을 발견하였다.

이런 어려운 순간의 사역 가운데서, 아내 룻과 나는 주말을 이용하여 캐나다의 퀘벡 시(Quebec City)에 가보기로 결정했다. 집을 떠나서 위로와 기분 전환을 가져 보길 원했다. 단순히 캐나다 국경을 넘는 것이었지만 먼 곳을 여행하며 외국에 와 있다는 느낌을 맛보게 되었다. 이 짧은 주말여행을 통하여 하나님의 음성을 다시 느끼기 시작했다. 나는 그분이 나를 버렸다고 생각했지만 사실은 그렇지 않은 것을 발견했다.

이른 아침, 도심 가운데로 흐르는 강을 따라 있는 아브라함의 평원(Plains Abraham)이라는 공원을 오랫동안 걸었다. 운동하며 묵상하는 즐거운 시간이 되었다. 이 훈련을 통하여 큰 힘을 얻게 되었다. 여기서 나는 용기와 희망 가운데 끝까지 사랑해 주시는 위대한 하나님과 다시 결합됨을 느꼈다.

어느 주일 아침, 나는 하나님이 주시는 은혜와 평강과 진리의 새로운 비전이 갑작스럽게 다가오는 것을 느끼며, 앞으로의 사역에 관하여 새로운 생각과 아이디어로 흥분하여 일찍 일어나게 되었다. 그 순간 종이와 연필을 집어 들고 아내를 깨우지 않으려고 화장실로 갔다. 그리고 떠오르는 대로 적어내려 갔다. 하나님께 대한 나의 생각과 열심을 4쪽에 걸쳐 적어 나갔고, 평소보다 더 일찍 산책을 나갔다.

나는 더욱 담대하게 하나님께 울부짖는 자신을 발견하였다. 그날 아침에 나는 새로운 방법으로 하나님의 음성을 들었나? 그 날 아침에 내가 받아 적은 생각과 아이디어는 그분의 마음에서 나와서 나에게 전달된 것이 아닌가? 내가 느끼고 있던 감정과 경험하고 있던 그분의 임재는 나와 무슨 관련이 있었는가? 나는 정신을 차리고 집중하여 그분의 내주하는 평안과 사랑을 경험하고 있었다. 기도하면서 한참을 걷다가 예쁜 꽃과 화초로 둘러싸인 국기 게양대를 향하여 놓인 의자들이 있는 공원에 도달하였다. 그 날 이른 아침에 햇볕이 강줄기를 따라 눈부시게 빛나고 있었다. 나는 하늘을 향하여 큰 소리로 뜨겁게 기도하였다. 그 날 아침에 말씀하신 분이 주님이셨는지, 오랫동안 분명하게 들을 수 없었던 그 음성이 주님으로부터 온 것인지에 대하여 확신을 갖게 해달라고 주님께 기도하였다.

　나도 모르게 하나님께 간절히 기도하였다. "주님, 여기 계시나요?" 그 곳에 있던 국기 게양대 밑을 바라보았을 때, 깔끔하게 다듬어진 관목들을 사용하여 "봉쥬르"(안녕)라고 적혀 있는 것을 보게 되었다. 간단한 불어로 된 인사였지만 하나님이 나에게 응답해 주신 것이었다. "안녕! 좋은 하루가 되기를! 맞아. 내가 여기 네 옆에 있지"라고 하나님이 말씀하신 것이다. "그래, 너를 사랑한다. 네 마음의 부르짖음과 네가 사랑하는 사람들의 소원들을 알고 있다. 너의 앞길은 나의 손 안에 안전하게 보호받고 있다." 그것은 음성은 아니었지만, 너무나 분명하였다. 숲 속에서 (불타는 숲은 아니었을지라도!) 보여 주신 하나님의 부드러운 임재였다. 앞으로 내가 할 일은 그분이 말씀하실 때까지 오랫동안 기다리는 것이다. 그렇게 했을 때 그분이 임재하셨고 그분의 음성은 분명해졌다.

　나는 호텔까지 신나게 걸어왔다. 전능하신 하나님과의 단순한 영적 체험을 통하여 주님이 주시는 기쁨으로 충만하였다. 그분은 나의 마음속의 깊은 기도를 들으셨고 그분의 사랑을 조용하지만 분명하게 보여 주셨다. 주님을 사모하는 동안에는 그분은 항상 함께 하시는 것과 방황하더라도 언제나 열려 있는 그분의 사랑의 품으로 돌아오게 하신다는 것을 경험하였다. 기도를 통하여 그분의 영원하신 임재를 경험했다. 그 주일 아침의 은혜와 주 안에서 기쁨을 경험하였고, 하나님과 깊이 교제하게 되었고, 내 인생의 격동 가운데서도 영원한 평강을 경험했다.

한 시간이나 늦게 호텔로 돌아온 후에 아내 룻은 내 이야기를 듣고 놀라워했다. 그녀는 하나님이 우리 가운데 역사하심을 확인하고, 그분의 변함없는 임재에 대하여 깊은 감동으로 눈물의 기도를 드렸다. 그 날 우리 둘은 "내 안에 거하라. 나도 너희 안에 거하리라"(요 15:4)고 하신 예수님의 말씀을 받았다.

지난 몇 년 동안의 영적인 훈련은 하나님에 관한 지식이나 성경에 대한 지식이나 기독교에 대한 지식을 더하는 것이 아니었다. 그 대신에 더 풍성하고 모든 일에 함께 하시는 하나님을 경험하는 것, 즉 하나님의 은밀한 사랑을 바탕으로 그분을 깊이 체험하는 것이었다. 하나님이 진실로 원하시는 것은 인생의 가장 은밀한 곳에서 그분의 진정한 사랑을 보여 주기를 원하신다는 것이다. 바로 그분 앞에 나와 귀와 눈과 손과 마음을 크게 벌리고 그분의 음성과 그분의 뜻을 알게 될 때까지 그분과 함께 있어야 한다.

스바냐 3장 17절에 "너의 하나님 여호와가 너의 가운데 계시니, 그는 구원을 베푸실 전능자시라. 그가 너로 인하여 기쁨을 이기지 못하여 하시며, 너를 잠잠히 사랑하시며, 너로 인하여 즐거이 부르며, 기뻐하시리라 하리라"고 말씀하셨다. 그분의 임재(하나님이 너와 함께 하심), 그분의 능력(구원의 능력), 그분의 긍휼하심(너로 인하여 즐거워하심) 그리고 그분의 평강(그분의 사랑으로 잠잠하게 하심)은 하나님이 그분의 백성에게 조건 없이 주시는 선물이다. 당신은 최근에 그분의 임재를 충만하게 느껴본 적이 있는가?

그분의 제자인 당신을 향한 하나님의 사랑의 말씀을 듣는 것은 하나님이 하루 종일 계속적으로 당신을 사랑하심으로 당신과 관계를 맺기 원하시는 것을 인정하는 데서 시작한다. 그분의 목소리, 사랑, 은혜 그리고 죄로부터의 구원을 기대하며, 경청하게 되는 것이다. 그분은 우리가 하나님의 영감 아래서 그리스도를 위해 살 수 있도록 그의 풍성한 사랑으로 우리를 매일 채우신다.

기쁨의 충만

예수님에 대한 세례 요한의 증거는 모든 건강한 제자가 그리스도 안에 거한다는 개념을 훨씬 명백히 해준다. "...서서 신랑의 음성을 듣는 친구가 크게 기뻐하나니, 나는 이러한 기쁨이 충만하였노라. 그는 흥하여야 하겠고 나는 쇠하여야 하리라 하니라" (요 3:29~30). 우리가 신랑의 음성을 들을 때 우리는 기쁨으로 소리치지 않을 수 없다!

예수님과 친밀하게 동행하며 발견하는 기쁨은 그분의 모든 것을 찬양하는 데서 시작된다. 당신이 그리스도의 사역을 묵상할 때 요한복음에 있는 "나는...이다"라는 위대한 구절들을 상고해 보라.

예수님은 다음과 같이 말씀하셨다:

나는 생명의 떡이다 (6:35)

나는 세상의 빛이다 (8:12)

나는 양의 문이다 (10:7)

나는 선한 목자이다 (10:11, 14)

나는 부활이요 생명이다 (11:25)

나는 참 포도나무이다 (15:1)

나는 길이요, 진리요, 생명이다 (14:6)

예수님이 우리의 삶의 현장에서 그리고 이 세상에서 어떤 선택으로 자신을 나타내시는지 아는 것이 곧 넘치는 기쁨의 근거이다. 그런 기쁨은 주님을 찬양하는 위대한 합창 가운데서 더욱 넘치게 만든다. 이런 마음과 방법으로 주님께 예배할 때 하나님의 영광에 합당한 자세를 보여 드리게 된다. 그것은 그리스도 안에서 계속적으로 자라게 하고, 영성, 즉 기도와 말씀 읽기와 묵상하기를 훈련하며 그분 안에 거하게 한다. 삶의 현장, 즉 가정과 직장이 있는 현재 삶의 현장 가운데로 들어가는 것이 그분 안에 거하는 것이 된다.

요한복음 전체를 통하여 예수님께 가까이 오라고 하셨고 "그분 안에 거하라"고 하신다. 요한복음 15장에서 예수님이 포도나무와 가지를 비유로 들어 생명을 주시되 더욱 풍성하게 주시는 주님께 꼭 붙어 있어야 한다고 가르치신다. 바클레이는 구약에서 이스라엘이 하나님의 포도나무와 가지로 묘사하신 것을 거듭 강조한다. "여호와의 포도원은 이스라엘 족속이요" (사 5:7), "내가 너를 귀한 포도나무로 심었거늘"이라는 말씀은 예레미야를 통하여 하나님이 주시는 메시지이다 (렘 2:21). 에스겔 15장은 에스겔 19장 10절과 같이 이스라엘을 포도나무로 비유하였다. "이스라엘은..무성한 포도나무라"고 호세아 선지자는 말한다 (호 10:1). "주께서 한 포도나무를 애굽에서 가져다가"(시 80:8)라고 시편 저자는 기록하고 있으며, 하나님이 그들을 압제로부터 건져내실 것을 믿었다. 포도나무는 실제로 이스라엘의 상징이다. 그것은 매카비(Maccabees) 동전에 새겨져 있다. 포도나무는 유대인의 상징일 뿐만 아니라 이스라엘의 표상이다.[1]

예수님이 스스로를 "참 포도나무"(요 15:1)라고 하심은 이스라엘 사람들과 구별하기 위함이다. 하나님의 사람들은 포도나무에 속해 있지 않으면 나뭇가지처럼 흔들리기 마련이다. 바클레이가 말했듯이 그것은 마치 예수님이 "너희가 이스라엘의 자녀이기 때문에 하나님의 참 포도나무에 속해 있다고 생각하지만, 사실은 너희 선지자들이 말한 바와 같이 너희는 타락한 가지이다. '내(예수님)가 참 포도나무이다. 네가 유대인이라는 것으로 구원받는 것이 아니다. 네가 진정으로 구원을 받기 원하면 나와 함께 신실한 교제를 가져야 한다. 왜냐하면 내가 진정한 하나님의 포도나무요 너희들은 내게 붙어 있는 가지가 되어야 하기 때문이다.'"[2] 예수님은 이 말씀 가운데서 진정한 구원은 이스라엘의 족보에 들어간다고 되는 것이 아니라 오직 믿음으로 예수님과의 진정한 교제를 통해야 한다고 분명하게 말씀하셨다. 육체적인 어떤 표적으로 하나님 앞에 의인이 될 수 없다. 오직 예수님을 영접함으로 진정한 의인이 되는 것이다. 이런 교제는 매일 영적인 훈련을 통하여 영혼 깊숙한 곳에서 그분과 함께 시간을 보내야 가능하다. 예수님 자신도 이런 훈련을 몸소 실행하셨기에 하나님의 임재 가운데 살기 원하는 제자들도 그렇게 해야 한다. "내가 이것을 너희에게 이름은 나의 기쁨이 너희 안에서 충만하게 함이로라" (요 15:11).

그리스도 안에서 기쁨이 충만하려면 "항상 있게 하는 열매를 맺기" (요 15:16) 위하여 선택되어야 한다. 선택된다는 것은 무엇인가? 바클레이는 다음과 같은 목적으로 선택되었다고 말한다:

- 기쁨을 위하여 선택됨─그리스도인으로서 만나는 난관, 즉 목적이나 목적을 향하여 가는 길에 있는 어떤 어려움도 그것은 기쁨의 길이다.
- 사랑을 위하여 선택됨─우리는 서로 사랑하기 위하여 세상으로 보내어졌다.
- 우정을 위하여 선택됨─예수님은 그를 따르는 사람들을 종이라 부르지 아니하고 친구라 불렀다.
- 동역자를 위하여 선택됨─우리를 하나님의 자녀로서의 엄청난 특권들을 행사하라고 부르신 것이 아니고, 세상을 하나님께로 인도하는 일을 함께하는 동역자로 부르셨다.
- 대사를 위하여 선택됨─우리는 이 세상에 왕 중의 왕이신 예수님의 대사로 보내심을 받기 위하여 선택되었다.

- 전파하기 위하여 선택됨—우리는 고난 가운데서도 굳건히 설 수 있는 믿음의 열매와 그리스도인의 삶을 통한 열매를 세상에 보여 주기 위하여 선택되었다.
- 가족의 일원으로 선택됨—그러기 때문에 우리가 그분의 이름으로 무엇을 구하든지 하나님 아버지께서 그분의 사랑하는 자녀들인 우리에게 주실 것이다.[3]

그러므로 소망 없는 삶에서 불러내 주신 그분께 우리가 매일 나아가는 것으로 감사를 표시해야 한다. 주께 나아가 깨끗하게 하고, 주 안에서 안전하게 쉬고, 그분을 온전하게 의지하라. 그분은 당신의 모든 것을 아시고, 그분만이 주실 수 있는 조건 없는 영원한 사랑으로 사랑하신다.

훈련의 대가

제자훈련의 대가는 생활의 훈련으로 시작된다. 매일 일과 중에서 혼자서, 조용히 그리고 완전하게 주님께 드리는 시간을 내는 것이 훈련의 대가이다. 스트레스와 쫓기는 삶 가운데서 잠깐 멈추고, 주님을 위해 시간을 내는 것은 더욱 중요하다. 우리는 저절로 건강한 제자가 될 수 없다. 희망한다고 되는 것도 아니다.

그보다는 주님의 마음을 닮아가는 훈련 그 자체가 우리를 그리스도 안에 거하게 하는 생명력이 된다. 스트레스가 많은 바쁜 삶일수록 우리를 지키기 위한 영적인 훈련이 요구된다. 주님을 중심으로 하는 경건한 삶이 없을 때 삶은 목적과 의미와 존재의 의미를 잃어버리게 된다. 물론 책을 읽거나 그림을 보는 것으로 영적인 능력과 민첩함이 개발되지 않는다. 땀을 흘리고 경건을 연습해야 한다.

〈크리스천 투데이〉의 정기 칼럼에서 필립 얀시(Philip Yancy)는 그의 50년을 기념하는 영적 진단에 관하여 이렇게 말한다: "금년에 쉰 살이 되는데, 종합 건강진단을 받았다. 의사들은 후비고, 찌르고, X-레이를 찍고, 심지어는 살의 일부를 잘라서 반세기 동안 망가뜨린 몸을 고쳐놓았다. 새 천년이 시작되는 시점이라 영적인 진단도 받기 위하여, 영적인 의사인 목사가 인도하는 조용한 수양관에 갔다." 조용히 묵상하던 때에 얀시가 영적인 건강을 지키기 위하여 필요한 몇 가지를 생각해 냈는데, 여기에 꼭 필요한 몇 가지를 순서대로 적어본다:

◆ 하나님께 당신 자신의 문제와 세상의 문제들을 가지고 나아 오라.
◆ 당신의 믿음만큼 의심들에 대해서도 하나님께 질문하라.
◆ 이 영적인 순례의 길을 혼자서 가지 말라. 당신을 인도자로 보지 않고 순례자로 보거나, 아니면 낙오자로 보는 사람과 함 께 가라.
◆ 당신의 장점들, 즉 아름다움과 건강함 또는 격려의 말들을 단 점을 통찰하듯 깊이 통찰해 보라.
◆ 단순하게 생각하라. 하나님과의 관계를 방해하는 모든 것들을 제거하라.

- 하나님을 기쁘시게 할 수 있는 것이 무엇인지 찾아보시오.
- 하나님이 하신 것처럼, 항상 "넘치도록" 자유, 긍휼과 자비를 베풀라.
- 복음을 부끄러워하지 말라.
- 화나게 만드는 그리스도인들도 하나님이 택하셨다는 것을 기억하라.
- 당신에게 상처를 주는 사람들을 매일 용서하라.

"나의 영적인 진단은 나의 건강 진단보다 한 가지 분명한 장점이 있다. 나는 어떤 노력을 하든지 내 몸은 망가져 간다고 의사로부터 들었다. 가장 좋은 방법은 건강한 음식과 적당한 운동을 통하여 조금 천천히 망가지게 하는 것이다. 그러나 영적으로는 하나님이 말씀하시는 것을 듣는 것과 믿음으로 순종함으로 성숙하게 되고 지혜로워질 수 있다"[4]고 얀시는 말한다. 열쇠는 하나님의 음성을 매일 듣고, 들은 것을 확실히 실천하는 것이 것이다!

경건한 친구들과 가족들의 옷자락을 붙잡거나 다른 영적인 사람들과 교제하는 것으로 천국에 들어가는 것은 불가능하다. 다시 말하면, 당신의 아내나 남편이나 부모님의 믿음이나 그들의 헌신으로 당신이 천국에 가는 것은 불가능하다는 것이다. 결국 영적으로 강건하기를 원하는 모든 제자들은 바로 이 문제를 해결해야 한다. 가장 기본적인 훈련인 하나님의 음성을 듣고 믿음으로 행하는 훈련을 통과할 것인지 아닌지는 훈련을 받기 원하는 제자가 결단해야 한다.

작가 루우벤 잡(Ruben Job)은 "사람은 남의 믿음으로 살 수 없다.

아무도 다른 사람의 영적 여정에 거져 편승하여 갈 수는 없다. 우리는 살면서 동료들을 만날 수는 있지만, 궁극적으로 각 사람은 각자의 믿음을 가지고 살다가 죽는 것이다. 하나님의 은혜를 입은 우리는 하나님이 계시지 않을 것 같은 상황에서도 더욱 강력한 하나님의 임재를 느낄 수 있다. 마틴 마티(Martin E. Marty)가 관찰한 바에 의하면, '믿음을 가진 개인이나 단체는 그들이 땀 흘려 영적으로 투자한 만큼의 선물을 얻게 된다'는 것이다. 성령이 충만한 사람의 훈련을 실천하며 하나님과 함께 하는 시간에 매일 투자하는 것은 천국에 갈 때까지의 이생에서와 영원무궁토록 크나 큰 열매를 거둘 것이다.

영적인 변화

축복된 삶은 하나님의 은혜 가운데서 말씀을 잘 이해하고 감사하며 사는 균형 잡힌 훈련된 삶이다. 달라스 윌라드(Dallas Willard)는 2001년 목회자 세미나의 기조 연설에서 영성 훈련에 대하여 다음과 같이 말하였다:

영적 형성은 그리스도의 말씀과 행동이 우리로부터 자연스럽게 흘러나와서 내면의 인격을 형성해 나가는 것이다. 그것은 예수님이 말씀하신 것들을 자연스럽게 실천하는 내적인 자아의 변화이다. 그리스도인의 영적 형성은 하나의 과정이다. 우리가 지금 그리스도인 교제권에서 영적 형성이라고 부르는 것은 진정한 영적인 변화를 말한다. 영적 형성이 이미 되어 있다고 보는 것이 바로 문제의 주된 부분이다. 이미 형성된 우리의 영성이 바뀌어야만 한다. 이 변화는 모두에게 해당된다. 그냥 단순히 그 어떤 부속품 같은 것을 바꾸어서 되는 것이 아니다. 우리 자신이 변화되어 과거에 잘못 행하던 우리의 몸이 하나님의 의를 행하기 위하여 바르게 준비되는 것이다.[6]

영적인 변화는 예수님을 닮아가는 일생의 과정인데, 우리의 삶의 구석구석에서 그분의 모습이 나타도록 변하는 것이다. 그것은 하나님의 은혜로 변화된 말과 감정과 행위들을 실천하라는 그분의 말씀에 따르는 삶이다. 18세기의 청교도 목사이자 지도자였던 조나단 에드워즈 (Jonathan Edwards)가 매주 자기를 점검하고 점점 많아지는 결단들을 실천함에 있어서, 어떻게 하나님의 도우심을 원했던가를 정리하였다. 17세 되던 해에 그는 일생동안 실천하기를 원하는 21개나 되는 결단들을 정하여 기록하였다. 그는 그 결단 목록을 계속하여 늘려 나갔고, 그가 임종할 때에는 그 결단들이 70개에 달하였다.[7]

영적으로 변화된 삶을 살기 위해 70개나 되는 결단들이 필요한 것은 아니지만, 영적으로 깨어 있기 위해서는 다음과 같은 원칙과 실천 방안을 지켜나가는 것이 필요하다.

☞ 원칙 3.1 기도: 행함과 적용

크리스토퍼 라이돈(Christopher Lydon)은 2001년도 보스턴 글로브

(Boston Globe) 신문에 사라 스몰(Sarah Small)에 대하여 다음과 같이 회상하는 글을 기고하였다.

대학에 한 번도 입학해 보지 않았던 사라 스몰은 보스턴에 있는 매사추세츠주립대학교(University of Massachusetts)에서 30년 동안이나 캠퍼스 사역을 감당하였다. 그녀는 노스 캐롤라이나의 미시시피 강변의 작은 마을인 윌리엄스톤(Williamston)에서 민권 운동을 하던 패기가 넘치는 여인이었다. 그녀는 1960년대 초와 중반에 여러 번 체포되어 형무소에 수감되었었고 수많은 협박을 받았다. 마틴 루터 킹(Martin Luther King) 목사의 권유로 1970년에 보스턴으로 와서 락스버리(Roxbury)의 팩카드 맨스(Packard Mans)에 있는 크리스천 공동체를 대변하였다. 열두번째침례교회(Twelfth Baptist Church)에서 기도하는 삶의 중추를 이루었다. 그 교회의 목사인 마이클 해인즈(Michael E. Haynes)는 "그녀는 해리어트 텁맨(Harriet Tubman), 메어리 맥러드 베튠(Mary Macleod Bethune), 멜니아 카스(Melnea Cass), 그리고 에이미 셈플 맥퍼슨(Aimee Semple McPherson)을 합쳐 하나로 만든 사람이었다고 할 수 있다. 그녀는 담대하였고, 자부심, 겸손, 순수, 현명함, 사랑과 자비를 겸비하고, 예수님을 순전하게 좇는 사람이었다." 사라 스몰의 하루는 새벽 4시에서 5시 사이에 용기와 목표가 필요한 사람들을 위한 기도로 시작된다.[8]

사라 스몰의 생애를 가장 좋은 한 마디로 정의하면 **기도**이다. 그녀는 그리스도인에게 가장 중요한 것이 기도라는 것과 그 기도의 힘을 믿었다. "그것은 생활의 일부입니다. 그 목적은 주님께 나를 집중하는 것입니다."⁹⁾ 이것이 기도의 목적이다. 사라 스몰은 이른 새벽부터 온 종일 이 기도에 중점을 두었다. 사라를 보면 기도에 온전히 헌신한 삶이 어떤 것인지 알게 된다. 그녀는 하나님이 자녀들을 너무나 사랑하셔서 말할 수 없는 엄청난 축복과 기쁨을 부어 주신다는 것을 믿었다.

"항상 기도하라" 또는 "쉬지 말고 기도하라"(살전 5:17)는 말씀은 무슨 뜻인가? 이것이야말로 건강한 제자들이 실천할 수 있는 목표가 될 수 있지 않겠는가?

기도는 하나님과 친밀한 사랑의 관계로 들어가게 한다. 주안 칼로스 오르티즈(Juan Carlos Ortiz)는 그의 강연에서 "기도를 다른 말로 하면 로맨스이다"¹⁰⁾라고 말했다. 가장 사랑하는 사람에게 하듯 부드럽고 사려 깊게 해야 한다. 우리의 마음과 생각에 가장 사랑하는 사람이 하루 종일 가득 차 있는 것처럼, 영혼을 깊이 사랑하시는 분이 매순간 마다 무조건적이며 희생적으로 사랑해 주시는 것에 대하여 감사할 수 있는 가장 적절한 표현이 기도이다!

훈련된 기도의 삶에서 기도하는 법이 따로 있지는 않지만, 대체로 ACTS라는 순서로 말할 수 있다. 즉 경배(Adoration), 고백(Confession), 감사(Thanksgiving), 그리고 간구(Supplication)이다. ACTS라는 약어는 믿는 사람들이 더 깊이 기도하는 데 필요하며, 건강한 제자가 되기를 원하는 사람들에게 권하는 단어이다.

기도를 더 많이 하면 하나님으로부터 멀어지는 것을 감지하는 것이 훨씬 쉬워진다. 그러므로 하나님이 원하시는 것은 기도를 최

우선으로 하는 삶을 훈련하는 것이다. "쉬지 말고 기도해야" 하는 이유는 매일의 삶을 통하여 기도하고 하나님의 마음에 더욱 가까이 부르시는 성령님의 임재를 느끼기 위한 것이다. 기도로 그분의 은혜의 보좌에 나아갈 때, 하나님과 우리 사이의 완전한 관계를 알게 된다.

경배. 기도의 자연스런 시작은 하나님이 하나님 되시며, 그분이 하신 모든 것, 세상에 사는 우리의 삶 가운데 그분이 약속하신 것들을 모두 행하심에 대하여 찬양하는 것이다. 경배와 찬양은 기도의 시작인데, 즉 말과 생각과 행위들을 가지고 두렵고 떨림으로 그분에게 "사랑합니다" 하며 위대하신 하나님께 예배를 드리는 것이다!

자백. 기도로 하나님을 찬양하는 동안 우리의 부족함과 자만심, 그리고 죄의 행위들을 보게 된다. 그분의 위대하심, 전지하심, 은혜, 사랑, 자비 그리고 사랑하심(여기에서는 단순히 몇 가지만 적었지만)을 생각하는 동안 그분과 우리와의 긴밀한 관계를 보게 된다. 경배를 통하여 자신의 죄성을 회개하게 되고, 그분의 무조건적인 사랑과 용서를 간구하게 된다. "자백은 우리 영혼에 도움이 된다"라는 말을 들어보았겠지만, 그것은 사실이다. 도움이 될 뿐 아니라 그것은 영혼에 꼭 필요한 말이다.

〈건강한 교회가 되자〉에서 교회 지도자들에게 자백은 믿음으로 드리는 예배 공동체를 경험하는 데 꼭 있어야 한다고 강조하였는데, 그 이유는 자백이 확인되지 않거나 쉽게 넘어가기 때문이다. 개인적으로 건강한 제자가 되기를 원할 때, 영혼을 깨끗하게 하고, 기쁨과 믿음이 넘치는 영혼을 준비하는 데 자백의 중요성을 기억해야 한다. 진정으로 자백함이 없이는 영혼의 깊은 곳으로부터 나오는 샘솟는 건강과 생명력이 없게 된다. 다윗 왕은 나단 선지자를 통하여 하나님의 꾸짖으심을 깨닫고, 결국 자신의 죄를 고백하며, 마음 깊이 회개하는 말들을 시편에 기록했다:

하나님이여, 주의 인자를 좇아
　　나를 긍휼히 여기시며,
주의 많은 자비를 좇아
　　내 죄과를 도말하소서.
나의 죄악을 말갛게 씻기시며,
　　나의 죄를 깨끗이 제하소서.
대저 나는 내 죄과를 아오니,
　　내 죄가 항상 내 앞에 있나이다.
내가 주께만 범죄하여
　　주의 목전에 악을 행하였사오니,
주께서 말씀하실 때에 의로우시다 하고,
　　판단하실 때에 순전하시다 하리이다.
내가 죄악 중에 출생하였음이여,
　　모친이 죄 중에 나를 잉태하였나이다.
중심에 진실함을 주께서 원하시오니,
　　　내 속에 지혜를 알게 하시리이다.
우슬초로 나를 정결케 하소서, 내가 정하리이다
　　나를 씻기소서, 내가 눈보다 희리이다.
나로 즐겁고 기쁜 소리를 듣게 하사
　　주께서 꺾으신 뼈로 즐거워하게 하소서.
주의 얼굴을 내 죄에서 돌이키시고,
　　내 모든 죄악을 도말하소서.

시편 51:1~9

시편에서 다윗은 계속하여 정직하고 청결한 마음을 구하는데, 그것은 죄를 자백하고 회개함으로 깨끗함을 받은 결과이다. 자백은 전능하신 하나님과 온전하고 친밀한 관계를 갖기 위해서는 필수적인 것이다. 다윗은 "하나님이여, 내 속에 정한 마음을 창조하시고, 내 안에 정직한 영을 새롭게 하소서"(10절)라고 진심으로 부르짖고 있다. 다윗의 자백을 따라 할 때, 우리는 매일의 삶 가운데서 진실로 생명의 근원이 되시고, 힘이 되시고, 찬송이 되시는 주님의 참된 기쁨을 누릴 수 있다.

감사. 경배와 고백을 통하여 삶 가운데 증인이 되시는 하나님의 은혜에 감사함으로 기도하게 된다. "감사합니다"라는 말 듣기를 싫어할 사람이 있는가? 그러니 하나님께는 더더욱 진정한 감사의 표현을 드려야 한다. 감사에 대한 표현을 말로 하거나, 적당한 기회가 되어서 하는 것보다, 사소한 것일지라도 감사하다고 거듭 표현하며 감사한 이유들을 찾아서 감사할 때에 더 깊고 그윽한 기쁨이 넘치게 된다. 감사한 사람들, 겪었던 일들, 또는 어떤 것이든 적어본다면, 그 모든 것을 적기에는 종이가 부족하다는 것을 알게 될 것이다. 기도 가운데 하나님이 주신 여러 가지 축복들에 대하여 더욱 감사할 때에 마음이 기쁨으로 넘치게 되고 이웃과의 관계에도 커다란 영향을 미치게 된다.

간구. 경배, 자백, 그리고 감사의 기도들 드린 후에는 간구를 드리는 순서이다. 성도들의 소망에 대하여, 교회와 지역 사회와 교회 사역과 국가와 세계를 위하여 마음 깊이 간구하는 기도를 드린다. 기도를 시작하는 순간에 제일 먼저 떠오르는 기도 제목이 있을지라도 구체적인 기도는 제일 나중에 한다. 자신이나 사랑하는 사람들의 소망을 하나님께 구하기 전에 먼저 경배, 고백, 감사를 드리며 기도를 시작하는 훈련이 필요하다. 이렇게 기도할 때에, 비로소 영적인 눈으로 하나님이 중요하게 생각하시는 것들을 볼 수 있다. 즉 인간적인 생각들을 그분의 마음에 일치할 수 있도록 새롭게 맞추어 가는 것이다.

기도는 매우 광범위한 것이라 다른 책에서도 자세하게 다루고 있다. 믿음이 성장하여 기도에 관하여 더 많이 알기를 원하면, 기도에 대하여 더욱 깊이 다루고 있는 책들, 요즈음 많이 알려진 저자들이 쓴 책들을 읽을 것을 권한다. 예를 들면, 리차드 포스터(Richard Foster), 달라스 윌라드, 헨리 나우웬(Henri Nouwen), 존 파이퍼(John Piper), 유진 피터슨(Eugene Peterson), 브레넌 매닝(Brennan Manning), 켄 기어(Ken Gire), 잭 해이포드(Jack Hayford), 척 스윈돌(Chuck Swindoll), 빌 하이벨스(Bill Hybels), 스튜어트와 질 브리스코(Stuart and Jill Briscoe) 등이다. 또한 이 분야에 거성들이 쓴 고전적인 책들도 널려 있다. 그 위대한 저자들 중에 몇 사람들을 나열하여 보면, C. S. 루이스(C. S. Lewis), 디트리히 본훼퍼(Dietrich Bonhoeffer), 성 어거스틴(St. Augustine), 십자가의 존(John of the Cross), 아빌라의 테레사(Teresa of Avila), 이그나티우스 로욜라(Ignatius of Loyola) 그리고 마담 귀용(Madame Jeanne Guyon) 등이다.[11] 기도에 관한 책은 일생 동안 읽어도 다 못 읽을 만큼 많은 책들이 있다. 기도에 관한 경험과 기도하는 법에 관한 책을 읽고 매일 성경을 읽어 나가면서 여기서 소개한 기도하는 순서들, 즉 경배, 고백, 감사, 간구로 기도하면 하나님께 훨씬 더 가까이 갈 수 있을 것이다.

☞ 원칙 3.2 성경: 읽기와 깨닫기

건강한 제자가 되기 위한 두 번째 중요한 훈련은 하나님의 말씀을 매일 읽는 것이다. 성경 말씀은 건강한 영혼을 위여 매일 보충해야 하는 가장 중요한 영양분이다. 건강을 위하여 음식과 물을 꼭 섭취해야 하는 것과 같이 영혼을 위해 기도하는 것과 성경을 읽는 것을 꼭 해야만 한다. 왜냐하면 우리가 과거와 현재와 미래의 하나님을 기도하는 가운데 발견하는 것은 바로 성경의 말씀을 통해서이기 때문이다. 성경을 통하여 하나님의 뜻과 예수님의 마음, 성령님의 역사하심을 분명하게 볼 수 있다. 삼위일체의 하나님은 창세기로부터 계시록에 이르기까지 매 페이지마다 적혀 있다. 바로 이 말씀 속에서 참 기쁨과 위로와 깨달음과 인도하심과 사랑과 위대하심을 찾아볼 수 있다. 하나님이 우리를 이처럼 사랑하사 그분의 마음을 이렇게 나타내 보이신 것을 깨닫게 하시고 그분께 찬양과 경배를 드리게 하신다.

성경의 매 구절을 기도하는 마음으로 읽으면 하나님이 기뻐하시는 것들에 대하여 성령님으로 하여금 축복하게 하시고, 알려 주시며, 우리의 마음과 영혼을 깨닫게 해주신다. 기도하며, 열린 마음으로, 교훈을 받으며, 용기를 얻고, 진리로 힘이 솟아나서 말씀을 읽을 때마다 귀한 하나님의 뜻을 발견하게 된다. 말씀을 받아들이는 태도는 제자훈련의 열매에 직접적인 영향을 미친다. 하나님을 만나기 위하여 그리고 그분의 말씀을 듣기 위해서 진솔한 열망을 가지고 성경을 대하면, 그분이 얼마나 우리와 함께 교제하기를 원하시는지, 얼마나 우리를 자상하게 보살피시는지를 알게 된다.

내가 처음 하나님과 교제를 갖기 시작한 것은 1970년대 초 고등학교 2학년 때였는데, 나는 말씀에 대하여 너무나 갈급해 있었다. 하나님의 말씀을 공부하면 할수록 세상에 대한 안목이 활짝 열렸으며, 성경이 살아 있는 말씀으로 다가왔다. 읽으면 읽을수록 더 읽고 싶어졌고, 깨달을수록 그 깨달음을 더욱 실천하고 싶었다. 실천하면 할수록 할 일이 더 많음을 깨닫고 앞을 향하여 전진하게 되었고, 평생 동안 행해야 한다는 것도 깨달았다. 평생 동안 행해야 함을 깨달으니 기도하는 마음으로 말씀을 읽게 되고, 하나님과의 사랑이 더 깊어짐으로 하나님과의 특별하고도 은밀한 관계를 즐기게 되었다.

그러다가 어쩐 일인지 좀 게을러졌고, 하나님의 말씀을 연구하거나 기도하고 묵상하는 일을 소홀히 하기 시작했다. 성경을 읽지 않는 날이 많아질수록, 하나님 보시기에 중요한 일보다 내가 보기에 중요한 일들을 더 하게 되었다. 쓸데없이 분주해졌으며, 하나님으로부터 더욱 멀어져 갔다. 하나님으로부터 멀어질수록 하나님께 기도하기보다는 내가 좋은 대로 결정하는 일이 많아졌고, 나의 생활은 그리스도로부터 점점 더 멀어져 갔다. 그리스도로부터 멀어지게 되자 그분의 이름과 교회 공동체와 그리스도에 대하여 부정하게 되는 데까지 이르게 되었다. 이렇게 믿음에서 멀어지면서 죄 중심적인 삶을 살다가 어떻게 이렇게 다시 정반대인 하나님 중심의 역동적인 삶을 살게 되었는지는 흥미로운 일이다.

무슨 법칙을 따지는 자도 아니고, 바리새인 같은 형식주의자도 아니지만 한 가지 분명한 것은 매일 하나님의 말씀을 읽고, 공부하고, 믿음으로 순종하는 훈련은 삶을 변화시킨다는 것이다. 그 훈련은 마음을 변화시킬 것이고, 모든 건강한 제자들이 꼭 닮아가야 하는 그리스도의 형상을 닮아가는 자세와 행동으로 이끌 것이다. 이것보다 더 중요하고 우선적인 훈련이 어디에 있는가?

매일 성경을 제일 먼저 읽겠다고 결심을 하게 되면, 얼마나 읽어야 충분한가? 이것은 율법적으로 할 수도 있다. 그러나 성경 한 권을 읽든, 한 장(章)을 읽든 한 문단을 읽든, 한 문장이나 한 단어를 읽더라도 그것은 중요한 문제가 아니다. 이 중에 어떤 방법으로든지 하나님을 만날 수 있으면 우리의 영혼이 건강하게 된다는 것이다. 어떤 때는 성경 읽는 것이 너무 재미있어서 성경을 아주 열심히 읽은 적이 있었다. 어떤 때는 한 구절 또는 한 단어, 예를 들어, **기쁨, 만족, 죄, 구세주, 창조** 또는 **용서** 같은 단어에 매여서 말씀을 묵상하였으며, 기도하면서 말씀과 씨름하였고, 말씀의 뜻을 적고, 또 하루 종일 그 말씀을 어떻게 나의 삶에 적용할 것인가를 곰곰이 생각하여 보기도 했다. 여기서 중요한 점은 하나님과의 조용한 시간에 성경을 펴는 것을 매일의 일과에서 우선순위에 두는 것이다. 이러한 시간이 즐거울 것이라는 기대감을 갖고 임하는 것으로부터 은혜는 시작된다. **오늘** 제자 된 삶을 위하여 하나님의 말씀을 읽고 그 뜻을 기도하면서 묵상하는 것이 얼마나 많은 양의 성경을 읽느냐보다 더 중요하다.

시간을 내어 조용한 장소를 찾아 기도로 시작하고, 말씀을 펴고,

하나님이 인도하시는 대로 깊이 말씀에 잠기고, 깨달은 것을 쓰고, 더 깊은 의미와 영적인 뜻을 알기 위하여 다른 부분의 성경을 읽고, 성경 해설서, 주석, 연구 안내서 및 다른 참고 서적들을 읽고 깨달은 것을 적용한다. 다음 날에는 새로운 마음으로 새로 시작한다. 성경 어디서부터 시작하는가는 중요하지 않다. 경건의 시간을 처음 갖기 시작하는 사람들에게는 요한복음부터 시작하기를 권한다. 경건의 시간을 통하여 말씀의 지혜가 쌓이므로 지금까지 갖고 있던 의문점들 그 이상의 것으로 우리의 인생을 바로 잡아 줄 것이다! "너는 마음을 다하여 여호와를 의뢰하고, 네 명철을 의지하지 말라. 너는 범사에 그를 인정하라. 그리하면 네 길을 지도하시리라" (잠 3:5~6).

☞ 원칙 3.3 적용: 복습과 예습

　바쁜 삶 속에서 또 시대적인 풍조에 밀려서 기도와 말씀을 읽는 시간을 내는 것은 매우 어려운 일처럼 보인다. 그러나 예수님과 사랑의 관계를 키워나가기 위해서는 이 길밖에는 없다. 이 훈련을 대신할 다른 어떤 방법도 없다. 이러한 경건의 생활이 어떻게 뿌리를 내리고 자라는가는 믿는 자들에게 너무나 중요하다.

　이 영적인 훈련을 위하여 바쁜 일정 가운데에서 잠시 멈추어 시간을 내는 것은 마음에 우선권을 두고 있는 것을 실행하기 위한 의무이다. 무엇이 주님 안에서 역동적으로 건강하게 살아가는 것을 방해하는가? 성령님의 음성보다 더 귀를 기울이게 만드는 것은 무엇인가? 어떻게 매일 개인적으로 성경을 연구하고 기도 생활을 열심히 할 수 있는가? 만약 인생에 있어서 지나간 24시간을 되돌릴 수 있다면 어떤 결단을 다시 내려야 할 것이며, 크게 실수했던 관계를 어떻게 회복할 것이며, 다른 사람의 필요를 위하여 어떻게 다르게 대처했을까? 이러한 것들은 묵상의 훈련에 우선권을 두고 구체적으로 실현하는 데 도움이 될 본보기 질문들이다.

옛날부터 전해지는 속담 중에 "적용이 없는 행동은 의미 없다"는 말이 있다. 나는 이 간단한 말을 오랫동안 묵상했는데, 그 심오함이 나를 놀라게 했다. 만약 우리가 보고 듣고, 겪고, 느낀 것을 적용할 필요를 느끼지 않는 삶을 산다면, 삶의 풍성함을 모르고 살게 된다. 삶에는 보고, 듣고, 만지고, 맛보고 냄새 맡는 것들이 매우 많다. 이런 것들을 적용하는 훈련이 건강한 삶을 나누어 주는 방법이다.

청교도들은 이것을 "예습과 복습"이라고 불렀다. **예습**하는 것은 성경을 읽고, 경건의 시간의 노트를 적고, 하루 일과표를 계획하며 매일 아침을 시작하면서 힘을 얻는 것으로, 마음을 준비하고, 오늘 하루도 예수님과 함께 동행하기 위하여 그분을 모시는 것이며, 주님께 하루의 모든 계획을 맡기는 것이다. **복습**하는 것은 제자들이 하루의 일과를 마치고 예습할 때 했던 만큼 성경과 경건의 시간 노트와 하루 일과표를 돌아보며, 하루 중에서 기뻤던 것들과 실망스러웠던 것들, 기도했어야 했던 것들을 돌아보며 그 형편과 관계들을 위하여 기도함으로 마무리하는 것이다.

하루에 대한 **예습**과 **복습**을 통하여 제자 됨을 보여 주는 실습과 훈련을 통해 하나님 앞에서 잠잠함의 중요성을 배우고, 사랑이신 주님으로부터 순종을 배운다. 우리가 하나님의 역사하심을 인정할 때 그분의 은혜와 능력과 임재하심과 축복하심이 서로 밀접한 관계를 맺는다는 것을 더욱 분명하게 보기 시작한다. 모든 관계들과 일들 가운데서 하나님은 역사하고 계신다. **예습**과 **복습**은 하나님이 그분의 자녀들인 우리들에게 그분 자신을 나타내기를 기뻐하시는 여러 방법으로 하나님을 기대하도록 제자에게 가르쳐 준다. 그분의 역사하심에 대하여 눈과 귀를 열어 놓을 때, 그분이 우리 자신의 삶뿐만 아니라 다른 사람들의 삶 가운데서도 역사하시는 것을 세상에 알리게 된다.

☞ 원칙 3.4 탐구: 규칙적인 실행

예수님은 영적인 제자들이 배운 것을 실행하는 훈련을 시키기 위하여 의도적으로 사람들로부터 떨어져 있는 것을 중요하게 생각하셨다. "새벽 오히려 미명에 예수께서 일어나 나가 한적한 곳으로 가사 거기서 기도하시더니" (막 1:35), "무리를 작별하신 후에 기도하러 산으로 가시다" (막 6:46), "예수는 물러 가사 한적한 곳에서 기도하시니라 (눅 5:16), "이 때에 예수께서 기도하시러 산으로 가사 밤이 맞도록 하나님께 기도하시고" (눅 6:12).

시간을 내어 기도하는 것이 예수님께 이렇게 중요하다면 배운 것을 실행하기 위한 훈련을 위해서는 말할 나위가 없다. 이 영적인 훈련은 말씀과 기도에 초점을 맞춘다. 그것들은 하나님의 위대하신 은혜와 크나큰 관용을 생각나게 한다. 그 훈련들이 이 건강한 실천(규칙적인 실행)으로 다듬어진다면 "나는 오늘 적어도 7분간은 하나님과 시간을 보내야지. 아니면 하나님이 벌을 주실 거야"라는 지나친 율법주의 같이 되거나, 아니면 완전히 그 반대로 "내가 지난 6개월간이나 경건의 시간을 가졌지만, 뭐 그렇게 크게 문제될 것은 없어. 어차피 하나님은 날 사랑하시니까"라는 완전히 엉터리 같은 잘못을 저지르지 않게 된다.

기도하는 것과 말씀 읽는 것과 실천하는 것 등의 영적인 훈련은 균형 잡힌 제자가 되기 위한 가장 좋은 방법이며, 그것들은 확신을 가질 때 가장 열매를 잘 맺는 경험을 하게 한다. 그 확신이란 하나님의 은혜를 경험하기 위하여 훈련 받고, 그 훈련을 통하여 더욱 크신 은혜가 주어진다는 것이다. 이 훈련은 바로 일생을 통하여 훈련하는 모든 것이라고 말할 수 있다. 예수님과 사랑하는 만남을 규칙적으로 실행하는 것을 즐겨라. 그러면 당신의 영적 성장을 크게 촉진시킬 것이다.

☞ 원칙 3.5 책임감: 가족과 친구들

우리 아들 나단이 열여섯 살이 되었을 때, 의사가 한 시간 이상 꼼꼼하게 건강 상태를 검사했는데, 우리 부부는 깜짝 놀랐다. 팔란트(Palant) 의사는 다른 의사들 같지 않게 나단에 대하여 아버지 같은 사랑을 가지고 있는 것을 보여 주었다. 그는 아들에게 대하듯 성(性)과 마약과 술에 관하여 조심할 것을 일러 주면서, 자기 명함도 주고, 집 전화번호까지 친절하게 가르쳐 주었다. 그는 나단에게 밤이든 낮이든, 언제든지 육체적으로나 정신적으로 상담해야 할 문제나 유혹이나 염려가 있으면 연락하라고 하였다. 환자들은 누구나 의사가 이렇게 친절하게 하는 것을 좋아한다. 그가 이렇게 우리 아이를 사랑으로 보살피는 것을 목격한 일을 절대 잊을 수가 없다. 우리 아이가 성장하는 데 있어서 가장 중요한 시기였던 차에, 그 날 오후에 있었던 일을 통하여 그 의사에 대한 우리의 신뢰는 매우 높아만 갔다. 그 의사에게 무엇을 더 바랄 수 있겠는가?

믿음의 경주를 하고 있는 하나님의 제자로서, 일대일, 그리고 작은 그룹에서의 책임감은 점점 더 필요해진다. 일대일은 작은 그룹보다 좋고, 작은 그룹이 큰 그룹보다 더 좋다. 예수님 곁에는 소수의 일행들이 있었는데, 우리도 그렇게 해야 된다. 책임감은 말로만 하는 것이 아니다. 함께 동행하며, 끝까지 같이 가줄 수 있는 믿을 수 있는 스승이나 조언하는 자나 친구가 있으면 건강한 제자로서의 삶에 확실히 도움이 된다.

가족과 친구들이 인생에 있어서 더욱 중요한 역할을 한다. 그들은 곁에서 하나님의 부르심에 충성하라고 용기를 북돋아 주고, 영적인 건강에 가장 중요한 사항인 영혼을 훈련하는 데 전심하도록 한다. 레이튼 포드(Leighton Ford)가 부흥회 중심의 사역에서 개인 지도자 훈련 중심의 사역으로 바꾸었을 때, 그의 인생은 부흥사로부터 영적인 훈련자로 놀랍도록 변화되었다. 그는 한 개인과 하나님과의 관계를 옆에서 조언하는 자가 되었다. 즉 다른 사람들이 하나님이 그들에게 말씀하시는 것을 들을 수 있도록 도와주는 영적인 인도자 또는 친구가 되었던 것이다.

하나님이 온전한 영적인 선물을 주신 것처럼 우리가 온전히 영적으로 사랑을 실천할 때 그 일을 감당할 수 있다. 나단이라는 환자는 그의 의사인 팔란트 박사의 돌봄을 경험한 후에는 그에게 조금도 주저함이 없이 전화한다. 레이튼 포드에게 훈련 받은 사람들은 영적인 우정이 더욱 깊어지고, 그가 돌보아 준 사람들이 또 다른 사람을 돌봄으로 그와 같은 사랑을 통한 열매가 셀 수 없이 많아졌다. 당신은 영적인 친구로서 누구에게 투자하겠는가? 당신 자신의 영적인 성장을 책임질 사람은 누구인가?

제자의 기도

〇웃   웃〇

저는 주님께서 당신의 은혜로 저를 영적으로 연단하셔서 변화시키시고, 당신 중심의 삶을 살게 하시기 위하여 당신께로 부르신 줄을 아나이다. 저는 당신과 함께 했던 사귐을 다시 찾기 원하며, 기도하고 말씀을 읽고 묵상하는 훈련을 매일 하기로 다짐하나이다. 이런 훈련을 통하여 저의 속사람이 더욱 새로워지는 귀한 계기가 되길 원하고, 매일 제가 내리는 의지적인 결단들이 당신의 마음에 합한 삶이 될 수 있게 하옵소서.

당신을 향한 저의 사랑이 당신의 열두 제자들 같게 되게 하옵소서. 저를 이 세대에 은혜가 충만한 열정적인 제자 중에 한 사람이 되게 하옵소서. 당신께서 저를 부르셨으니 제가 그 부르심에 귀를 기울이

도록 도우시고, 저의 삶이 당신과 저의 마음에 가까이 있는 사랑스런 다른 영혼들에 대한 저의 사랑을 더욱 풍성하게 하옵소서. 당신의 은혜와 당신의 권능 안에서 이 훈련에 순종하게 하소서. 주님께 영광과 존귀를 드리오며, 우리의 구원자이신 예수님의 존귀하신 이름으로 기도합니다. 아멘.

묵상과 변화를 위하여

건강한 제자는 매일 조용한 독방에서 기도와 성경 공부 및 묵상의 훈련을 쌓는다.

1. 요한복음의 여러 곳에서 예수님은 그분의 삶과 가르침을 통하여 제자들에게 삶의 우선순위를 보여 주셨다. 요한복음 14~17장에 나오는 다음의 말씀들은 제자들의 영적인 선생으로서 예수님의 역할을 밝히 보여 준다. 각 구절들을 주의 깊게 읽어보면 오늘날 건강한 제자들의 삶에 적용되는 우선순위가 거의 같다는 것을 보여 준다.

- ◆ 요한복음 14:1~10 예수님은 그의 제자들을 하나님 아버지께로 인도하신다.
- ◆ 요한복음 14:15~17 예수님은 그들을 성령님께로 인도하신다.

- 요한복음 14:1~3; 14:27 예수님은 장래에 대한 소망을 넣어 주신다.
- 요한복음 14:18; 16:1~4, 32~33 예수님은 이 세상의 혼탁함을 정직하게 말씀하신다.
- 요한복음 16:8 예수님은 인간의 마음에 대한 진리를 말씀하신다.
- 요한복음 16:13 예수님은 성령님이 이미 역사하시는 것에 대하여 일깨워 주신다.
- 요한복음 17:1~26 예수님은 제자들을 위하여 중보기도의 사역을 감당하신다. 제자들의 영적 성장을 위한 그분의 관심과 인도하심은 제자들과 함께 계시지 않을 때뿐 아니라 그 이후에도 기도하심으로 계속되었다.[12]

2. 당신의 삶에서 어떤 영적인 훈련을 강화할 필요가 있는가? 당신은 매일 그리스도와 함께 이 훈련을 받기 원하는가?

3. 당신은 매일 경건의 훈련을 실천하기 위하여 누구를 영적인 동역자로 모시기를 원하는가? 주위에 누가 이런 영적인 사랑의 도움이 필요한가? 당신은 그런 분에게 이런 영적 도움을 주기 위하여 얼마나 기도하며 헌신하려 하는가?

4

공동체 안에서
배우고 성장한다

건강한 제자는 같은 믿음을 가진 믿음의 식구들과 영적으로나
생활 가운데서 함께 버성기며 성장한다.

"그물을 배 오른편에 던지라. 그리하면 얻으리라 하신대, 이에 던졌
더니 고기가 많아 그물을 들 수 없더라."

요한복음 21:6

아내 룻과 친구 베브(Bev)는 우리 아이들의 학교에서 점심시간에
처음 만나게 되었다. 그 날은 많은 자원 봉사자들로 붐볐다. 학교가
아직 지어진 지 얼마 되지 않아서 그런지, 공사 때문에 수업 시간
사이의 빈 시간을 점심시간으로 이용하였다. 9월의 어느 날 점심시
간은 매우 복잡했다. 모든 봉사자들은 각각 맡은 임무를 완수하기
위하여 바쁘게 움직였다. 그들은 그 가운데서 몇 마디 정도 주고받
을 수 있었는데, 아내는 마음이 다른 곳에 가 있었다. 그 전날 아내

는 오빠가 라켓볼 구장에서 심장마비(이로 인하여 몇 주 후에는 결국 목숨을 잃었다)를 일으켰다는 소식을 들었던 것이다.

점심시간 도우미 일이 끝난 후 주차장에서 아내의 차와 베브의 차 사이에 접촉 사고가 났지만, 서로 실수했다고 사과하였다. 두 여인들은 진심으로 서로에게 몹시 미안해 했다. 망가진 부분을 살펴본 후에 보상을 요구할 만큼 심하지 않음을 알았다. 그들은 서로 자기 차가 망가진 것에 대한 걱정보다는 상대방의 차가 어떻게 되지 않았나 하는 것에 더 관심을 가졌다.

하지만 그들은 하나님이 "서로 부딪히게 됨"으로 인하여 일 년 후에 서로 매우 가까워지게 하실 것이라는 것을 몰랐다. 다음 해 9월에 여성 성경 공부반에서 아내는 인도자로 책임이 주어졌다. 아내는 그 성경 공부반을 인도하는 특권에 감사하며 그 반에 배정된 여성들을 만나기를 고대하였다. 그녀는 베브의 이름이 그 명단에 있음을 알고 더욱 기뻤다.

베브가 그 해 일 년 동안 아내의 지도자반에 속하였고, 매주 성경 공부에 열심히 참여하였다. 일 년 후에는 베브가 아내와 함께 그룹을 인도하기로 동의하였다. 하나님이 짝지어 주신 이 두 사람은 중요한 때에 서로 번갈아 가며 지켜보는 것을 기뻐하였다. 서로에 대한 이 두 여인들의 섬김은 그들의 성경 공부반의 모든 사람에게 퍼졌다.

베브는 "하나님이 룻을 위하여 기도하라고 그에게로 저를 인도하셨다고 믿습니다. 하나님이 룻과 저를 부르신 것이 분명한 것처럼 하나님은 우리 그룹에 꼭 보내셔야 할 사람을 인도하십니다. 이

분들은 우리의 삶 가운데서 이처럼 특별한 때에 서로를 위하여 섬기라고 하나님이 뽑으셨습니다. 같이 있을 때는 마치 우리가 하나님의 영원하신 팔에 안겨 있는 것 같습니다."

"큰 모임에는 은사가 있는 선생으로부터 말씀을 받지만 잊어버리기 쉽고 별로 흥미가 없을 수도 있습니다. 그러나 이런 건강한 소그룹 모임에서는 말씀이 살아 역사하시며, 우리의 영혼을 깨우쳐 줍니다. 서로가 좀더 친숙해지고 깊어지게 되면, 아주 개인적인 일까지 소상하게 나누게 되고, 그 결과는 삶 가운데서 서로를 더욱 깊이 섬기며, 깊은 마음의 상처가 치유됩니다"라고 그녀는 말한다.

이 제자들의 모임은 그리스도 안에서 서로 성경을 읽는 가운데 의문점들을 숨김없이 내어 놓을 수 있고, 그들의 삶 가운데서 적용할 수 있는 하나님의 진리의 뜻을 서로 나누며, 믿음이 깊어지기를 소망한다. 그 모임은 회원들의 사생활과 가족 문제, 건강 문제, 미래에 대한 소망, 그리고 영적인 갈망까지도 나눌 수 있는 훌륭한 곳이다. 그 모임은 열정과 각오로 함께 모여 서로를 위해 기도하고 말씀을 공부하기 위하여 바쁜 일정 중에서도 귀한 시간을 쪼개어 내는 그들의 삶의 중요한 부분이 되었다. 그들은 모두 건강한 제자로 성장하기를 원하며, 이 모임서 함께 배우는 것을 좋아한다.

이 모임은 그리스도의 지체 안에 존재하는 수천 개의 작은 집단 중의 하나이다. 그들 모임의 형태와 크기도 다양하다. 전도를 위한 알파(Alpha) 성경 공부 그룹에서부터 남여 전도회의 새벽기도회와 청소년 성경 공부, 어린이 주일학교 공부반들, 파이오니어 클럽과 아와나(Pioneer Clubs and Awana), 부부 클럽, 소그룹, 믿음의 동역자,

선교를 위한 기도 모임들, 성가대 기도모임, 통합 세대 모임, 그리고 더욱 넓게는 우리가 속해 있는 동네, 직장 및 이웃 속에서 다른 여러 가지 그리스도인 공동체를 세우기 위한 사역 등등이다.

이 모임들은 여러 가지 목적과 필요에 따른 무수한 형태가 있다. 그들은 점점 더 중요성을 더해 가는데, 특히 흩어져서 외롭고 힘겹게 살아가는 사람들에게는 더욱 중요하다. 그런 모임에 적극적으로 참석하기로 작정한 사람들은 말할 수 없을 만큼 삶이 풍요롭게 변하고 그로 인한 열매는 셀 수 없을 정도로 많다.

그러나 모든 모임이 활기찬 것은 아니다. 때로는 부정적일 때도 있다. 건강하지 못한 교제에 대한 경험은 상대적으로 훨씬 나쁜 영향을 미치게 되는데, 실제로 어떤 사람들을 잘못된 길로 가게 하거나 아주 믿음에서 떠나게 하는 수도 있다. 왜 이렇게 되는가? 왜냐하면 오늘날의 많은 모임들이 성경과 기도와 진리, 즉 함께 연구하고 실천하고 배우며 자라나는 삶에서 가장 중요한 진리에 초점을 맞추기보다는 참여자들의 필요에만 초점을 맞추기 때문이다.

이곳 뉴잉글랜드 지역에 있는 우리 연구소의 소그룹 전문가인 다이아나 베넷(Diana Bennett)은 건강하지 못한 소그룹에 대하여 다음과 같이 말한다:

> 목적을 가진 인도자가 없을 때, 그리고 "되는 대로 내버려 두는" 방임적인 자세를 가진 인도자 형태일 때 그 모임은 활성화되지 못한다. 기도와 준비가 불충분할 때, 함께 모이는 목적을 잘 이해하지 못하고, 말씀에 대한 충분한 연구가 부족할 때, 효과적인

토의를 이끌 수 없을 때, 그 모임의 총 모임 횟수와 과정에 대하여 부주의 할 때, 다루기 힘든 사람을 다루는 방법을 알지 못할 때 이런 일이 생긴다. 이런 경우에는 나쁜 쪽으로 기울어져서 모임의 참가자들은 의욕을 잃게 된다. 그 결과 참가자들은 소그룹 모임을 중요하게 생각하지 않게 되고, 서로 믿음을 잃게 되며, 서로 친밀감과 신뢰감이 없어져서 그 모임은 간신히 버티다가 결국에는 없어지게 된다.[1]

건강하지 못한 그룹에 대하여 실제보다 너무 많이 듣게 되다보니 영적 생활에 활력과 건강을 불어넣어 주는 소그룹을 만들고 참여하고자 하는 비전으로부터 멀어지게 한다. 서로 관계를 이어 주는 공동체 안에서 배우고 성장할 때, 하나님의 말씀에 대하여 더욱 깊은 영감을 얻게 된다. 그리고 그것을 매일의 삶에 적용하며, 서로 서로의 관계 속에서 하나님이 역사하심을 축하하며, 서로간의 삶의 구석 구석에서 사랑하며 섬기는 사람들의 마음으로 뭉쳐져 있는 그 모임을 통하여 더욱 큰 영향력을 끼친다.

공동체 안에 있는 예수님의 제자들

오늘날 소그룹 모임 안에서 경험하는 것과는 대조적으로 예수님의 제자들은 그들의 공동체 안에서 어떻게 배우고 성장하였는지를 알아보자. 이 특성을 위하여 요한복음 21장 중 특히 6절을 살펴보면 다음과 같이 말씀하셨다: "그물을 배 오른편에 던지라. 그리하면 얻으리라." 그들이 순종했을 때, 고기가 많아 그물을 들 수 없었다."
부활하신 후에 있었던 중요한 이야기를 보면 예수님이 제자들의 공
동체 안에 극적으로 나타나셔서 제자들의 마음 가운데 복음의 중심
메시지를 더욱 확실하게 심으셨다.

이것은 밤중에 고기를 잡으러 나간 제자들에게 부활하신 예수님
이 나타나신 것에 대한 이야기이다. 제자들은 길을 밝히려는 횃불
을 가지고, 잔잔한 바다 위로 배를 띄우고, 배 위에 있는 제자들은
배 밑의 물 속에 잡을 수 있는 물고기가 있는지 신경을 곤두세우고
살펴보고 있었다. 물고기가 나타나기만 하면 작살을 던지거나 아니
면 준비된 그물을 던져 잡을 준비가 되어 있었다. 그러나 그 밤에는
물가에 계시던 그분이 다른 곳으로 인도하실 때까지 준비했던 그물
로는 한 마리도 못 잡았고 작살은 한 번도 사용하지 못했다.

그분이 말씀하시기를, "얘들아, 너희에게 고기가 있느냐?' 대답하
되, '없나이다.' '그물을 배 오른 편에 던지라. 그리하면 얻으리라'"
(요 21:5~6). 제자들은 그분이 미쳤거나, 빈정거리거나, 아니면 확실
히 맞을 거라 생각했다. 그것은 여기에 기적이라고 쓸 필요가 없다.
왜냐하면 그 호수에서는 자주 있는 일이니까. 그런데 그 배는 겨우
90미터 정도 해변에서 떨어져 있었던 것에 주의해야 한다.

모톤(H. V. Morton)은 그 호숫가에서 두 사람이 낚시질하는 것
에 대하여 다음과 같이 말하고 있다. 한 사람은 호수로 들어가
면서 나팔 모양의 투망을 던졌다. "그렇지만 매번 헛수고였다.
그가 투망하는 모습은 참 멋있었다. 매번 잘 준비된 그물이 나

팔 모양으로 공중에 떴다가 그물에 달린 작은 납덩어리들이 둥근 모양으로 찰싹 소리를 내며 호수 위의 정확한 지점에 떨어졌다. 그가 던질 준비가 되었을 때, 그의 친구가 호수 이편 제방에서 왼편에 던지라고 소리쳤고 그는 즉시 그렇게 했다. 이번에는 성공이었다. 그는 그물 안에 많은 물고기들이 펄떡거리는 것을 보았다. 그물질을 하는 사람이 호숫가에 서 있는 사람의 지시하는 대로 왼쪽이나 오른쪽에 던지는 것은 항상 있는 일이다. 왜냐하면 맑은 물에서는 물 밖에 있는 사람이 물에 들어가 있는 사람보다 물고기 떼가 잘 보일 때가 많기 때문이다." 예수님은 그의 어부 친구들에게 요즈음 사람들이 하는 것처럼 안내 역할을 하셨다.[2]

그렇다면 왜 이 별로 특별하지 않은 이야기가 이미 완성된 복음서에 한 장을 더한 것 같이 보이는가? 첫 번째 이유는 예수님이 부활하신 그리스도로 다시 한 번 나타나신 것이고, 또한 부활의 실제를 단번에 모두 보여 주시는 것이 필요하셨을 것이다. "많은 사람들이 부활하신 예수님이 나타나신 것은 제자들이 본 환영(幻影)에 지나지 않는다고 말했었다. 많은 사람들은 환영이 실제로 있었던 것은 인정하지만, 역시 환영은 환상에 지나지 않는 것이라 믿었다. 어떤 사람은 더 나아가서 그것들은 환영이 아니라 착각이라고 주장한다. 복음서들은 부활하신 주님은 환영도 아니고, 착각도 아닐 뿐더러 유령도 아니고, 진짜 사람이었음을 증명한다. 무덤은 비어 있었고, 부활하신 주님의 몸은 여전히 못 자국과 옆구리가 창에 찔린 자국이 있음을 보여 준다."[3]

이 사건에서 "환영이나 유령은 어부들에게 고기 떼가 어디 있는지를 가르쳐 줄 수 없다. 환영이나 유령은 호숫가에서 숯불을 피울 수 없다. 환영이나 유령은 음식을 만들어 나누어 먹지 않는다. 그런데 부활하신 주님은 이런 일들을 모두 하셨다."[4] 그렇다. 이 사건을 통하여 부활이 어떤 것인지를 실제 어부들인 제자들에게 분명하게 보여 준다.

그 사건은 또 다른 큰 의미를 부여하는데, 그것은 교회가 우주적이라는 것이다. 예수님의 명령을 따라 배의 다른 쪽에 그물을 던졌던 제자들은 너무 많은 고기가 잡혀서 끌어 올릴 수가 없게 되었다! 복음서 저자는 153마리의 **큰 물고기들**이라고 하면서 물고기들의 개수까지 세밀하게 기록한다. 빵과 숯불구이 물고기를 '사람을 낚는 어부'인 스승, 예수님과 같이 조반을 먹을 수 있는 이 광경은 얼마나 멋진 순간인가. 이런 모습을 감히 상상이나 할 수 있을까?

물고기 153마리의 의미는 무엇인가? 바클레이는 이 숫자에 대하여 몇 가지 다른 견해를 가지고 있다.

잡은 물고기의 숫자를 센 진짜 이유는 그 배에 타고 있던 사람들이 공평하게 나누어 가지기 위한 것이었든, 아니면 그 물고기들이 너무 컸기에 단순하게 그 숫자를 기록하였다. 그러나 영적인 눈으로 보기를 원하는 사람들이 요한복음의 저자인 요한의 방법으로 그 뒤에 담겨 있는 숨은 뜻을 생각해 볼 때, 그 숫자에는 분명히 무슨 뜻이 있는 것으로 생각된다. 그래서 많은 기발한 의견들이 나왔는데, 이를테면:

◆ 알렉산드리아의 씨릴(Cyril of Alexandria)은 153이라는 숫자를 세 부분으로 생각하였다: 100은 완전수로 그리스도께 돌아올 이방인들을 집합적으로 표현한 것이고, 50은 마지막 때에 돌아올 유대인들이고, 3은 이 모든 일을 이루실 영광스러운 삼위일체 하나님이다.

◆ 성 어거스틴은 10은 율법을 의미하는데, 십계명이 있고; 7은 은혜의 숫자인데 성령의 은사는 7이다. 그래서 7+10은 17이 된다. 153은 1부터 17까지 합한 숫자이다. 그러므로 153은 율법이나 은혜로 예수 그리스도에게 나오는 모든 사람을 의미한다.

◆ 제롬(Jerome)이 가장 간단하게 설명했다: 물 속에는 153가지의 물고기들이 있었고, 그때 그 모든 종류의 고기가 모두 한 마리씩 잡혔다. 그러므로 그 숫자는 언젠가 모든 족속들이 예수 그리스도에게로 돌아온다는 것을 의미한다.[5]

그러나 153에 대하여 의미를 찾는 것보다 이 많은 물고기들이 찢어지지 않은 한 그물에 잡혔다는 것으로 충분하다. 그 숫자에 대한 의미를 어떻게 해석하든 더 중요한 것은 그물은 부활하신 주님의 교회를 의미한다는 것이다. 그 그물 안에는 모든 족속이 들어갈 수 있는 공간이 있다. 얼마나 많든지 간에, 주님의 초청에 응하여 그분을 좇는 모든 사람이 들어 갈 수 있는 공간이다. 선택적이고 배타적이 아닌 하나님의 품 안에 있는 교회는 그분이 얼마든지 크게 벌리시는 범위 안에 있다. 우리를 하나로 만드시는 그분의 사랑은 부활하신 주님의 사랑이기 때문에 우리로 하여금 세대와 종족을 초월하게 한다.

부활하신 다음 날 아침에 사랑의 불을 지피고 준비한 조반에 둘러앉은 제자들의 경험은 하나님의 사람들이 그들의 주님과 교제하기 위하여 함께 모였을 때 일어난 일을 극적으로 표현한 것이다. 그들은 그의 발 앞에 앉아 그분의 말씀을 듣고 서로를 격려하며, 모든 사람들을 낚는 어부로 부르신 하나님의 부르심을 좇는 공동체로 모였다. 그 갈릴리 바닷가에서 이른 아침에 있었던 사건은 우리의 가정에서, 직장에서, 학교에서 그리고 교회와 세상 어디서든지 똑같이 재현될 수 있다. 그리스도 안에서 함께 배우고 성장한다는 것은 다른 사람들과 함께하는 공동체에 속하기를 갈망하며 기다리는 사건이다.

요한복음의 결론 구절(요 21:15~25)은 요한이 그리스도의 증인이라면 베드로는 위대한 목자로 돋보이게 다루고 있다. 베드로의 명예는 예수님을 대신하여 예수님의 양들을 지키는 임무를 완수하는 것이었다. 이것이 우리가 베드로의 발자국을 좇아가게 하는 점이다. 그리스도의 제자인 개개인은 다른 사람이 실족하는 것을 막아야 하며, 영원한 양식인 하나님의 말씀을 그리스도의 양들에게 먹일 수 있어야 한다. 베드로의 위임권은 우리의 것이기도 하다. 그것은 우리가 그리스도의 지체 안에 있는 형제와 자매로서 함께 배우고 성장하며, 그분의 분명한 인도하심으로 말씀하시는 것에 순종하며, 사랑과 순종으로 응답하는 공동체적 관계 안에 있을 때 가장 잘 감당할 수 있다.

누군가 당신을 인도할 것이다

베드로는 요한복음에서 새로운 말씀으로 도전을 받았다. "내가 진실로 진실로 네게 이르노니 젊어서는 네가 스스로 띠 띠고 원하는 곳으로 다녔거니와 늙어서는 네 팔을 벌리리니 남이 네게 띠 띠우고 원치 아니하는 곳으로 데려 가리라" (요 21:18). 예수님이 베드로에게 우리에게도 적용되는 이 진리의 말씀을 상기시키셨다.

여기서 예수님은 영적인 성숙에 대한 그분의 비전을 분명하게 말씀하셨다. 그분의 관점은 세상이 말하는 것과는 정반대의 것이다. (예: "당신이 나이가 먹으면 당신 스스로가 결정할 수 있을 것이고, 당신이 원하는 대로 갈 수 있고, 당신의 운명을 조정할 수 있을 것이다.") 그분이 말씀하시는 성숙은 "당신이 가기를 원치 않는 곳으로 인도되는 것에 순종할 수 있는 능력이다. 베드로가 양들을 인도하라는 명령을 받은 후, 예수님은 베드로에게 '섬기는 지도자는 가기 싫고 힘든 곳으로 가야 하는 지도자'라는 사실을 분명히 하셨다. 그리스도인[지도자]의 가는 길은 이 세상이 대부분 지향하는 것과는 엄청나게 반대되는 길이요, 십자가를 지고 내려가는 길이다....예수님이 말씀하시는 내려가는 길은 하나님이 주시는 기쁨과 평강의 길이요, 그 길은 이 세상이 줄 수 없는 그런 것이다."[6]

그러면 베드로는 어떻게 이만큼이나 깊이 있게 성장할 수 있었는가? 그것은 예수 그리스도와 끊을 수 없는 관계로부터 시작하지만, 서로의 성장을 위해 세워 주는 믿음의 공동체 안에서 교제로 더욱 깊어지게 되었다. 이 베드로가 바로 베드로전후서를 쓴 장본인이다.

"갓난아이들 같이 순전하고 신령한 젖을 사모하라. 너희도 산 돌 같이 신령한 집으로 세워지고 예수 그리스도로 말미암아 하나님이 기쁘게 받으실 신령한 제사를 드릴 거룩한 제사장이 될지니라.... 너는 이로 말미암아 너희로 구원에 이르도록 자라게 하려 함이라.... 오직 너희는 택하신 족속이요, 왕 같은 제사장들이요, 거룩한 나라요, 그의 소유된 백성이니, 이는 너희를 어두운데서 불러내어 그의 기이한 빛에 들어가게 하신 자의 아름다운 덕을 선전하게 하려 하심이라"(벧전 2:2, 5, 9).

베드로의 생애는 예수님의 영향을 받아 놀랍게 변화되었다. 그는 새롭게 태어났다. 그의 충동적인 성향은 침착해졌고, 주님을 사랑과 열정으로 의지적으로 섬기는 일에 초점을 맞추었다. 그가 초대 교회에 공헌한 것은 획기적이었고, 공동체(하나님께 속한 양들, 즉 택한 백성들을 돌보는 일)의 결속에 대한 영향력은 절대적이었다. 그는 이 믿음 없는 세상에서 하나님의 사역을 망가뜨리려는 세력에 의하여 온갖 핍박을 받을 것을 알면서도 주님께 온전히 순종하는 삶을 살았다. 베드로와 다른 제자들과 교회 전체가 그리스도 안에서 하나가 된 사랑의 공동체는 영원한 열매를 맺게 될 것이다.

당신이 속한 믿음의 공동체는 어떠한가? 당신과 교회는 그리스도 안에서 함께 배우며 자라남에 있어서 초대 교회의 신자들의 본을 따르고 있는가? 당신의 믿음이 성장할 때, 누가 혹시 잘못된 모임으로 인도하지 않았는가? 우리는 이런 길로 인도하는 모임에 참여 하기를 원하지 않는다. 그러나 가장 영향력이 있는 소그룹 모임에서는 성령의 역사와 성경 말씀의 역사뿐 아니라, 그 공동체의 구성원이 주고받는 도전과 격려의 말 속에서 나타나는 훈련을 경험하게 될 것이다. 믿고 함께 할 수 있는 가장 건전한 공동체들은 이 세상의 방법이 아닌, 다른 사람을 사랑하고 섬기기 위하여 하나님이 우리를 부르시는 것을 알게 하는 공동체이다. 그것이 바로 주님께로 향하는 길이다. 왜냐하면 그분이 부르시는 것은 희생하며 섬기기(본서 6장) 위함인데, 그것은 우리가 속한 공동체 안에서 서로 버성기며, 배우고, 성장하고, 성숙하는 제자훈련을 통하여 성장하기 때문이다.

예수님은 우리가 다른 쪽에 그물을 던지기를 원하신다. 왜냐하면 그 곳에서 새로운 삶의 길을 발견할 수 있기 때문이다. 그리스도인 공동체의 경험을 극대화하기를 원한다면 하나님 앞에 다른 사람의 성장을 위한 겸손한 헌신이 있어야 하는 동시에 우리를 열어 다른 사람이 우리에게 주는 영향을 통하여 우리의 삶이 변화 받을 수 있어야 한다. 이것이 바로 다른 쪽에 그물을 던지는 것이다. 왜냐하면 그것은 다른 사람의 영향이 없는 자유로운 삶의 방식에 반대될 수가 있기 때문이다. 그러나 건강한 제자도는 같은 생각과 믿음을 가진 성도들과의 신뢰감 있는 공동체 안에서 서로 영적 그리고 관계적으로 함께 성장하는 것이다.

공동체란 무엇인가?

예수님을 닮아간다는 것은 공동체 안에서의 인내를 필요로 한다. 그 이유는 혼자서는 놀라운 성장의 경험을 결코 할 수 없기 때문이다. 공동체 안에서 풍성한 은혜를 경험하려면, 우리는 크든 작든 간에 우리의 삶을 나눌 수 있고 믿을 수 있는 사람들로 이루어진 주님께 헌신을 약속한 공동체에 속해 있어야 한다.

헌신을 약속한 관계가 되면 서로가 특별한 헌신을 해야 한다. "당신과 함께 주 안에서 성장하길 원합니다. 당신과 함께 즐기며, 함께 웃고, 함께 울며, 함께 기도하고, 함께 나누며, 함께 배우고, 함께 자라가길 원하는데, 당신도 같은 마음이기를 바랍니다." 서로가 성경 말씀에 있는 대로 기꺼이 "서로를 위해" 살겠다는 의지를 가지고 헌신해야 한다:

- 서로 사랑하고 (요 13:34~35; 롬 13:8; 벧전 1:22; 요일 3:11, 23; 4:7, 11~12)
- 당신의 죄를 고백하고 서로를 위하여 기도하며 (약 5:16)
- 서로 돌아보며 (고전 12:24~25)
- 서로 문안하고 (벧전 5:14)
- 서로의 짐을 나누고 (갈 6:2)
- 서로를 북돋우고 세워 주며 (살전 5:11; 히 3:13; 10:25)
- 서로에게 순복하며 (엡 5:21)
- 서로를 용서하며 (엡 4:2; 골 3:13)
- 서로를 훈계하며 (골 3:16)
- 서로 사랑으로 섬기며 (갈 5:13)
- 서로 사랑과 선행을 권고하며 (히 10:24)

우리가 같은 마음과 생각을 가진 믿는 자들과의 작은 모임에서 언약의 교제 가운데 있을 때, 우리에게 어려운 일이 닥치면 우리는 혼자 버려지지 않는다. 이 세상이 거꾸로 돌아가고 추락하는 어려운 순간이 올지라도 우리는 서로를 끌어안아야 이 고달픈 인생길에서 기쁨과 소망을 발견한다. 이것이 바로 그리스도인의 공동체의 모습이다. 이것이 당신이 속해 있는 교회에서 경험하는 것인가?

건강한 제자는 "서로와 함께"라는 말은 실천해도 되고 안 해도 되는 것이 아니다. 그것은 하나님으로부터 하나님의 자녀들에게 말씀하신 공동체를 이루기 위하여 꼭 필요한 것이다. 그분은 이처럼 역동적인 그리스도인들의 공동체 안에서 살기를 원하신다. 그 공동체를 통하여 이 세상에 사는 다른 사람들을 비추며 살라고 하신다. 그런데 많은 그리스도인들은 "서로와 함께"는 좀 낯선 가르침이라고 여긴다. 우리는 그런 깊이 있는 관계를 맺고 교제를 하는 것에 대하여 조금 염려하는 것을 볼 수도 있다. 공동체를 통한 깊은 교제에 대한 우리의 의문점들을 다음과 같이 요약하여 본다:

"다른 사람들은 나에 대하여 어떻게 생각할까?"
"그들이 실제로 내가 어떤 생각을 하며 어떤 모습으로 사는지를
   알면 나에 대하여 오해할 수 있거나 다른 선입견을 갖고 나
   를 대하지나 않을까?"
"나의 진실을 보여 주면 다른 사람도 나를 진실로 대할 수 있을까?"

마음을 꿰뚫는 이런 질문들을 스스로에게 하게 되면 "서로와 함께"라는 것을 나 혼자만의 생각으로 끝나든지, 한두 명의 친한 친구

들과만 실천하게 되어 정작 실천해야 되는 공동체에서는 하지 않게 된다.

물론 그리스도인 공동체 안에서라도 서로 조심해야 한다. 대부분 다른 사람과의 관계에 있어서 실망을 경험하였고, 그리스도인들 사이에서도 내성적인 성격 때문에 다른 사람들과 깊은 교제를 못하는 사람도 있다. 그러나 과거의 경험이나 이런 것들이 어떤 그리스도인 공동체에 가입하는 것을 막아서는 안 된다. 쉽든 어렵든 간에 신용할 수 없는 다른 사람을 용서하는 것과, 한 걸음 더 나아가서 새로운 관계를 만드는 것이 최상의 건강한 제자훈련이라고 믿는다. 그것들이 새로운 삶과 건강과 새로운 힘을 나게 하여 그리스도 안에서 배우고 성장하게 하는 것이다.

어떻게 건강한 제자들이 그리스도인 공동체 안에서 배우고 성장하는가? 그것들은 다음 두 가지로 요약될 수 있다:

- 보살펴 주는 관계
- 함께 사역하기

보살펴 주는 관계에서는 서로 가르치고 배우는 순서가 있다. 대개 그룹에서 말하도록 준비된 지도자나 교사가 있다. 그러나 또한 이런 경우에는 동료 대 동료의 관계가 아주 확고해서 지도자의 역할을 넘어 서는 경우도 있다. 이러한 보살펴 주는 관계를 다음과 같이 요약할 수 있다:

a. 목사와 신자(들)—이런 관계에서는 목사는 지도자가 되고 신자들은 배우면서 진리를 추구하는 자의 역할을 한다; 더욱 필요에 근거하고 부분적인 접근이다.

b. 선생과 제자(들)—이런 관계에서는 선생이 강의 준비를 하고 제자들은 학생들로서 매 시간 강의에 참여한다; 더 연역적인 접근법이라 할 수 있다.

c. 지도자와 그룹—이런 관계에서는 지도자가 배우는 과정을 설정하고 그룹에 대하여 통찰과 질문과 그룹을 돌아보며 이끌어야한다; 더 귀납적인 접근법이라 할 수 있다.

d. 보살피는 자와 보살핌을 받는 자—이런 관계에서는 보살피는 자가 다른 사람들의 필요를 들어 주어야 하고, 보살피는 자로서 경험과 지혜를 바탕으로 질문도 하고, 기도하며, 보살핌을 받는 자들을 훈련하는 방법이다; 좀더 직접 지도하는 접근법이다.

e. 동료 관계—이런 관계에서는 그 그룹이 구성원들 간에 서로 공통적이거나 개인적인 문제들을 서로 나누기 위하여 형성된다; 좀더 느슨한 "서로 간에 보살피는 관계"가 되는 접근법이다.

공동체 안에서 **함께 사역**하려면 특별히 해야 하는 사역들이 있다. 어떤 사람들은 함께 시간을 보내면 즐거운 사람들이 있고, 어떤 사람들은 그룹이나 지도자에게 부담스러운 사람들도 있다. 언젠가 함께 사역하는 친구에게 나의 사역을 보살펴 주는 사람에 대하여 불평을 말했더니, 그는 "만약 그 사람이 너와 관계가 없거나 오늘날 너의 사역 팀에 들어 있지 않다면 네가 어떻게 지도자로 성장할 수 있었겠니?"라고 물었다. 이와 같이 어려울 때나 즐거울 때나 함께

사역하면서 성숙할 수 있다. 함께 사역함에 있어서:

- ◆ 우리는 다른 사람을 섬기며 나를 드리며 성장한다.
- ◆ 우리는 함께 사역하며 배운다.
- ◆ 우리는 우리의 삶과 변화하는 삶 가운데 적용될 수 있는 진리와 씨름하면서 배우고 성장하는 것이 가장 좋은 방법인 것을 발견한다.

중요한 것은 **안전**이라는 단어에 이 모든 것이 집약되어 있는데, 그것은 다음에 설명되는 중요한 원칙들이다. 어떤 공동체이든 안전하지 않으면 아직 완전한 공동체가 아니다. 이 안전의 원칙은 믿음의 공동체 안에서 건강한 제자들의 훈련을 위한 기본이다. 예수님의 제자들은 "안전한 울타리"에 대하여 잘 알고 있었다. 요한복음 21장에서, 많은 물고기를 잡아 올리기 위하여 그들의 그물망을 잘 손질하기에 얼마나 힘을 쏟았던가! 공동체의 안전이라는 것은 하나님이 원하시는 대로 자라는 동안 아무런 제약 없이 우리 자신이 될 수 있도록 보호를 받는 것이다.

다이아나 베넷은 공동체의 안전에 대하여 이렇게 말한다: "소그룹들이 기도로 잘 준비되어 있고, 구성원 각자가 서로를 위하여 잘 준비되어 있으면서, 소속감과 높은 수준의 믿음을 구사하면, 그 그룹의 구성원들은 귀중한 공동체로서 서로 보살핌으로 구성원들이 서로 연합되는 것을 경험하게 된다. 다시 말하면, 영적으로 성장하는 것이 우리의 삶을 변화시키고 예수 그리스도의 건강한 제자가 된다는 것을 그 공동체를 통하여 배운다는 것이다."[7] 안전한 공동체를 경험하는 것은 성장하는 과정에 더욱 필요하다. 만약 안전성이 문제가 될 수 있다면 성장도 정지되거나 흐지부지하게 되는 경우가 많다.

그렇다면 어떻게 해야 예수님의 제자가 되기를 갈망하면서 배우고 성장할 수 있는 건강한 공동체를 만들어 갈 수 있는가?

☞ 원칙 4.1 나눔을 위한 안전한 장소

예수님의 제자들은 나누는 삶을 살았다. 그들의 직업까지 서로 함께 하였으며 제자들의 거친 모습까지도 함께 하였다. 예수님과 제자들 간의 친밀함은 영적인 충만함과 어려움까지도 나눌 수 있었다. 각 복음서에는 이런 이야기로 가득 차 있다. 나눔을 통하여 그들은 서로 가까워졌고 주님과 더욱 깊은 교제 가운데로 들어갈 수 있었다.

믿음을 성장시키는 가장 좋은 환경은 단연 우리의 믿음이 가장 도전 받을 때이다. 우리가 하나님의 말씀과 씨름하는 장소가 바로 그런 환경이다. 스스로에게 가장 어려운 질문을 해보고, 예수님을 사랑하고 섬기기 위해 세상에 나가서 승리할 수 있도록 간청하며 기도해야 한다. 만약 아이들로서, 청년으로서, 장년으로서 배우고 성숙할 때 함께 할 수 있는 가족이나 친구, 인도자 그리고 이웃이 없었다면 우리는 지금 어떻게 되었을까? 배움을 위한 필요는 아무리 강조해도 지나치다고 할 수 없기에 일생 동안 이러한 거룩한 일을 추구해 나갈 때 우리의 삶의 이야기를 나눌 안전한 장소를 늘 확보해야 할 필요가 있다. 삶을 나눌 때, 하나님이 어떻게 우리의 필요를 채워 주시는지, 우리는 그분의 사랑을 완성할 수 있는 더 큰 은혜의 바다로 우리를 인도하시는 것을 발견하게 된다.

삶을 나누는 안전한 곳을 만들기 위해서는 서로 숨기는 것이 없어야 되고, 또 나눈 모든 사실에 대하여 반드시 비밀을 지키는 것을 배워야 한다. 만약 서로 간에 비밀이나 믿음이 깨어지면 그 공동체는 망가지기 시작한다. 내가 경험한 작은 공동체에서, 내 친구는 누가 그에게 털어 놓은 어떤 것이라도 타인에게 이용하지 않는다는 것을 믿었다. 나는 나의 속을 털어 놓는 위험을 감수해 왔으며, 그 결과 공동체의 깊은 신뢰의 관계는 나의 개인의 삶을 더욱 풍성하게 해주었다. 당신은 어떠한가?

☞ 원칙 4.2 기도를 위한 안전한 장소

부활하신 예수님이 피워 놓은 모닥불 앞에 둘러앉은 모임(요 21: 9~10)은 제자들이 그분과 함께 섬기며, 헌신하며, 기도하던 때를 미루어 볼 수 있게 한다. 그들은 그 곳에서 용감하게 기도하시는 예수님을 보았을 뿐 아니라, 그들도 미래에 예수님이 하신 것과 같이 다른 사람들 앞에서 기도하게 될 것이 암시되었다. 베드로에게는 이것은 너무나 감동적인 순간이었다. 왜냐하면 모닥불 가에서 예수님을 다시 만나 사죄의 은총을 받은 것은 그가 예수님을 부인하던 날을 생각나게 했기 때문이다. 지난 번 대제사장의 뜰 앞에 있었던 모닥불 가에서 있었던 사건이었다. 여럿이 모닥불을 쬐고 있었는데, 두 하녀가 베드로가 예수님을 따라다니던 자라고 알아보았다. 그러나 베드로는 그 사실을 부인하였다. 닭이 울었을 때 베드로는 그가 얼마나 큰 잘못을 저질렀는지 알게 되었다 (요 18:15~18, 25~27). 그 순간의 고통은 예수님을 닮아가기를 원하는 우리 모두가 느낄 수 있는 가슴 뭉클한 것이다. 왜냐하면 우리도 똑같이 우리 마음 깊숙한 곳에서 그분을 부인하였기 때문이다. 때문에 우리는 용서와 치유와 죄로부터 자유롭기 위하여 성령님의 도우심을 받아 기도한다.

건강한 공동체의 일원이 되었을 때, 더 깊은 은혜의 기도 생활로 들어갈 수 있다. 나의 공동체 중의 하나에서 르우벤 잡(Rueben Job)과 노만 쇼우척(Norman Shawchuck)이 저술한 〈기도 안내서〉(A Guide to Prayer)[8]를 읽고 기도하면서 함께 은혜를 나눈다. 함께 만날 수 없을 때는 그 주에 읽은 것들과 우리들의 마음 가운데 어떤 기도와 생각들이 있었는지를 전자 메일로 주고받는다. 그리고 함께 모이게 될 때, 떨어져 있었지만 함께 기도하였기 때문에 우리의 모임이 더욱 풍성하게 되었다. 이것은 함께 기도하는 안전한 울타리 안에 있는 공동체를 더욱 깊이 있게 하는 하나의 본보기일 뿐이다.

모든 효율적인 공동체를 통한 경험의 척도는 얼마만큼이나 하나님의 말씀을 믿고, 성령님의 역사하심을 믿고, 하나님의 사람들이 서로를 위한 기도를 열심히 하고 있느냐에 달려 있다. 기도는 모든 건강한 제자들의 영적 성장을 위한 가장 중요한 필수 요건이다. 예수님이 피워 놓으신 모닥불로 다가 오라. 죄를 회개할 때나 함께 사귐을 통한 은혜의 즐거움을 나눌 때나 기도를 통하여 우리 주님의 새로운 임재를 경험하라.

☞ 원칙 4.3 배움을 위한 안전한 장소

예수님과 제자들이 모닥불 가에서 생선을 구워 조반을 먹으면서 나눈 대화를 상상해 보라. 성경 말씀을 읽으면서 묵상해 본다면, 당신도 예수님의 발아래서 그들이 무엇을 하며 배웠는지 상상할 수 있지 않은가! 예수님의 말씀에 순종하여 그물을 배 오른쪽으로 던짐으로 얻은 믿음의 변화는 예수님의 음성을 듣고 지도자로서 생애가 획기적으로 변화되는 많은 것 중의 하나일 뿐이다. 그들은 그때 부활하신 주님과 새롭게 만난 후의 삶의 변화에 대하여 너무나 하고 싶은 말이 많을 것이다. 하지만 제자들의 신학적인 사상이 장래에 예수님의 제자들에게 얼마나 큰 영향을 줄 것인지를 거의 알지 못했다.

우리는 새로운 삶의 영역과 헌신을 통하여 함께 경험을 나누는 공동체로 모일 때 더 많이 배운다. 예수님과 그의 제자들은 요한복음 21장에 나오는 호숫가에서 아침식사를 할 때와 같이 아주 친밀한 순간들을 함께 나눈다. 그 결과로 제자들은 안전한 장소를 찾아 예수님의 발아래서 질문도 하고 참 진리를 들을 수 있었다. 그들은 많은 것을 배워야 했고, 예수님이 어딜 가든지 항상 함께 해야 하는 것도 알아야 했다.

만약 이런 모임이 없었다면 나의 영적인 깊이는 오늘날보다 훨씬 못하리라고 확신한다. 중요한 정보를 처리하거나, 삶의 짐을 서로 나누거나, 직업을 선택하거나, 가정의 문제들을 결정하거나, 중요한 신학적 진실을 파헤치거나, 함께 기도하거나, 함께 성장하며 배우기 위하여 다른 사람과 손을 잡는 것들은 일례에 지나지 않는다. 나는 이런 성장 과정을 중요하게 생각하고 하나님이 성장을 돕기 위하여 어떻게 다른 건강한 제자들의 삶을 사용하시는지를 알아보려고 노력한다. 당신은 어떠한가?

☞ 원칙 4.4 돌보기 위한 안전한 장소

어떤 사람과 오랫동안 함께 시간을 보낸다면 그 사람을 아주 자세하게 알 수 있을 것이다. 예수님의 제자들은 예수님과 수년 동안 함께 동행했으며 깊이 사랑하게 되었다. 매일의 삶에서 필요한 것들을 서로 통용하였다. 그들은 예수님의 사랑을 독차지 하려고 다툴 때에도 서로를 돌아보았다.

같은 맥락에서, 오늘날 서로를 돌아볼 수 있는 안전한 장소는 기쁘거나 고난을 받는 동안에 다른 사람의 필요를 알고 서로를 위해 그 곳에 있어 주는 데서 나온다. 아내 룻과 나는 지난 17년간 아들 나단이 열두 번이나 수술을 받는 동안 믿음의 공동체 구성원들이 함께 했던 순간들을 잊을 수 없다. 우리 가족은 그 믿음의 성도들이 베풀어 준 음식, 아기 돌봐주기, 꽃, 전화와 기도를 잊을 수 없다. 그들은 우리 부모가 작고했을 때에도 사랑과 도움을 보이게 혹은 보이지 않게 베풀어 주었다. 이것이 바로 건강한 공동체의 열매이고 우리 모두가 경험하기를 원하는 것이다.

돌봄이란 음식, 재정 지원, 긍휼을 베푸는 것과 구체적인 필요를 채워 주는 것이다. 보이지 않는 사랑의 선물들은 은혜를 베풀고, 기쁨을 나누고, 조건 없이 후원해 주는 것들이다. 공동체 안에서의 진정한 사랑은 다른 사람이 당신에게 무슨 말을 하든 어떻게 하든 그 사람을 사랑하는 것이다. 우리가 믿는 형제들과 함께 소중한 공동체 안에서 생활할 때, 사랑의 행위는 마음에서부터 우러나올 뿐만 아니라 그리스도와 그의 신부된 교회에 대한 우리의 진정한 사랑이 되기도 한다.

☞ 원칙 4.5 성장을 위한 안전한 장소

제자들은 언제나 선(善)을 위하여 "성장하는 과정"이었다. 그들이 성장하는 동안에 매일 예수님과 함께 거룩한 땅을 건너가는 건강한 제자들이 되었다. 예수님의 사랑하시는 제자 요한과 그의 동역자인 베드로가 가장 많이 배웠기에 그들은 그리스도께서 시작하신 "새로운 공동체"의 기반을 다짐에 있어서 중추적인 역할을 하였다.

그 새로운 공동체가 초대 교회가 되었다. 사도행전은 교회가 어떻게 늘어났는지, 예수님의 복음으로 어떻게 세상을 완성하기 시작했는지를 말해 준다. 예수님의 처음 제자들로 구성된 작은 공동체는 점점 커졌고, 그 제자도는 그때 이후 폭발적으로 성장하게 되었다. 처음 공동체의 목표는 성장이었는데 그 목표는 우리들의 목표와도 같다.

성장은 변화를 동반한다. 진정한 성장을 경험하기 위해서는 사랑하는 사람들과 작별을 해야 하고 새로운 구성원들을 공동체로 들어오게 하기도 하고, 효과적인 전도를 위하여 쪼갤 수도 있다. 늘 성장해야 하는데, 한 곳에 머물러 있으면 각 개인도 영적으로 성장하지 못하게 된다. 우리는 그리스도인의 공동체 안에서 소그룹을 형성해야 한다. 하지만 종종 이런 변화를 포용하지 못할 뿐 아니라 더 나아가서 변화가 없는 조용한 "좋은 날들"만을 원한다. 그냥 그 그룹에 있는 사람들과 친하게 되는 것으로 만족한다. 하지만 우리는 변화에 대비해야 한다. 할 수 있다면, 작은 그룹의 지도자와 구성원들은 다가올 변화를 예비하며 현재의 삶에서 허락된 풍성함을 즐겨야 한다.

공동체의 구성원들의 변화들은 삶을 더욱 풍요롭게 하고 그리스도 안에서 배우고 성장함에 색깔과 맛을 더해 준다. 현재 당신이 속해 있는 공동체를 즐거워하면서 앞으로 다가올 새로운 형태를 원해야 한다. 믿음으로 기다리면서 마음을 열면 **인생길**의 새로운 기로마다 팔을 벌리고 기다리는 예수님과 그의 제자들을 만나게 될 것이다. 예수님의 품은 이 세상에서 가장 안전한 곳이기 때문이다.

제자의 기도

ᖆ   ᖇ

주 예수님, 당신과 당신의 제자들은 인류 역사상 가장 풍성한 공동

체를 운영하였나이다. 저는 복음이 삶을 변화시키는 배움과 성장을 경험하는 친숙한 공동체를 통하여 전파된다고 믿나이다. 우리 교회 안에서 그와 같은 경험을 하게 해주시기를 원하나이다. 저는 예수님과 진실한 교제를 갖기를 소원하나이다. 제가 속한 작은 그룹을 통한 경험이 당신께로 가까이 가는 귀한 경험이라고 믿나이다.

배움과 성장의 경험이 필요한 믿음의 공동체에 속한 구성원들에게 복음을 전하게 하소서. 당신의 말씀을 깨닫기 원하나이다. 당신의 성령님의 인도하심을 의지하나이다. 당신의 삶을 실천하기를 원하나이다. 저와 같은 마음과 생각을 가진 사람들에게 나의 삶을 나누기를 원하나이다. 당신의 마음과 합하는 우리들의 풍성한 교제를 다른 사람들과 나누게 하소서. 우리의 삶 가운데서 당신이 우리에게 주신 복음의 능력이 역사하게 하셔서 당신의 말씀을 상고할 때와 기도할 때 마음과 손을 함께 잡게 하시고, 서로 돌아보아 당신을 더욱 신뢰하게 하셔서, 삶 가운데서 우리의 근본을 발견하게 하실 뿐 아니라 당신의 사랑을 확인하게 하소서.

당신께서 제자들과 함께 하시던 것처럼 저의 삶 가운데서, 우리 공동체에서, 또 다음 세대에서까지도 함께 하여 주옵소서. 당신은 저의 생명의 주님이시나이다. 저의 믿음의 여정 가운데 모든 배움과 성장을 통하여 보여 주시는 사랑과 인도하심을 기쁘게 믿고 순종하나이다. 그리스도의 사랑에 감사하며, 예수님의 이름으로 기도합니다. 아멘

묵상과 변화를 위하여

건강한 제자는 같은 믿음을 가진 믿음의 식구들과 영적으로나
생활 가운데서 함께 버성기며 성장한다.

1. 요한복음 20장과 21장을 읽고 예수님이 부활하신 후에 나타나셨
   던 사건들에 대하여 적어 보라. 부활하신 주님을 중심으로 무슨
   일들이 생겼었고, 그 결과로 제자들은 어떻게 믿음의 공동체 안에
   서 배우고 성장하였는가? 이 책을 몇 장 읽고, 믿음의 공동체를
   통하여 예수님과 직접적으로 만나 삶이 변화되었던 경험과 그것
   들을 위하여 기도했던 경험을 적어 보라. 이런 경험들이 당신이
   속한 믿음의 공동체에 앞으로 어떻게 영향을 줄 수 있는가?

2. 당신이 속해 있는 교회 안에 있는 작은 그룹들은 영적으로 건강
   한가? 만약 그렇지 않다면 배우고 성장하기 위하여 영적으로 건
   강해야 한다는 것을 어떻게 독려하겠는가? 당신은 작은 그룹에
   속해 있는가? 만약 그렇지 않다면, 그 이유는 무엇인가? 당신이
   그룹에 속해 있다면 그 그룹이 영적으로 건강하기 위하여 적극적
   으로 기도하고 노력하고 있는가?

3. 당신은 **안전**이라는 단어를 소그룹 공동체라는 것에 비추어서 무
   엇이라고 설명하는가? 당신은 앞에서 말한 다섯 가지 원칙을 가
   지고 승리하고 있는가? 거기에 다른 원칙들을 덧붙이기 원하는

가? 만약 당신이 속해 있는 공동체가 더 이상 안전하지 않다면 그 그룹의 영적인 건강과 그 그룹을 살리기 위해 당신은 무엇을 할 수 있는가?

5
사랑과 돌봄의 관계에
헌신한다

건강한 제자는 가정, 직장, 교회 그리고 믿음의 공동체의 구성원
들 사이에 신실한 사랑으로 연결되는 생명력 넘치는 관계를 대단
히 중요시한다.

"내 계명은 곧 내가 너희를 사랑한 것 같이 너희도 서로 사랑하라
하는 이것이니라. 사람이 친구를 위하여 자기 목숨을 버리면 이에
서 더 큰 사랑이 없나니."

요한복음 15:12~13

어릴 때부터 지미(Jimmy)는 나와 제일 친한 이웃 친구였다. 함께
자전거 타기, 공놀이, 수영, 등산, 달리기와 심지어 상점에서 물건을
훔칠 때도 같이 하였다. 상점에서 물건을 훔칠 때라고? 그 말이 너무
심하다면 "주인 허락 없이 물건을 빌린 것"이라고 해 두자.

주인 허락 없이 물건을 빌린 것은 충동적 상황이었기에 옛날이야

기로 접어 두기를 원한다. 실제로 그 상점의 껌과 지우개 몇 개를 주머니에 몰래 넣고 나오다가 지배인에게 들키자 이제 "물건 빌리는 일"을 그만 하기로 결심했다. 우리 어머니들은 이웃에서 일어나는 모든 것을 알고 있는 걸로 보아 우리들이 행한 나쁜 행각들을 이미 알고 있을 것이라고 믿었다. (놀랍게도, 우리 어머니들은 아들들이 했던 일들을 모른 채 세상을 떠나셨다. 이 책을 읽는 어머니들이여, 잘 생각해 보시라!)

아주 더운 날 웃옷을 벗고 신발도 벗은 채, 친구 지미와 바나나 모양의 안장이 달린 자전거를 타고 길 모퉁이를 돌다가 우리들의 우정에 문제가 생겼다. (내 자전거는 은색 안장이 있는 오렌지 색깔이었다.) 우리는 지미의 풀장에서 젖은 몸으로 나온 채 자전거를 타고 동네를 한 바퀴 돌며 몸을 말리려고 했었다.

마지막 모퉁이를 돌자마자, 나는 모래가 덮여 있던 그 길에서 넘어졌다. 지미는 피가 흐르고 있는 다리를 붙잡고 아파하며 누워 있는 나를 두고 그냥 지나쳐 갔다. 그 길은 지난겨울 이후 한 번도 청소하지 않은 채 그 당시 뿌린 모래와 자갈이 그대로 깔려 있었다. 자전거 바퀴는 위로 벌렁 넘어져 있었는데, 이웃집 할머니가 운전하던 차가 고맙게도 멈추지 않았으면 자전거는 자동차 바퀴에 깔려 버렸을 것이다. (이 순간에는 다리를 다친 것은 그다지 중요하지 않다!) 눈물이 울컥 쏟아졌고, 지미가 혼자 가버린 것이 너무 슬펐다. 그 녀석은 어디 갔지?

짝꿍인 친구가 나를 버린 것이다. 그는 너무 놀라서 근처에 있었던 자기 집으로 도망을 간 것이다. 친구를 몹시 다치게 했다는 죄책

감과 무서움 때문에 방에 들어가 문을 걸어 잠갔다. 그는 짝꿍을 실은 구급차가 골목을 떠나 갈 때까지 방에서 나오지 않았다. 그가 그 날 오후에 병문안을 올 때까지 (다리를 싸맨 커다란 붕대를 보러 올 때까지) 나는 그런 사실을 몰랐었다.

지미만 이런 상황에서 도망간 것이 아니다. 한 번은 둘이서 서로 돌을 던지며 놀고 있었다. 누가 더 멀리 던지나 내기를 하고 있었던 적이 있다. (상상해 보라!) 아마 내가 이겼으리라 생각한다. 왜냐하면 내가 던진 돌이 지미 아빠가 새로 산 자동차 유리창을 깨어버렸던 것이다. 그 순간 그 큰 유리가 어떻게 산산 조각이 나는지 볼 수 있었다.

이번에는 내가 도망을 갔다. 방으로 곧장 뛰어 들어가서 내가 왜 그랬을까 하며 울었다. 잠시 후 지미의 아버지가 집 현관에 나타났다. 야단치거나 혼내려고 왔던 것이 아니고 놀랐을까봐 위로하러 왔던 것이다. 비록 내가 바보 같은 짓을 했지만 그분은 은혜를 베풀기 위하여 왔던 것이다. 야단을 맞아야 마땅했지만, 그는 우리 아버지만큼 나를 잘 알고 있었다. 내가 고의적으로 그러지 않았다는 것을 잘 알고 있었다. 그는 또한 꾸짖는 것보다는 용서하는 것이 훨씬 교육적이라는 것을 알았다. 그는 나를 안고 깨어진 유리조각들을 치웠던 차로 갔다. 그는 깨어진 유리창이 깨끗하게 수리될 것이라고 나를 위로해 주었다. 그는 지미나 내가 다치지 않은 것만으로도 감사하다고 하면서 다시는 그런 짓을 하지 않기를 바란다고 했다. 그 일 이후 우리의 우정은 더 깊어졌다. 그의 용서와 회복을 절대로 잊을 수 없다.

우리는 그런 경험을 아주 많이 했다. 그는 나의 제일 친한 친구였고 자연스럽게 서로를 돌보아 주었다. 저녁식사도 집을 바꾸어 가며 같이 했다. 어머니는 영양만을 생각하는 식사를 만들어 주었기에, 후렌치 프라이만 만들어 주는 지미 어머니의 저녁식사를 더 즐겨 했었다. (어머니, 죄송해요. 어린놈들이 야채샐러드와 감자와 우유 한 컵 그리고 간단한 후식을 주시는 영양식을 별로 좋아했겠어요?) 우리는 로빈후드초등학교(Robin Hood Elementary School)에 함께 다녔었는데, 여자친구도, 숙제도, 면도용 크림 등등 무엇이나 같이 통용하였다. 그렇다면 친구란 무엇인가?

위대한 계명

지미와의 우정은 예수님이 제자들에게 하신 것에 비하면 아주 미흡하다. 그분이 "너희는 내가 너희를 사랑한 것 같이 서로 사랑하라"고 명령하실 때, 실제로 본을 보이셨던 것이다—"사람이 친구를 위하여 자기 목숨을 버리면 이에서 더 큰 사랑이 없나니" (요 15:12~13). 그분은 제자들을 위하여 목숨을 버리셨는데, 21세기에 사는 제자들을 위해서도 그렇게 하신 것이다. 당신은 그분의 희생적인 사랑에 대하여 무엇을 할 수 있는가? 당신은 다른 사람에게 그분의 희생적인 사랑을 나누어 줄 수 있는가?

원대한 비전은 그리스도인의 삶에서 **만약**에라는 생각으로 시작된다. 예를 들어, 그리스도인들이 서로 진실한 사랑을 경험한다면? 세상이 우리들의 입술에서 나오는 사랑의 대화만 들을 수 있게 된다면? 모든 관계가 순수한 사랑으로만 연결된다면? 불쌍한 사람들에 대한 사랑이 나 자신에 대한 사랑보다 더욱 많다면? 교회가 모든 사람들에게 주님만 사랑하고, 교우 간에 서로 사랑하고, 또 다른 사람에게도 사랑을 나누어 주게 한다면? 사랑이 감사와 은혜와 부드러움으로 넘쳐난다면?

이런 것들이 예수님이 보여 주셨던 사랑이고, 제자들이 실천하기를 바라셨던 사랑이었다. 그런 사랑과 그분 주변에 흔히 있던 일들과의 차이는 매우 크다. 요한복음에 나오는 이야기를 예로 들어 보자. 예배에 관하여 말할 때 이미 보았던 구절이지만, 사랑에 대하여 어떻게 말씀하고 있는지 다시 한 번 살펴보자.

> 유월절 엿새 전에 예수께서 베다니에 이르시니, 이곳은 예수께서 죽은 자 가운데서 살리신 나사로의 있는 곳이라. 거기서 예수를 위하여 잔치할새 마르다는 일을 보고 나사로는 예수와 함께 앉은 자 중에 있더라. 마리아는 지극히 비싼 향유 곧 순전한 나드 한 근을 가져다가 예수의 발에 붓고, 자기 머리털로 그의 발을 씻으니, 향유 냄새가 집에 가득하더라.
>
> 제자 중 하나로서 예수를 잡아 줄 가룟 유다가 말하되, 이 향유를 어찌하여 삼백 데나리온에 팔아 가난한 자들에게 주지 아니하였느냐 하니, 이렇게 말함은 가난한 자들을 생각함이 아니요, 저는 도적이라 돈 궤를 맡고 거기 넣는 것을 훔쳐 감이러라.
>
> 예수께서 가라사대, 저를 가만 두어 나의 장사할 날을 위하여 이를 두게 하라. 가난한 자들은 항상 너희와 함께 있거니와 나는 항상 있지 아니하리라 하시니라.
>
> 요한복음 12:1~8

얼마나 멋진 사랑에 대한 표현인가? 여기 마르다, 마리아 그리고 나사로가 예수님을 초대하였다. 그분은 그들의 집에 계셨을 뿐만 아니라 그들의 마음 가운데도 자리 잡고 계셨다. 이 사건은 예수님이 사람들이 기다리던 메시야였다는 것을 알게 하였지만, 그분이 받으셔야 하는 합당한 사랑을 드리기를 원하는 이 세 오누이들에게는 그렇게 특별한 것은 아니었다. 마르다는 정성껏 모셨고, 나사로는 새로운 생명을 주시는 기적을 베푸시는 놀라운 은혜를 경험하였고, 마리아는 겸손함으로 예배를 드리는 자가 되었다.

마리아의 마음은 예수님의 사랑으로 가득 차 있었다. 그녀는 일 년치 임금과 같은 값비싼 나드 한 근을 예수님의 발 위에 부었다. 그녀는 머리카락으로 향수를 닦아냈다. 그녀는 마음에 차고 넘치는 예수님에 대한 사랑의 표현을 그렇게 하였고, 향기는 집 전체에 가득 차게 되었다. 향내는 표현할 수 없을 만큼 좋았는데, 주인에 대한 마리아의 사랑이 지켜보는 사람들을 즐겁게 하였다. 뿐만 아니라 마리아의 사랑은 마음이 차갑고 냉담한 사람들에게까지 전달되었다.

마리아는 예수님의 엄청난 사랑에 보답하는 세 가지의 사랑을 보여 주었다. 첫째, 예배 행위를 통하여 **감사하는** 마음을 엿볼 수 있다. 마리아의 사랑은 체면에서 나온 형식적인 것이 아니었다. 그녀가 받았던 엄청난 사랑에 대하여 마음 깊이 감사하는 마음에서 우러나온 사랑을 드렸던 것이다. 마리아가 머리카락으로 예수님의 발을 닦았을 때 체면 같은 것은 생각하지도 않았다. (현숙한 팔레스타인 여인은 절대로 그렇게 하지 않는다.) 그렇다, 결코 그렇게 할 것이라고 상상해본 적이 없다. 사람들이 체면을 생각할 때 마리아는 엄청난 사랑에 사로잡혀서 사람들이 무엇이라 생각하든 상관하지 않았다.

마리아가 보여 준 예수님께 대한 사랑에 관해서는 예수님의 발 앞에서 일어난 장면 그 이상의 것은 추측해야 할 수밖에 없다. 오랫동안 많은 마리아들을 관찰한 결과, 마리아가 보여 주었던 사람들과의 관계를 이어 가는 방법이 바로 예수님께 대한 사랑이 자연스럽게 넘쳐 흘러나온 사랑과 섬김에 바탕을 두었다는 것을 짐작하는 것은 어렵지 않다.

하나님께 감사하는 것은 모든 관계에 대하여 주님께 감사하게 되는 것이다. 가족과 친구와 직장 동료와 교회와 믿음의 공동체 안에서의 깊은 관계는 예수님께 대한 진실한 사랑을 통해 나타나야 한다. 당신 주위의 사람들에 대하여 진실로 감사할 뿐 아니라 그들에게 감사를 표시할 수 있는 여유를 가져야 한다. 관계에 문제가 생기고 어려움이 있을 때에라도 감사하는 관계를 지키는 것이 건강한 관계에 도움이 된다!

둘째, 마리아의 내면에 예수님의 사랑에 대하여 감사하는 **은혜**가 넘치는 것을 볼 수 있다. 값 비싼 향수를 예수님의 발에 부을 때의 겸손함은 예수 그리스도의 은혜일 뿐 아니라 또한 사랑하는 제자들의 은혜에 대한 보답이라는 것이다. 마리아는 예수님이 영광이나 특권이나 왕 되심에 관심이 있으셨던 것이 아니라 그녀의 마음 가운데 구세주로 거하시려는 것에 가장 큰 관심이 있으신 것을 알았다. 그분은 그녀를 놀라우신 사랑으로 사로 잡으셨고, 그녀는 은혜가 충만하여 놀라운 헌신으로 보답하였다. 진정한 사랑은 순수하며 은혜가 충만한 섬김(다음 과에서 다룰 내용)의 본보기가 되는 것이다.

당신은 누구에게 은혜를 베풀어야 한다고 생각하는가? 부모, 배우자, 형제, 친구, 같은 방 친구, 또는 학교 동창생인가? 소속된 그룹의 구성원들 중에서 당신으로부터 은혜의 선물을 받아야 하는 사람이 한 명 이상은 있을 것이다. 기도하는 중에 그 필요를 생각하고 지금 그 사람에게 예수님의 은혜의 선물을 베풀 것을 마음으로 결단을 내릴 뿐 아니라 행동으로 옮기고 (아마 스스로의 의지로는 용기를 내기 어렵겠지만) 삶을 변화시키시는 하나님의 능력으로 상처 받은 마음을 치료하기 시작하라. 주님은 당신이 맺고 있는 관계가 건강하기를 원하시는데, 관계 회복은 거의 대부분 당신이 시작해야 한다. 더 이상 지체하지 말라. 왜냐하면 그 중요한 관계 회복의 시기를 놓치지 않기를 바라기 때문이다.

셋째, **아낌없는** 사랑을 볼 수 있다. 마리아는 가지고 있던 가장 귀한 것을 예수님께 모두 쏟아 부었다 (가룟 유다는 이것을 허비했다고 했지만). 사랑은 것이 치밀하게 계산되는 순간부터 더 이상 사랑이 아니다. 사랑은 모든 것을 주고도 더 줄 수 없기에 안타까운 심정 바로 그것이다. 위대한 단편 소설가인 오헨리(O. Henry)는 "매기의 선물"(The Gift of the Magi)이라는 감명 깊은 이야기를 썼다. 바클레이는 그 사랑의 이야기를 다음과 같이 간추려 말한다:

젊은 미국인 부부 델라(Della)와 짐(Jim)은 매우 가난했지만 깊이 사랑하였다. 두 사람은 각각 매우 소중한 것을 지니고 있었다. 델라의 머리카락은 그녀의 보배였다. 그녀가 머리를 길게 늘어뜨릴 때면 그것은 값비싼 가운처럼 드리워졌다. 짐은 아버지로부터 물려받은 금시계를 가지고 있었는데, 그것은 그의 자존심이었다. 성탄절 전야에 델라는 짐에게 줄 선물을 살 돈이 1달러 87센트밖에 없었다. 그녀는 머리카락을 잘라 20달러에 팔아서 백금으로 된 짐의 귀중한 시계 줄을 샀다. 짐이 저녁에 집에와서 델라의 짧게 깎은 머리를 보았을 때 그는 갑자기 얼어붙은 것처럼 움직이지 못했다. 그것은 그녀의 짧은 머리가 맘에 들지 않거나 그녀를 사랑하는 맘이 없어져서가 아니었다. 실제로 그녀는 더욱 사랑스러웠다. 그는 그녀에게 천천히 선물을 건네주었다. 그것은 그녀의 아름다운 머리를 다듬을 보석이 박힌 값비싼 거북이 등으로 만든 머리빗 세트였다. 그는 그것을 사려고 그의 금시계를 팔았던 것이다. 서로는 상대방을 위하여 줄수 있는 모든 것을 주었다. 진실한 사랑은 모든 것을 주는 것 외에 또 다른 방법은 없다.[1]

아낌없이 주는 풍성한 사랑 이외에 어떤 더 좋은 사랑을 줄 수 있겠는가? 아낌없는 사랑은 다른 사람도 아낌없이 줄 수 있도록 만든다. 나의 친구 파블로(Pablo)는 그가 예수님의 이름으로 다른 사람을 아낌없이 사랑했던 이야기들을 들려 주었다. 나도 마음 가운데서 예수님의 이름으로 아낌없는 사랑을 나누어야 한다는 도전을 받았다. 이 사랑은 전염되고 점점 커져서 주님께 영광이 되는 사랑이다. 생각나는 사람에게 특별한 방법으로 사랑을 전하여 놀라게 해보라. 그것도 풍성하게 아무도 모르게 말이다. 그래서 하나님이 영광을 받으시고 모든 찬양을 받으실 수 있도록.

깨어진 계명—잃어버린 기회

가룟 유다는 예수님의 풍성하신 사랑으로부터 차갑게 등을 돌렸다. 예수님의 사명에 대한 비뚤어진 이해가 그를 사망으로 인도하였다. 마리아의 진심에서 우러나오는 놀라운 사랑을 감사의 표현으로 보는 대신, 그는 그것을 완전히 쓸데없는 낭비의 표현으로 보았다. 마음에 쓴 뿌리를 가지고 있었기에 삶을 비뚤어지게 보았다. 한 번도 마음을 열고 예수님의 사랑을 느껴보지 못했기에 그런 사랑스런 광경을 아름답게 볼 수 없었다.

사람의 관점은 마음과 영혼의 크고 작음에 달려 있다. "우리는 볼 수 있는 것만 본다. 어떤 사람을 좋아하면 그의 조그마한 잘못은 용서할 수 있다. 하지만 그 사람을 좋아하지 않으면 그의 아름다운 행동도 밉게 본다. 비뚤어진 마음은 사물을 비뚤어지게 보게 한다. 다른 사람에 대하여 비판적이고 책임을 전가하게 된다면, 잠깐 멈추어서 그들의 잘못을 찾기보다는 자신의 무엇이 잘못 되어 있는지를 찾아보아야 할 것이다."[2] 이것이 바로 가룟 유다의 문제였다. 그의 마음은 차가웠고 마음속으로 모든 잘못을 마리아의 탓으로 돌렸다.

가룟 유다는 마리아가 값비싼 향유를 허비했다고 비판했을 뿐 아니라 자신을 불쌍한 사람과 가난한 사람을 사랑하는 박애주의자로 위장했다. 가룟 유다가 언제 그렇게 가난한 사람들을 생각했었는가? 예수님은 유다의 마음을 알고 계셨기에 예수님의 시간은 얼마 남지 않았다는 것을 직접적으로 말씀하셨다. 예수님에게는 갈보리의 십자가를 져야 하는 시간이 다가오고 있었고, 제자들은 그때에 예수님께 그들의 헌신을 다짐했어야 했다. 유다는 이런 가장 소중한 기회를 놓쳤고, 영원한 심판만이 그의 앞에 놓이게 되었다.

사랑을 **지금** 행동으로 옮기지 않으면 **나중에** 깊은 후회를 초래하게 된다. 마리아의 값비싼 사랑의 행위는 예수님의 무조건적인 사랑에 대한 보답이었다. 그녀는 그분의 사랑에 대하여 깊은 감사를 표시하지 않을 수 없었다. 그녀는 예수님의 사랑과 용서하심이 절실하게 필요하다는 것에 대하여 마음 깊이 새기고 있었고, 그로 인하여 은혜를 겸손하게 표현하지 않을 수 없었다. 그녀가 그분의 발에 향유를 부었을 때 그녀는 그 향유가 일 년치의 월급만큼이나 비싸다는 것에 대하여 아무런 거리낌이 없었다. 이 얼마나 아름답고 눈부신 사랑의 행위인가? 그녀는 그 순간을 놓치지 않았고 그녀의 변치 않을 즐거움은 영원히 보장되었다.

혹시 가룟 유다가 삶에 나타난 경험이 있는가? 나의 친구 목사는 그에게는 절대로 그런 일이 생기지 않으리라고 생각했었는데, 어느 날 갑자기 함께 사역하던 사람의 옷자락에 그 유다가 나타났던 것이다. 그는 이 사람과 20년 이상이나 친구로 지내고 있었기에 전혀 의심하지 않았다. 그런데 하룻밤 사이에 이 사람이 등 뒤를 칼로 찌르는 것 같은 배신감을 느끼게 하였고, 견디기 어려운 커다란 고통을 주었다. 신뢰와 믿음이 깨어졌고, 오랫동안 함께 했던 좋은 관계에 금이 가게 되었다. 언성이 거칠어지고 거짓된 속성이 튀어나왔다. 진실은 내던져졌고, 은혜나 관용이나 감사 따위는 찾아 볼 수 없게 되었다. 친구 목사가 주 안에서 하나님의 은혜의 임재 가운데로 그의 영혼을 인도하며, 상한 마음을 시원하게 해주는 특별한 민

음의 친구들과 예수님 앞에 다시 나와서 마음의 평정을 되찾는 데는
몇 달이나 걸렸다.

"관계를 깨뜨리는 자, 유다"가 되는 가능성은 죄악으로 꽉 찬 마음 안에 깊숙하게 자리 잡고 있다. 나도 그런 유다를 경험하였었다. 지금부터라도 유다 같은 존재가 되지 말아야 한다. 그런 일이 또 생긴다고 하여도 다시는 어두운 장막 뒤에 숨어 있지 말아야 한다. 유다가 그렇게 파괴적인 것을 알고 있는 이상, 그런 태풍의 소용돌이가 중요한 사역에 휘몰아 쳐서 사역을 어지럽히고 방해하지 않게 되기를 소망한다. 주님, 그런 일이 우리의 관계 속에 나타나지 않기를 소원합니다. 예수님의 이름 안에서 사랑으로 부름을 받은 사람들의 마음과 삶에서 당신의 사랑을 풍성하게 나누어 줄 수 있기를 기도합니다. 이것이 당신에게도 매일 같은 기도가 되기를 바란다.

이보다 더 큰 사랑은 없다

예수님의 계명은 너무나 간단하다: 사랑이다. 예수님이 당신을 사랑하신 것 같이 서로 사랑하라. 그것은 예수님을 사랑하는 것으로부터 시작해서 당신이 관련되어 있는 모든 곳으로 뻗어나간다. 그렇다. 모든 생활 영역과 사람들과의 관계 속에 사랑이 강조되어야 한다. 이것이 하나님의 부르심이요, 세상에 가장 큰 즐거움이 되는 것이다.

예수님이 말씀하신 사랑은 무조건적인 사랑, 즉 **아가페** 사랑이다. 이보다 더 큰 사랑은 없다. 이 사랑은 하나님이 매일의 삶 가운

데 우리에게 부어 주시는 사랑이다. 이 사랑은 세상을 향하여 복음을 전파하기 전에 먼저 서로 나누어야 한다고 그분이 말씀하셨다. 이 사랑은 다른 사람이 나에게 무슨 말을 하든, 어떤 행동을 하든지 간에 무조건 해야 하는 사랑이라고 말씀하셨다. 이것은 내 마음 가운데서 자라나서 나의 생애 가운데 스쳐가는 사람들에게 아름다운 광채로 보여지는 사랑이다. 이것은 또한 예수님의 지체로서, 주님 안에서 형제와 자매인 믿음의 공동체 안에서의 우정 가운데 자연스럽게 흘러넘치는 사랑이다. 당신은 이런 사랑을 오늘도 경험하고 있는가?

대다수의 신자들에게는 교만과 자기의 의(義)라는 죄가 사랑과 섬김의 관계를 가로막고 있다. 자신에게 몰두하여 있으면 긍휼과 자비와 사랑으로 다른 사람들의 필요를 먼저 돌아보는 것이 거의 불가능하게 된다. 당신은 어떤지 모르지만, 나는 안에 있는 교만이 밖으로 나타나려고 기회를 엿보고 있는 것이 너무나 싫다.

나는 나단이 열여섯 살 때 교만이 나를 가로 막고 있던 날을 생생하게 기억한다. 그 날은 토요일 오후였는데, 마지못해 나단을 그의 친구 집에 차로 데려다 주기로 하였다. 다른 곳에 가야 했었기에 이 요청에 대하여 기분이 약간 나빠 있었다.

차에 탔을 때, 나단에게 집 안에 있는 전등을 끄고 현관문을 잠그라고 하였다. 내가 생각할 때는 분명한 명령이었지만, 그는 확실한 대답을 안 하고 머뭇거리고 있었다. 그래서 집으로 들어가 봤더니, 문은 열려 있었고, 전등불들은 그대로 켜져 있었을 뿐 아니라, 뒷문도 활짝 열려 있는 것을 발견하고 매우 언짢아졌다. 이것은 결국 큰 문제가 되었다. 왜냐하면 **나는** 절대로 집안을 이렇게 해놓고 나가지 않기 때문이었다. 나는 차에 돌아와서 나단이 지금까지 한 번도 들어보지도 상상하지도 못했던 욕지거리를 그에게 퍼부었다. 한 번도 무슨 일을 잊어버린 적이 없는 사람처럼 그에게 퍼부었다. 물론 그렇게 하는 것이 아빠로서 상 받을 짓은 아니었다.

격렬한 비난을 퍼부은 후에 우리는 불편한 심정으로 집을 떠났다. 20마일을 운전하여 그를 내려놓고 재미있는 시간을 가지라는 말도 해주지 않고 집으로 왔다. 집으로 돌아온 나는 미안함과 수치심에 휩싸였다. 거울 앞에 섰을 때 내 가슴 한 복판에 **교만**이라고 쓴 네온사인을 볼 수 있었다.

교만이라는 것은 사랑과 섬김의 관계에서 너무나 해로울 뿐 아니라 위험하다. 그것은 관계를 해치는 많은 병의 근원이다. 다른 사람의 실수를 꼬집거나 비판적인 생각을 고집하거나, 다른 사람을 업신여기거나, 절대로 실수를 인정하지 않거나, 수치감, 남의 탓으로 돌리는 것과 남의 이름을 들먹거리는 것들도 여기에 포함된다. 이런 것들 중에 당신에게 해당되는 것이 있는가?

제자들이라면 서로 사랑으로 섬기기 위하여 영적인 건강을 유지하기 위하여, 서로의 관계를 망가뜨리는 것에 대하여 회개하며 통분할 수 있어야 한다. 가족이나 친구들 사이에서 누가 먼저 "죄송합니다"를 해야 하는가? 아니면 그런 말은 아예 사용하지 않고 있는가?

나단을 혼내 준 후에 집에 돌아온 순간, 나 자신을 나무랄 수밖에 없었다. 나 자신에게 대하여 너무나 실망했다. 내가 틀린 줄을 알았기에 고쳐야 한다고 생각했다. 누구나 깜박 잊는 적이 있기에 먼저 사과해야 한다는 것을 알았다. 용서를 구해야 하는가? 그럴 순 없지. 그러나 그렇게 할 수밖에 없잖아? 글쎄. 나를 좀 낮추어야 하지 않을까? 물론이지. 그렇게 하면 우리의 관계가 좋아지겠지? 의심의 여지가 없지. 이런 비슷한 일이 또 일어나지 않을까? 물론 일어나겠지. 똑같은 일이? 그럼. 그렇고 말고. "미안해. 내가 잘못 했어. 날 용서해 줘"라고 하면, 관계는 다시 회복 될 것이고, 이런 일은 계속 일어날 것이다. 당신은 어떠한가? 좀더 적극적으로 하나님을 기쁘시게 해드리는 사랑의 말로 사과할 수 있겠는가? 부디 한 번 해보라!

관계의 연결 고리

맺고 있는 관계의 좋고 나쁨은 매우 단순한 둥근 연결 고리를 연상하면 쉽다. 그것을 삶이라고 생각하고, 그 고리에는 여러 부분이 있는데, 그 한쪽 부분에는 **독립적인** 사람들이 연결되어 있다고 하자. 그들은 다른 사람과 연결을 끊고 사는 사람들이다. 다른 사람들의 도움이 없어도 이 세상을 잘 살 수 있도록 자기들이 모든 것을 가지고 있다고 확실히 믿는 사람들이다. 이 독립형의 사람들은 대부분 따뜻한 사람들이 아니다. 서로 관계를 맺어야 하는 일이나 활동에는 참여하기를 원하지 않는다. 어떤 면에서는 매우 신기하게도 독립적으로 아주 잘 살아가고 있는 사람들이다. 하지만 다른 한 편을 본다면 그들은 사귐에 굉장히 불편하고 마음이 메말라 있다. 이런 독립적인 사람들과 건강한 관계를 지속하려면 매우 힘들다. 왜냐하면 그들은 마음의 문을 아주 단단히 잠그고 있기에 아무도 그 속마음을 들여다보거나 짐작하기 힘들기 때문이다.

또 관계의 연결 고리의 다른 쪽 부분에는 다른 사람에게 **기대어** 사는 사람들이 연결되어 있다. 이런 사람들은 다른 사람과 더불어 살기를 원하는데, 당신은 아마도 그런 사람과 관계를 맺기를 원치 않을 것이다. 이들은 언제나 기회가 주어지면 다른 사람들의 일에 간섭하여 간단한 일들을 어렵게 만드는 사람들이다. 삶을 힘들게 살아갈 뿐더러 다른 사람의 도움을 끊임없이 필요로 한다. 뭔가 부족하고, 줏대가 별로 없고, 기대기 좋아하고, 만족할 줄 모르는 사람들이다. 이들이 우리 주위에 있으면 시간과 힘을 많이 빼앗길 뿐 아니라 우리의 진을 다 빠지게 한다. 왜냐하면 그들은 필요한 것도 많고, 생활의 여러 부분에 도움을 받아야 된다는 생각에 사로잡혀 있기 때문이다. 이런 관계성에 문제가 많이 있는 사람들과 관계를 맺기 원하지 않겠지만, 우리들 중에는 이런 종류의 사람들이 주위에 많이 있다.

이 관계의 연결 고리 가운데 부분에 속하는 사람들은 **상호 의존적** 사람들이다. 이들은 서로 관계를 맺고 사는 매우 건강한 사람들이다. 그들은 다른 사람과 회전문 같은 관계를 가지고 산다. 문이 안으로 들어 올 때는 다른 사람의 도움을 받을 수 있는 여유가 있고, 또 반대로 문이 밖으로 열리게 되면 다른 사람을 도와줄 수도 있다. 양쪽으로 열리는 문과 같은 마음을 가진 사람은 다른 사람과 서로 주고받는 관계를 보여 준다. 상호 의존적인 사람은 때로는 스스로 감당해야 할 때도 있고, 반대로 다른 사람의 도움을 받아야 할 때도 있다는 것을 잘 알고 있다. 말하자면 그들은 융통성과 유연성을 균형 있게 발휘할 수 있다. 상호 의존적인 것을 이해하고 다른 사람이 함께 나눌 수 있는 것들에 대하여 감사하는 사람들과 같이 있을 때면 기분이 좋게 된다.

당신은 이러한 연결 고리 중 어느 부분에 속하는가? 아니면 어느 쪽에 치우쳐 있는가? 당신의 생활의 주변에 있는 건강하지 못한 사람들을 다루는 데 도움이 되기 위하여, 그리고 건강한 관계를 만들기 위하여 어느 쪽으로든지 좀 조정해야 할 필요가 있는 것이 아닌가? 이 연결 고리의 이치를 잘 이해함으로 훨씬 더 건강하고 생동감 있는 쪽으로 변화를 갖게 되고, 당신 주위의 사람들과의 관계의 형태와 강점들을 찾는 데 매우 도움이 될 것이다. 다음은 믿음의 사람들인 우리들의 삶이 서로 연결되어 있다는 사실에 대하여 깊은 관심을 가진 예수 그리스도의 제자들에게서 발견했던 관계적인 사항들 중 몇 가지 특징들이다.

☞ 원칙 5.1 아가페 사랑

모든 제자들은 사랑에 바탕을 둔 마음으로 그들이 다른 사람과의 관계에서 어떤 상태에 있는지를 물어보아야 한다. 사랑을 받고 있는가? 사랑을 할 수 있는가? 관계들은 사랑에 바탕을 두고 있는가? 이와 같은 질문에 긍정적인 답을 할 수 있다면, 아마도 사랑이 무엇인지 충분히 안다고 할 수 있다. 이 모든 질문에 긍정적인 답을 할 수 없다면, 인생에서 가장 필요한 것을 충족시키지 못하고 있는 것이다.

예수님은 제자들에게 사랑할 것을 계속하여 가르치셨다. 요한복음에서 이것을 계속해서 듣고 있다. "새 계명을 너희에게 주노니, 서로 사랑하라. 내가 너희를 사랑한 것 같이 너희도 서로 사랑하라. 너희가 서로 사랑하면 이로써 모든 사람이 너희가 내 제자인 줄 알리라" (요 13:34~35). "내 계명은 곧 내가 너희를 사랑한 것 같이 너희도 서로 사랑하라 하는 이것이니라. 사람이 친구를 위하여 자기 목숨을 버리면 이에서 더 큰 사랑이 없나니" (요 15:12~13). 예수님이 요한복음 21장 15~19절에서 베드로에게 예수님을 사랑하느냐고 계속 물어보셨다. 예수님으로부터 나온 말씀은 양들을 먹이고 치라는 명령으로 귀결되었다. 사랑하고 돌보는 관계는 예수님의 지상 사역 중에서 가장 중요한 사역이었다. 그러므로 우리도 그렇게 해야 한다.

가정 상담 전문가이자 작가인 게리 채프만(Gary Chapman)은 그의 명저, 〈다섯 가지 사랑의 언어〉(The Five Love Languages)[3]에서 우리 각자는 다른 사람으로부터 사랑 받기 위하여 좋아하는 언어를 가지고 있다고 했다. 그는 서로의 배우자, 자녀, 가족과 친구의 사랑의 언어를 배우는 데 시간을 투자한다면 훨씬 더 깊은 사랑을 서로 나눌 수 있다고 하였다. 그가 추천하는 사랑의 언어는 긍정적인 말, 좋은 시간을 함께 보내기, 선물 받기, 상대방을 위하여 헌신하기, 서로를 안아 주기 등등이다. 사랑과 돌보는 관계의 표현은 우리의 관계에 있어서 가장 중요한 것, 즉 사랑의 언어를 발견함으로 시작된다. 당신이 좋아하는 사랑의 언어는 무엇인가? 당신은 주위에서 어떤 때 그런 사랑의 언어를 사용해야 하는지 알고 있는가? 그렇다면 실천에 옮겨서 당신의 사랑을 보여 주라.

☞ 원칙 5.2 절대적인 기쁨

영국의 심리학자이며 상담자인 두 학자가 사람의 감정의 상태를 측정함으로 그 사람의 행복 지수를 나타낼 수 있는 아주 간단한 공식을 만들었다. 1천명을 면접한 후에 행복 지수를 이런 공식(P + E + H)으로 나타냈다: P는 개인 성격(Personal Characteristics—삶에 대한 통찰력, 적응 능력과 쾌활성), E는 생활 상태(Existence—건강, 친구들과 재정 상태), H는 높은 신분(Higher Order—자기 성취감, 기대감과 야망). 좋은 날씨, 가족과 함께 있기, 몸무게를 줄이는 것 등은 여성들의 행복 지수에 영향을 미친다. 남성들은 로맨스, 섹스, 취미, 그리고 자기가 좋아하는 스포츠 팀이 승리하는 것 등을 중요하게 여긴다.[4]

사람들은 이런 것에 대하여 웃을지 모르지만, 오늘날 많은 주님의 제자들은 그들의 행복 지수와 기쁨은 일치한다고 생각한다. 기쁨은 행복을 포함하지만 행복이 기쁨과 일치하는 것은 아니다. 행복은 기쁨의 한 부분이다. 성경적으로 말하면, 기쁨은 하나님께 뿌리를 두고 있다. 시편 기자는 이렇게 표현했다: "아침에 주의 인자로 우리를 만족케 하사 우리 평생에 즐겁고 기쁘게 하소서." 기쁨은 우리가 행복이나 불행에도 **불구하고** 넘쳐나는 하나님의 끊임없는 사랑이다. 좋은 때나 불행한 때나 주님의 기쁨이 생활의 힘이 될 때, 그 가운데서 하나님의 진정한 기쁨을 발견한다. 세계적인 예배 인도자인 그래함 켄드릭(Graham Kendrick)은 "기쁨이라 생각하라"는 예배를 위한 찬양에서 진정한 기쁨의 중요성을 노래한다.

기쁨이라 생각하라

시련이 온다 해도
두려워 말라. 도망하지 말라.
눈을 들어 주님을 보라.
든든하게 힘차게 일어서라.
믿음을 가지고, 믿음으로 행하라.
눈을 들어 주님을 보라.
하나님이 우리 안에서 역사하셔서
우리를 만들어 가고 계신다.
우리를 향한 그분의 사랑으로
우리가 예수님을 닮아 가게 하라.

후렴:
기쁨이라 생각하라.
시련이 다가온다 해도
많은 시련은 당신을 강하게 만드니까.
기쁨이라 생각하라.
그리고 당당히 일어서라.
결국에는 승리의 면류관을 쓸 것이니까.[5]

　기쁨은 행복의 공식에서 얼마나 멀리 있을까? 제자들 사이에 사랑을 위한 명령을 내리기 바로 전에, 예수님은 그들이 포도나무에 붙어 있을 때 삶에 나타나는 열매에 관하여 이미 말씀하셨다. "내가 이것을 너희에게 이름은 내 기쁨이 너희 안에 있어 너희 기쁨을 충만하게 하려 함이니라" (요 15:11). 기쁨은 그리스도에게 붙어 있을 때 가질 수 있는 풍성한 열매이다. 16장에서 예수님은 제자들에게 그분이 세상을 떠나는 슬픔은 얼마 되지 않아서 기쁨, 완전한 기쁨, 아무도 빼앗을 수 없는 기쁨으로 바뀔 것이라고 말씀하셨다. 제자들에게 진정한 기쁨은 다음에 바탕을 둔다: "믿음의 주요 또 온전케 하시는 이인 예수를 바라보자. 저는 그 앞에 있는 기쁨을 위하여 십자가를 참으사 부끄러움을 개의치 아니하시더니 하나님 보좌 우편에 앉으셨느니라. 너희가 피곤하여 낙심치 않기 위하여 죄인들의 이 같이 자기에게 거역한 일을 참으신 자를 생각하라." 그분의 인도하심에 눈을 돌리면, 당신의 마음에 기쁨이 솟아 나와 당신의 모든 관계 속에 흘러넘치게 될 것이다. 야아, 해 볼만 하겠는데!

☞ 원칙 5.3 긍정적인 의사소통

긍정이라는 말이 완전한 사랑의 언어는 아닐지 모르지만 그리스도의 제자는 사랑하는 마음을 가지고 의사소통하는 방법을 배워야 한다. 의사소통을 잘하기 위해서는 **감정 이입**이 일어나야 한다. 감정 이입이 일어나면 상대방의 형편과 감정과 동기를 잘 이해할 수 있다. 사랑하고 섬기는 관계가 되어야 사람들은 "상대방의 형편과 처지"에서 서로 의사소통을 하려는 노력을 하게 된다. 서로 간에 그런 깊이 있는 영감을 세워감으로 관계가 형성되고 건강한 관계를 만들어가는 것이다.

의사소통은 말로만 하는 것이 아니다. 말은 의사소통의 수단 중에 가장 적은 부분을 차지한다. 믿지 않을지 모르지만, 몸짓으로 하는 말이 가장 효과적인 의사소통 방법이다. 상대방의 눈을 보지 않고 말하거나, 팔짱을 끼고 말을 듣거나, 주먹을 불끈 쥐고 흔들며 말하거나, 발을 동동 구르며 말한다면, 우리는 말로만 하는 것보다 훨씬 더 상대방에게 의사를 잘 전달할 수 있다. 더 나아가서, 목소리의 강약과 높고 낮음을 몸짓에 더한다면, 말하는 사람은 의사를 더 잘 전달할 수 있게 된다. 말하는 어조가 힘없고 변화가 없다거나 무조건 큰소리로 외치거나 성난 말로 한다면 전달하고자 하는 의견이 약하게 된다.

내 말을 믿기 어려우면 이렇게 한 번 해보라: 친구와 함께, "난 너를 좋아해"라고 말해보자. 처음에는 상대방의 눈을 바라보고, 두 손을 붙잡고, 편안한 자세로, 세 마디 단어를 똑똑하게 그리고 매력적인 말씨로 얼굴에 미소를 띠고 말해 보자. 그 다음에는 상대방을 보지 말고, 붙잡지도 말고, 딱딱한 자세로 멀리 떨어져서, 아주 건조한 말씨와 불안정한 모습으로 말해 보라. 어느 것이 더 진실하고 더 효과적인가? 잘 할 수 있을 때까지 계속 연습해 보라. 매일 순간마다 긍정적인 말씨와 몸짓으로 마음을 전하는 의사소통이 될 때까지 계속 연습해 보라.

☞ 원칙 5.4 의견 충돌 해소

당신이 둥근 풍선 속에서 살지 않는 한 의견 충돌은 있기 마련이다. 그것을 피할 수 없다. 건강한 제자들은 의견 충돌이 있을 때 그것을 성장의 기회로 받아들인다. 불행하게도, 교회에는 은혜보다는 충돌이 훨씬 더 많다. 사랑의 관계 가운데서 건강하기를 원하며 서로를 돌아보는 제자들이 많은 교회는 의견 충돌을 해소하는 법을 끊임없이 배우게 된다. 중요한 것은 이 기술은 훈련을 통하여 배울 수 있다. 우리는 그렇게 하고 있는가?

〈건강한 교회가 되자 워크북〉(*Becoming a Healthy Church Workbook*)[6]에서 나는 교회 안에서 의견 충돌을 극복하기 위해서 교회 지도자들이 고려해야 하는 몇 가지 원칙을 권하고 싶다. 각자는 주위에서 다툼이 있는 관계를 어떻게 개선하기를 원하는지 정해 둘 필요가 있다. 예를 들면, 상대방에게 죄를 고백할 용기가 있는가? 친척 및 가족과 또는 교회 식구들 사이에서 진정으로 서로를 용서하는 것을 실행에 옮길 수 있는가? 이런 질문들은 다툼이 있는 당사자들의 마음에 물어 보아야 한다. 문제는 다툼을 풀기 위하여 필요한 기술을 배울 뿐 아니라 다툼의 일부에 대하여 책임을 질 용기가 있는가이다.

사람들은 다툼을 해결하려고 할 때, 화해 없이 그냥 끝내려는 경향이 있다. 큰 소리 치며 상대방을 협박하여 무조건 항복하게 하는 사람이 있고, 강한 사람에게 복종함으로 다툼을 해결하고 속으로 분하여 하거나, 어떤 값을 치르더라도 상대방의 필요를 충족시켜 주는 것으로 해결하는 사람이 있다. 타협은 이 세 가지 방법 중 어느 중간에서 해결하는 것이다. 타협할 때는 조금씩 손해와 이익을 서로 나누게 된다. 그러나 다툼을 완전히 해결하는 것은 다른 어떤 것보다 더욱 중요하다. 다툼을 해결하게 되면, 각자가 관계된 단체에 대하여 만족할 뿐 아니라 다른 사람을 돕는 데 더욱 깊은 교제와 감동적인 효과를 갖게 됨으로 당면한 문제의 해결책을 찾게 된다.

대가야 어떻든 간에 당신 앞에 있는 것들에 대한 문제를 해결하기 위하여 비용을 쓰며 노력하는 것은 가치 있는 일이다. 이런 것들을 해결하기 위해 인터넷이나 도서관을 통하여 자료를 찾아보는 것도 좋을 것이다. 감사하게도 교회를 위하여 도움이 되는 많은 자료들이 전략적인 관계 개선을 위하여 힘이 되어 준다.

화해 또는 문제 해결에 관하여 가장 어려운 점은 용서하는 것이다. 루이스 스미즈(Lewis Smedes)는 그의 저서 〈용서의 기술: 용서를 해야 하는데 어찌할 바를 모를 때〉(The Art of Forgiving: When You Need to Forgive and Don't Know How)에서 다음과 같이 용서하는 비결을 간추려 말한다.

예수님은 이 점에 있어서 분명하셨다: 우리는 그의 제자로서 우리에게 죄 지은 자를 용서해야 한다 (마 6:15). 그러나 그들을 용서하지 못했다는 기분이 들 때는 어찌해야 하는가? 그렇다면 진정으로 용서했는지 어떻게 알 수 있는가? 감사하게도 진정으로 용서했는지를 알지 못한다 하더라도 성령님이 우리들이 용서할 수 있도록 인도하신다. 여기서 용서하는 것과 용서했다는 것을 알기 위하여 용서의 실체를 안다면 훨씬 쉬워진다.

1. 용서는 그 동안 잘못한 것과 상처 받은 것을 다시 회복하는 것이다.
2. 용서에 대한 세 가지 실천 사항: 첫째, 똑같이 가져야 할 권리

를 포기하고, 둘째, 우리에게 나쁘게 하는 사람의 인간성을 다시 회복시키고, 셋째, 우리에게 나쁘게 하는 사람이 잘되기를 바라야 한다.

3. 용서하는 데는 시간이 걸린다.
4. 용서하는 것은 망각을 의미하는 것이 아니다.
5. 용서하는 것이 화해로 연결되는 것이 이상적이다.
6. 용서하는 것과 용서 받는 것은 동시에 일어난다.[7]

예수 그리스도의 은혜로 용서 받은 제자로서, 신뢰를 저버리거나, 거친 말을 하거나, 나쁜 행동을 하거나, 연약한 마음에 상처를 주는 사람들을 사랑하고 용서해야 한다. 다른 사람에 대하여 실망한 마음이 영혼을 상하게 하였을 때, 그런 잘못한 것을 용서받기 위하여 성령님의 깨끗하게 하심이 필요하다. 나는 당신이 영적인 관계의 건강을 추구하는 모든 믿음의 제자들이 해야 하는 이 사역을 잘 감당할 수 있도록 기도한다.

☞ 원칙 5.5 여유 있는 시간

그리스도의 몸인 교회 안에서 관계 맺는 모든 사람에게 사랑하고 섬기는 관계를 보여 주려면 시간과 에너지가 너무 많이 소모된다. 21세기를 사는 우리들에게는 시간이 가장 귀중하다. 이 세상이 우리에게 줄 수 있는 모든 멋진 것들을 가질 수 있지만, 가장 좋아하는 것을 즐길 시간이 없다면, 그런 것들은 결국 아무 소용도 없게 된다.

관계가 당신에게 가장 중요한 것이라면 나의 시간을 내 주는 것은 서로에게 줄 수 있는 가장 위대한 선물이 된다. 인생을 다시 설계함에 있어서 당신의 관계를 건강하게 만들기 위해서 시간보다 좋은 선물은 없다. 그렇게 함으로 당신이 생애를 마칠 때 당신이 사랑하는 사람들과 더 많은 시간을 함께 보내지 못한 것을 후회하지 않게 될 것이기 때문이다.

시간의 길이보다는 시간의 질이 더 중요하다는 이론이 있지만, 나는 그 이론에 동의하지 않는다. 사랑과 섬김의 관계를 개선하기 위해서는 시간의 길이와 질, 모두 중요한 요소이기 때문이다. 시간의 길이 + 시간의 질 = 획기적인 관계 개선.

이 책의 후반부에서 창의적인 시간 관리는 어떻게 하는가에 대하여 다룰 것이다. 우리에게는 모두 같은 시간, 즉 하루 24시간과 주 7일이 있다. 매일 어떻게 보낼 것인지, 누구와 같이 되기를 원하는지, 누구와 함께 보낼 것인지, 무엇을 추구하는지를 생각해 보는 것은 현명한 일이다. 당신의 목표가 사랑과 섬김을 더욱 충실하게 하기를 원하는 것이라면, **시간**은 당신의 가장 중요한 자원이라고 말할 수 있겠다. 시간을 잘 사용하면 당신은 예수 그리스도의 건강한 제자가 될 것이다. 그분은 지상에 계시는 동안 그분의 순간순간의 귀중한 시간을 다른 사람들과 영원한 것을 위하여 가장 잘 사용하신 본보기이시다. 우리도 그분과 같이 될 수 있기를 기도한다.

제자의 기도

하나님, 당신이 이 몇 년 동안 내게 보내신 사람들에 대하여 제가 어떻게 느끼는지 알고 계시나이다. 저는 그분들을 하나님께로부터 온 귀중한 선물로 생각하나이다. 제가 오늘날 가지고 있는 상처난 관계를 회복하기 위하여 우리 서로의 중심에 치유와 소망을 주시기를 기도하나이다. 허락하신 건강한 관계를 위하여, 제가 더 깊이 만족하고 이해할 수 있게 하소서.

당신께서는 우리를 위하여 엄청난 사랑의 본을 보여 주셨나이다. 당신을 알고 당신을 사랑했던 많은 믿음의 선배들이 오늘날 본보기가 되었나이다. 저의 삶이 그런 모습을 닮기를 원하나이다. 그리하여 저와 관계를 맺은 가족, 교회, 공동체, 직장 그리고 가까운 친구들 사이에서 엄청난 사랑을 위한 촉매제가 되길 원하나이다.

저는 당신의 아가페 사랑의 도구가 되길 원하나이다. 완전한 기쁨을 소유하기 원하나이다. 다른 사람과의 대화 가운데 감정 이입으로 그들을 지지할 심장을 가질 수 있기를 원하나이다. 다툼을 해결하기 위하여 당신의 도움이 필요하나이다. 어떻게 하면 저의 시간을 잘 할애하여 지혜롭게 당신이 기뻐하시는 쪽으로 갈 수 있나이까? 그래서 다른 사람들에게 더 많은 좋은 시간을 할애할 수 있나이까? 당신의 사랑과 섬김으로 덧입혀 주셔서 당신과 함께 하는 활기찬 영적 경험을 하게 하소서. 그리하여 나를 스쳐가는 모든 사람들에게 당신의 사랑과 섬김을 기쁘게 나눌 수 있게 하옵소서. 영광을 당신께 돌리오며, 예수님의 이름으로 기도합니다. 아멘.

묵상과 변화를 위하여

건강한 제자는 가정, 직장, 교회 그리고 믿음의 공동체의 구성원
들 사이에 신실한 사랑으로 연결되는 생명력 넘치는 관계를 대단
히 중요시한다.

작자 미상의 전자 메일이 사이버 공간에서 나의 주목을 끌었다.
그것을 건강한 관계의 본보기로 생각해 보고자 옮겨 본다.

당신은 세계에서 가장 큰 부자 다섯 명을 알고 있는가? 과거
다섯 명의 헤이즈맨(Heisman) 상(賞)의 우승자를 아는가? 지난
5년간의 미인대회 우승자를 아는가? 다섯 명의 노벨상이나 퓰
리처상 수상자들을 아는가? 다섯 명의 아카데미 여우 및 남우주
연상 수상자들을 아는가? 지난 십 년간에 세계 챔피언들이 얼마
나 돈을 많이 받았는지 아는가?

우리는 어제의 특종 기사는 거의 기억을 못한다. 비중이 작
아서 그런 것이 아니다. 그것들은 그 분야에서 가장 우수한 것
이다. 그러나 그런 기쁨도 곧 식는다. 상을 받은 것도 퇴색된다.
업적도 잊혀진다. 포상과 상장도 버려진다.

이번에는 다른 질문들이다. 당신은 이 질문들에 잘 대답할
수 있을 것이다.

1. 당신이 학교를 잘 졸업할 수 있도록 도와준 선생님들은?
2. 당신이 어려울 때 도와준 세 명의 친구들 이름은?

3. 당신에게 무엇인가 중요한 것을 가르쳐 준 다섯 명의 사람들은?
4. 당신이 특별히 감사해야 하는 몇 사람을 꼽는다면?
5. 당신이 즐겁게 함께 지내는 다섯 명은?
6. 그들의 전기(名記)를 통하여 당신에게 크게 감명을 준 여섯 명의 위대한 사람들은?

이 질문들은 이미 나왔던 질문들보다 좀 쉬운가? 여기서 배울 점은 삶에 큰 영향을 끼친 사람들은 사회적으로 이름이나 돈이나 상을 많이 받은 사람들이 아니다. 그들은 당신을 섬기며 사랑할 뿐 아니라 당신의 마음에 용기를 심어 준 사람들이다.

오늘, 바로 그런 사람이 되기를 결단하라. 위의 질문을 모두 답해 보라. 당신은 이런 중요한 사람들을 삶 속에, 기도 노트 속에 적어 넣기를 원한다. 가능한 많은 사람들에게 감사의 내용을 적어서 보내라. 그들이 사랑과 돌봄의 관계를 통하여 당신의 삶에 얼마나 큰 영향을 끼쳤는지를 알게 하라.

회개의 연습. 당신은 누구와 갖고 있는 작은 충돌 또는 오랜 반목을 해결해야 하는가? 그에게 진정한 회개와 용서를 구하고, 사랑과 섬김으로 망가진 관계를 회복하기 위하여 가장 현명하게 접근할 수 있도록 하나님께 기도해야 한다. "당신 안에 있는 가룟 유다"가 하나님이 원하시는 "내 안에 계신 예수님"의 뜻을 방해하지 않도록 해야 한다.

6
그리스도와 같이 섬기는
종의 모습을 실천한다

건강한 제자는 모든 삶과 사역의 영역에서 예수님처럼 하나님을
높이는 종의 모습을 실천한다.

"내가 너희에게 행한 것 같이 너희도 행하게 하려 하여 본을 보였노라."

요한복음 13:15

　　"마마 넬리"(Mama Nellie) 야보로(Yarborough)는 혼자의 힘으로 1962
년에 미국 매사추세츠의 도체스터(Dorchester)의 오티스필드 가(Otis-
field Street)에 영적으로 무장한 갈보리산홀리교회(Mt. Calvary Holy
Church)교회를 창립하였다. "마마 넬리는 나이를 밝히지 않았으나
일흔 살쯤 되었고, 도시 중심가에서 어려운 살림에도 불구하고 힘과
에너지가 넘쳐흘렀다. 남부에서 온 이 작은 여인은 한 사람이 세계
를 변화시킬 수 있다는 믿음을 가지고 있었다"[1]고 크리스티나 월리
스(Christina Wallace)는 회고하고 있다. 그녀는 지금 교단에서 감독으

로, 학교 교장선생으로, 지역 사회 지도자로 활동하고 있다. 보스턴 주위에 있는 동역자들과 친구들은 그녀를 예수님의 충성된 종으로 사랑한다. 그녀는 실제로 열다섯 살 때부터 그렇게 충성스럽게 주님을 섬겼다.

마마 넬리는 충성스럽게 이웃을 섬기는 모습을 거듭 보여 주었다. 괴로워하는 신자들을 위하여 전화를 걸어 주는 것은 다반사였다. 대부분의 토요일 저녁에 그녀는 이웃들을 모아서 거리를 돌며 창녀들을 꾸짖으며 가장 큰 우범 지역에서 이사할 것을 권유하였다. 매주 목요일과 토요일 아침에는 교회 아래층에서 걸인들에게 따뜻한 식사를 제공하였는데, 그것은 보스턴에서 아침식사를 주는 가장 오래된 급식 시설 중에 하나가 되었다. 학교에서 낙오된 학생들을 모아 가르쳤고, 유방암 방지를 위한 계몽 세미나를 운영하였고, 이웃들 간에 정원의 텃밭을 가꾸어 여름 동안에 신선한 채소를 먹게 하였고, 마약 중독자들의 회복을 위한 프로그램을 아직도 운영하고 있다.

마마 넬리는 1992년에 창설한 기독교 초등학교를 교회에서 운영하기 위하여 낡은 교회를 수리하는 것을 감독하였다. 교회가 어떻게 난방비를 충당할 수 있을까 염려하지 않았다. "난 보수를 받지 않았어요. 차라리 그 돈으로 교회의 비용을 해결하였지요. 힘들었지만 다 감당할 수 있었어요. 하나님은 저에게 늘 은혜를 베풀어 주셨어요"[2]라고 마마 넬리는 말한다.

그녀의 삶에 배어나는 긍정적인 생각이 사람들을 변화시키는 열쇠라고 믿는데, 특별히 어린 아이들의 성장에 관해서는 더욱 그렇게 생각했다. 마마 넬리는 그녀가 풀 수 없는 문제나, 그녀의 기도가 더욱 필요한 아픈 사람이 언제나 주위에 있다는 것을 알지만, 그러나 그녀는 어쨌든 노력한다. 그리고는 만나는 모든 사람들에게 그리스도와 같이 섬기는 종의 모습을 보여 주려고 노력한다. 그녀에게는 어떤 것도 너무 어려운 것은 없다. 이웃의 어떤 어려움이나 사회적인 문제라도 이 믿음의 여인을 두렵게 하지 못한다.

마마 넬리의 이야기는 위대한 오케스트라 지휘자인 레오나드 번스타인(Leonard Bernstein)의 말을 생각나게 한다. "번스타인 씨, 오케스트라에서 제일 연주하기 어려운 악기가 무엇이지요?"라고 그에게 물었을 때, 그는 조금도 주저함이 없이 "제 2악기들입니다. 제 1바이올린 주자들은 얼마든지 찾을 수 있지만, 제 2바이올린이나 제 2프렌치 호른, 제 2플루트를 열정적으로 연주하는 사람을 찾기는 매우 어렵습니다. 아시겠지만, 제 2 악기를 연주하는 사람이 없으면 오케스트라가 안 되지요."

그리스도와 같이 섬기는 종의 모습을 보여 주는 것은 다른 사람의 필요나 문제들을 위하여 제 2악기를 연주하는 것과 같다. 섬기는 자는 무대의 조명을 받는 삶이 아니라 다른 사람의 뒤에서 사는 것이다. 이것이 무엇을 의미하는지 알려면, 예수님이 제자들을 섬기는 자의 삶으로 부르셨을 당시를 생각해 보면 되겠다. 그분을 따르기로 결단한 건강한 제자들은 예수님의 몸(교회)에 조화를 가져다주며 예수 그리스도의 교회 사역에 효과적으로 헌신하는 사람들이다.

충성된 예우

    사전에 나오는 하인이라는 뜻은 "다른 사람이나 일에 헌신적으로 봉사하는 사람"이다. 예수님이 세상에 계실 때, 그분은 하늘에 계신 아버지께 헌신하셨고, 충성된 종으로서 본을 보이셨다. 그분은 변치 않는 믿음으로 소명을 완수하셨고, 섬기는 자의 모습으로 풍성한 사랑을 제자들에게 보여 주셨다.

    제자들을 향한 예수님의 놀라운 헌신의 모습의 극적인 표현 중 하나는 십자가에 못 박히시기 전에 제자들의 발을 씻기시며 보이셨던 충성된 예우를 최후의 만찬에서 보여 주신 것이다. 이렇게 하심으로 그분은 제자들이 다른 사람들을 위하여 어떻게 해야 하는지 본을 보이신 것이다 (요 13:15). 복음서에 나타난 몇 가지 다른 사건들에서 예수님의 성품을 나타내셨고, 또한 놀라운 사랑을 완전하게 보여 주셨다.

    "그분은 고난의 때가 가까운 것을 아셨지만, 그분의 영광의 때가 가까운 것도 아셨다. 그런 마음이 그분을 믿음으로 충만하게 하셨다; 또한 그분은 진리에 대한 위엄과 영광으로 가득한 사랑으로 제자들의 발을 씻기셨다. 그 순간, 그분은 하나님이 내려 주시는 영광으로 충만하심과 동시에 하나님으로부터 오는 고난을 경험하셨다"[3] 라고 바클레이는 말했다.

    밥 프레데릭(Bob Frederich) 목사는 뉴 잉글랜드에서 과거 37년 동안 점점 더 심하게 병으로 고통 받는 그의 사랑하는 아내 노나(Nona)를 위하여 섬기는 종으로 본을 보이고 있다. "노나를 위하여 하인

같은 일을 해야 할 때, 예수님이 **그분의** 신부를 위하여 하신 그 일을 한다는 생각으로 합니다"라고 밥은 말하면서, 그녀의 발을 닦는 일뿐 아니라 대소변을 받아내는 일까지 감당하고 있다. 사랑하는 아내에 대하여 말하는 그의 밝은 얼굴을 보는 것이 바로 기쁘고 하나가 되는 마음으로 그리스도와 같이 섬기는 사람의 얼굴을 보는 것이다.

예수님은 하나님께로부터 오신 것을 아셨고, 하나님께로 가시는 것을 아셨다. 그분은 이 세상에 있는 사람들이나 일들에 대하여 경멸하는 마음을 가지실 수도 있었다. 그분은 곧 하나님께로 가시게 되었기에 이 세상의 사역이 거의 끝나는 것에 대하여 해방감을 가지실 수 도 있었다. 하지만 그것은 하나님이 그분과 함께 계실 때, 즉 그분이 제자들을 더욱 깊게 섬기실 때에 그러했다. 명절날 손님들의 발을 씻은 것은 하인의 집무실에서였다. 왜 제자들은 이것을 먼저 생각해 낼 수 없었을까? 예수님의 위대하심은 그분이 항상 하나님과 가까이 계셨던 것처럼 제자들을 하나님께로 가까이 가게 하셨다는 것이다.[4] 하나님의 마음에 가까이 가면 갈수록, 우리는 주변에 있는 사람들에게 또한 가까이 가게 된다. 예수님은 하나님 아버지께 대한 마음을 제자들을 섬김으로 극적으로 보여 주셨다. 그리하여 제자들은 그것을 영원히 간직하게 되었다.

최후의 만찬에서 누가는 참으로 곤란한 구절을 발견하였다. "또 저희 사이에 그 중 누가 크냐 하는 다툼이 난지라" (눅 22:24). 용서의 십자가를 통하여 바라본다 하여도 믿음의 공동체를 경험한 제자들답지 않게 가장 인간적인 치부를 보였던 것이다. 아마도 그런 다툼이 예수님으로 하여금 그런 극적인 행동을 하시도록 했던 것 같다. 그분의 섬기는 모습으로 제자들의 이기심을 더 확실하게 드러내 주시는 방법을 사용하셨다. 그들의 발을 씻기심으로 제자들은 예수님이 그들에게 기대하시는 것이 무엇인지 깨닫게 하셨을 것이다.

"이 최후의 만찬의 자리에 사람이 들어오면 그 동행자들의 발을 씻겨 주기 위하여 물과 수건은 있다는 것을 보았지만, 그들 중에 아무도 자기들이 그 일을 해야 한다는 섬기는 마음을 갖지는 못 하였다. 그리고 예수님은 매우 분명하게 그들의 부족한 점들을 고쳐 주셨다."[5] 그분은 그들 중에 아무도 할 수 없었던 것을 손수 준비하셨다. 제자들은 자신의 이익에만 몰두하여 아무것도 눈에 들어오지 않았으며, 다른 사람의 권리를 인정하지도 않았다. 예수님이 말씀하셨다. "내가 너희에게 행한 것을 너희가 아느냐?.... 너희가 나를 선생이라 또는 주라 하니 너희 말이 옳도다. 내가 그러하다. 내가 주와 또는 선생이 되어 너희 발을 씻겼으니, 너희도 서로 발을 씻기는 것이 옳으니라. 내가 너희에게 행한 것 같이 너희도 행하게 하려 하여 본을 보였노라. 내가 진실로 진실로 너희에게 이르노니, 종이 상전보다 크지 못하고 보냄을 받은 자가 보낸 자보다 크지 못하니, 너희가 이것을 알고 행하면 복이 있으리라" (요 13:12~17).

주님의 몸 된 교회에서는 사람들이 원하는 "자리"에 자기를 넣어 주지 않으면 자주 문제가 일어난다. 교단의 고위 직분자들이 그들이 원하는 직분이나 부서를 맡지 못하게 되면 그런 일이 생겨난다. 성가대의 대원이 솔로 파트를 맡지 못하게 되면 더 이상 성가대를 안 한다고 한다. 마치 하루 동안에 후보 자리에서 대기해야 했던 선수가 그 다음 날 이후에는 아예 선수 활동을 거부하는 것과 같다. 임기가 끝난 정치가가 그 자리에 더 있으려는 것이나, 실수했다고 화를 내면서 응수를 하거나, 그 실수를 마음에 품고 되갚으려고 생각하는 것 등이다.

우리의 권리나 특권, 평판이나 장래의 운명을 먼저 생각하고 싶을 때, 수건을 허리에 두르시고 제자들의 발 앞에서 무릎을 꿇고 계신 하나님의 아들의 모습은 우리에게 진정으로 섬기는 종된 모습이 어떤 것인지를 깨닫게 할 것임에 틀림없다. 섬김은 필요나 형편이나 소신에 따르는 것이 아니다. 진실한 종은 **다른 사람**에 관하여 희망적이고 발전적인 확신만을 갖는다. 다시 말해서, 예수님의 종 되심을 우리의 섬기는 삶의 중심에 놓는 것은 그분이 본을 보이셨기 때문이다.

제자들이 받았던 왕 같은 대접은 왕 중의 왕이시며, 주 중의 주이신 주님으로부터 받은 것이다. 그분의 왕 되심은 섬기는 모습에서 나타나는 자세와 행위이지 허례허식에서 온 것이 아니다. 어쩌면 발을 씻기시는 모습을 통하여 예수님은 열린 마음들에게 전하고자 하셨던 것을 정확하게 전하셨던 것이다.

예수님이 발을 씻기셨던 의미가 제자들 각자의 마음속에 깊이 새겨졌는지는 불확실하다. 구세주께서 식탁에 걸쳐 앉아 있는 가룟 유다의 지저분한 발을 씻기셨지만, 적어도 그에게는 그 의미가 전해지지 않은 것이 분명하다. 예수님은 유다의 배신행위를 이미 알고 계셨고, 그의 배신의 잔인함이 오히려 예수님의 충성을 통하여 영광에 영광을 더하게 하였다.

예수님의 제자들로서 보여 주어야 하는 것이 바로 이 충성이다. 훗날에 그 날 예수님께 씻김을 받았던 제자들이 세계를 향하여 예수님의 복음을 전하였다. 그들이 복음을 전할 때, 그들은 하나님 자신을 보여 드리는 것 외에는 아무것도 하지 않았다. 마치 한 나라의 대사(大使)가 개인적인 자기의 재능과 자격으로만 나가지 않고, 나라가 임명한 영광과 존귀를 가지고 나가는 것처럼. 그의 말을 듣는 것은 그의 나라의 입장을 듣는 것이고, 그를 대접하는 것은 그의 나라를 대접하는 것이고, 그를 환영하는 것은 그를 보낸 나라의 원수를 환영하는 것이다. 세상에 대하여 그리스도인으로 나아가는 것은 큰 영광인 동시에 커다란 의무가 있다. 우리는 그분을 대신하여 말하고, 그분을 대신하여 행동한다. 영원하신 존귀함이 바로 우리 안에 있다.[6]

이기심 없는 헌신적인 예수님의 사랑은 이 단편의 이야기에 잘 묘사되어 있다. 그분의 관용하심과 용서하시는 방법들은 삶이 메마르고 나 중심적이고 이기심이 가득한 마음으로는 이해하기 어렵다. 하나님의 아들은 상한 심령 가운데 거하길 원하신다. 그분의 품 안에서 삶의 충만함과 활기를 찾을 수 있다. 이제부터 제자들로 부름을 받은 우리는 서로 "왕 같이 섬길" 뿐만 아니라 그분의 이름으로 세상을 섬기라고 부름을 받지 않았는가? 무릎을 꿇고 더 깊이 내려가서 그들에 대한 당신의 풍성한 사랑을 보여 주어야 한다. 그것이 바로 예수님이 원하시는 것이다.

신나게 섬김

　더욱 건강하고 활기찬 삶을 원하는 제자로서 당신은 섬기는 자세를 어떻게 말할 수 있겠는가? 당신은 다른 사람을 섬길 때 신바람이 나는가, 아니면 자신에게 매달려 고통스러워하는가? 오늘날 많은 그리스도인들은 다른 사람을 섬겨야 함에도 불구하고 "자기를 섬김"으로 바뀌었다. 자기 성취, 자기 축적, 자기 만족, 자기 충만, 자기와 자기의 것들 등, 우리 주위에서 일어나는 일에는 등을 돌리고 "나에 관한 모든 것"에 대한 것들을 만족시키기 위하여 열광한다. "네가 원하는 대로 해," "네가 좋을 대로 해," "너 자신을 위하여 살아라." 또는 "너는 오늘 좀 쉬어"라는 세상적인 목소리에 귀를 기울인다. 그리고는 옆집에 사는 믿지 않는 자들과 똑같은 태도로 살아간다.

　리차드 포스터는 〈영적 훈련과 성장〉(Celebration of Discipline)에서 제자들의 섬김에 대하여 한 장 전체를 할애하였다. 그도 예수님이 제자들에게 보여 주셨던 수건과 대야의 목회를 중요시하였다. 그는 자기의 의로움으로 하는 섬김과 진실한 섬김의 차이를 보여주면서, "봉사를 통하여 세상이 부추기는 것들에 대하여 '아니오'라고 할 수 있게 한다. 봉사는 '서열 계층'을 동경하는 우리들의 소원을 없애 준다."[7] 진정한 봉사와 자기 의(義)로 하는 봉사의 차이점은 예수님이 세상에서 사역하는 동안 보여 주신 섬김의 본보기를 이해하고 실천하는 데 도움을 준다.

　포스터는 자기 의로 하는 봉사와 진실한 봉사의 차이점을 다음과 같이 구분한다[8]:

자기 의로 하는 봉사	진실한 봉사
인간적인 노력으로 한다.	하나님이 주시는 힘으로 한다.
"큰 일"에만 관심이 있다.	일이 작고 큰 것에 관계없이 봉사한다.
외부에 나타내고 상급을 바란다.	숨어서 하는 일에 만족을 느낀다.
그 결과에 더 큰 관심이 있다.	결과보다는 하나님의 뜻을 생각한다.
자기가 섬기고 싶은 대상을 선택한다.	사역에 관계없이 봉사한다.
기분과 감정에 좌우된다.	나를 필요로 하는 것에만 초점을 둔다.
일시적이다.	삶의 생활 방식이다.
진실한 마음이 없이 봉사한다.	인내와 사랑의 마음으로 먼저 경청한다.
공동체를 망가뜨린다.	공동체를 세운다. 조용히 진심으로 다른 사람의 필요를 도와준다. 되갚을 것을 요구하지 않는다. 그것은 하나로 묶고, 고치고, 세우는 것이다. 그 결과 그 공동체가 하나가 되는 열매를 맺는다.

　　예수님으로부터 배우고 리차드 포스터에 의하여 표현된 것 같이 다른 사람을 섬기는 것은 의무 사항 그 이상이다. 그것은 삶의 한 부분이다. 하인의 태도는 예수님 같이 섬기는 삶의 훈련에 있다. 우리의 섬김의 모양과 형식과 색깔과 모습은 우리의 매일의 삶에서 얻을 수 있는 생명과 기쁨과 평강을 가져온다.

　　포스터는 더 나아가서 이 훈련이 어떠한 것인지 잘 설명해 준다. 예수님을 따르는 자들에게 섬기는 훈련을 받으며 살아가는 것은 다음에 열거한 것들을 섬기는 것이 편안하다는 것을 의미한다:

◆ 비밀로 함: 이름 없이 조용하게 드린다.

- ◆ 작은 일들: 기쁨을 가져오는 작은 일들을 계속하여 나눈다.
- ◆ 다른 사람들을 보호함: 수군거림이나 비방하지 않는다.
- ◆ 적극적으로 돕기: "내가 당신을 위하여 기도하겠다"로 끝나지 않고 실제로 그 사람을 돕는다.
- ◆ 도움을 받기: 당신이 필요할 때 다른 사람의 도움을 받는다.
- ◆ 관용함: 상식이 있는 그리스도인이다.
- ◆ 친절함: 다른 사람들에게 가정과 마음을 연다.
- ◆ 듣기: 다른 사람들이 말하는 것을 듣는다.
- ◆ 서로 짐 지기: 마음에 상처 받은 사람들과 상처를 나눈다.
- ◆ 서로 은혜 받은 말씀 나누기: 말씀과 생각과 행실로 증인이 되어야 한다. 말씀을 함께 나누고, 함께 기도한다.[9]

전적으로 그분의 제자가 되기를 원하면 생각과, 말과, 행하는 것들에서 예수님의 가르침에 순종해야 한다. 본질적으로 마음을 비우는 것을 배우는 것이다. 즉, 자신의 필요와 문제들을 붙잡지 말고 주위에 있는 어려운 일들을 보고 껴안아야 한다. 진정한 섬김을 실행하지 못하게 하는 방해물들이 무엇인지 알아냈을 때, 우리는 깨끗해지고, 예수님의 사랑을 나타내기 위하여 깨끗하고 투명한 도구가 된다. 그렇게 되었을 때, 더욱 더 잘 섬길 수 있음을 분명히 안다.

왜 발을 닦아야 하는가?

예수님의 사랑을 나타내기 위한 깨끗한 도구가 되기 위하여 섬김에 대한 마음의 상태를 보여 줄 필요가 있다. 제자들의 발을 씻기던 예수님의 이야기를 읽을 때, 다른 사람의 발을 만져야 된다는 생각으로 불쾌하게 될지도 모른다. 나도 지구상에서 가장 못생긴 발을 갖고 있기 때문에 이것을 충분히 이해할 수 있다. 다른 사람의 발을 만지기 싫을 뿐더러, 다른 사람이 내 발을 만지는 것을 절대로 원치 않는다.

예수님을 따라 가기를 원하지 않는 그리스도인 제자가 있겠는가? 50년 동안 살면서 남의 발을 닦아 주는 것을 불편하게 생각하는 사람이 많다는 것을 알았다. 예수님은 섬김에 대하여 좀더 적절한 예를 들을 수 없으셨을까? 등을 긁어 주거나, 어깨를 감싸 주거나, 껴안아 주거나 하는 것으로 해주시지, 왜 하필이면 발을 닦아야만 하셨을까? 발과 마음이 무슨 관계가 있는가?

예수님의 시대에는 지저분한 발이 정상이었다. 길은 먼지도 많았고 진흙투성이였다. 샌들은 쉽게 닳았고, 모든 부분이 약했다. 모든 집의 입구에는 방문객들을 위하여 물동이가 있었고, 여행객의 피곤한 발을 닦아 주는 하인이 있는 집도 있었다. 발은 온 몸 중에 가장 더럽고 계속적으로 씻어야 하는 부분이다. 그래서 당신은 발 닦기를 싫어하지 않아야 하는데, 예수님의 시대에는 언제나 해야 하는 것 중의 하나였다.

오늘날에는 발이 보통 감싸져 있는데, 신발을 3천 개나 가지고 있는 이멜다 마르코스(Imelda Marcos) 전 필리핀 대통령 부인만큼은 아니지만 우리도 많은 신발 중에서 골라 신는다. 우리는 예수님 시대의 사람들이 상상할 수 없는 만큼 많은 샌들과 구두와 운동화를 가지고 있다. 실제로 너무나 많은 신발이 있어서 발을 닦을 필요가 없다는 생각이 든다. 왜냐하면 하루 동안에 그렇게 많이 더러워지지 않기 때문이다. 다른 사람이 내 발을 만지는 것에 대하여 무조건 싫기에 어쩌면 발을 닦아 주는 것이 더욱 의미가 있을지도 모른다.

다른 사람의 발에 대하여 생각하거나 만지거나 말하기 원치 않는 것은 발을 숨기기 위하여 양말을 신어서 가리기 때문이다. 발을 살짝 보이는 것은 우리의 마음 깊은 것을 보여 주는 것과 다름이 없다는 것이다. 다른 사람에게 보이지도 않고 만질 수도 없게 감추는 것은 무엇인가? 혹시 하나님과 또는 다른 사람과 친밀한 관계를 못하도록 우리 자신의 일부를 숨겨 놓은 무엇이 있지는 않은가?

내가 처음으로 세족식에 참여했던 때를 잊지 못한다. 그때는 목사가 된 지 얼마 되지 않아서 하이티로 처음 선교 여행을 갔을 때의 마지막 밤이었다. 우리는 다민족으로 구성된 팀으로 일주일 이상이나 병원에 있는 아이들, 중환자들, 학교, 고아원 등에서 열심히 일했다. 해 뜰 때부터 해 질 때까지 열심히 사역하였다. 우리의 정신은 바짝 긴장되었고, 마음은 일거리로 꽉 차 있었고, 육신과 발은 매우 피곤하였다.

그 여행 동안 집에 가고 싶은 때도 있었고, 그렇지 않은 때도 있었는데, 그러다가 이 불모지와 거기 있는 사람들을 사랑하게 되었다. 한 번은 어떤 곳을 방문하였는데, 어떤 엄마가 자기의 아이가 미국에서 훨씬 더 나은 삶을 살게 해달라면서 맡아 달라고 간청하였다. 그 엄마의 애타는 마음 때문에 나의 마음도 아팠다. 그런 아이들이 계속적으로 나타나게 되자 내 마음은 여러 갈래로 찢어졌다. 그들은 육신적으로, 영적으로 그리고 감정적인 도움이 어느 누구보다도 절실하였다.

그 선교 여행의 마지막 날에 팀의 지도자들이 세족식을 하기로 결정하였다. 우리는 아무것도 모른 채 한 사람씩 어떤 방으로 들어갔다. 먼저 들어간 팀원들이 그 방의 구석에 있었고, 방금 들어오는 사람들을 위하여 기도하고 있었다. 우리 교회에서 함께 갔던 빌 매튜스(Bill Matthews)가 나를 자리에 앉혔다. 그는 아무 말 없이 운동화 끈을 풀었고, 양말을 벗긴 후, 두 손으로 나의 피곤한 발을 잡고 나의 눈을 쳐다보며, 그 선교 여행이 자기에게 얼마나 많은 것을 알게 하였는지, 많은 사역 가운데서 내 안에 살아 계신 예수님의 사랑이 어떻게 역사하는지 보았다는 것을 말하기 시작하였다. 우리는 교회의 아이들 사역에서 함께 일하면서 알게 되었고, 이번 선교 여행을 통하여 더욱 가까워지게 되었다. 그가 함께 경험했던 여러 가지를 한 시간 동안이나 말한 것 같았는데 실제로는 짧은 시간이었다.

나의 마음은 바로 그때 완전히 녹았다. 나를 절제할 수 없이 울기 시작하였고, 눈물을 펑펑 쏟았다. 말할 수 없는 감동이 밀려왔고, 감명 받았던 말들과 지난 한 주간 있었던 장면들과 절박한 환경에서 사는 그 나라의 어린 아이들을 돕기 위하여 다른 사람들의 사역의 필요성을 생각하며 울었다. 빌이 내 발을 붙잡고 닦는 것은 하이티에서 예수님의 이름으로 행했던 여러 가지 봉사에 비하면 아무것도 아니었다. 내 마음을 숨기는 것은 불가능하였다. 왜냐하면 내 마음을 가리거나 숨길 수 있는 시간이 없었다. 발 씻음을 통하여 나는 마음으로부터 해방되었고, 이 엄청난 경험으로부터 드러나는 거룩한 순간은 그리스도인으로서 나의 삶의 어느 부분과도 견줄 수 없을 정도로 컸다.

그 날 밤, 그 "다락방"에서 극적으로 일어났던 것을 체험했을 때, 나는 누가 나의 못생긴 발을 보든지 전혀 걱정하지 않기로 하였다. 사실 그것은 중요한 일이 아니다. 발을 씻는 것 그 자체보다 그 뒤에 있는 깊은 뜻은 우리의 영혼 깊숙한 곳으로부터 섬김의 본을 보여 주기로 작정한다는 것이다. 여러 모양으로 다른 사람을 예수님의 이름으로 섬기고, 또한 그들이 각자의 모양으로 우리를 섬길 수 있도록 해주어야 한다. 경험하는 삶의 변화는 우리를 영원히 변화시킬 것을 믿어 의심치 않는다. 이것이 바로 예수님이 서로를 섬기라고 우리를 부르신 목적이며, 예수님처럼 섬김, 즉 겸손 그 자체이다.

☞ 원칙 6.1 수건과 대야

예수님은 그의 제자들에 대한 다정한 사랑의 표현을 세족식으로 시작하셨고 갈보리에서 십자가를 지심으로 마치셨다. 십자가상에서 예수님은 "오히려 자기를 비어 종의 형체를 가져 사람들과 같이 되었고, 사람의 모양으로 나타나셨으매 자기를 낮추시고 죽기까지 복종하셨으니, 곧 십자가에 죽으심이라" (빌 2:7~8). 지상 사역을 극적인 모습으로 마치게 되셨다. 그것은 그분의 삶의 모습이었고 그리스도인의 모습이었다. 십자가에서 우리 죄를 위하여 단번에 죄

값을 치르셨다는 것을 알고 사는 것보다 더욱 중요한 것은 없다. 그분의 삶과 죽음은 다른 사람을 살리기 위하여 나 자신도 죽어야 한다는 것이다. 다른 사람을 섬기는 자로 태어난 삶, 즉 이 지구상에서 하나님의 구속의 역사에 동참하는 즐거운 특권을 누리는 삶에 대하여 진정으로 "주님, 감사합니다!"라고 할 수 있어야 한다.

빌립보서 2장에서 사도 바울은 예수님의 제자들에게 우리들의 섬김의 자세에서 그분의 겸손함을 본받아야 한다고 하며 "아무 일에든지 다툼이나 허영으로 하지 말고, 오직 겸손한 마음으로 각각 자기보다 남을 낫게 여기고, 각각 자기 일을 돌아볼 뿐더러, 또한 각각 다른 사람들의 일을 돌아보아 나의 기쁨을 충만케 하라"(빌 2: 3~4)고 가르친다. 죄를 용서받은 우리는 하나님 아버지와 올바른 관계를 회복하게 되었고, 성령님의 인도하심으로 다른 사람을 섬기도록 하셨고, 겸손하게 순종함으로 예수님 같이 섬김의 본을 보여 주게 하셨다. 그것은 오직 하나님이 예수님처럼 우리 자신을 온전히 줄 수 있을 만큼 섬기는 능력을 주셨을 때 가능하다.

섬김의 자세를 갖는 것에서부터 모든 것이 시작된다. 우리 마음이 하나님이 부르신 목적에 초점을 맞추지 않으면 우리는 허리를 굽혀 수건과 대야를 집어 들지 않는다. 외국에서 집중적인 선교사 훈련을 받는 동안, 훈련원의 분위기가 그런 자세가 되도록 도움을 주었다. 그러나 매일의 개인적인 삶과 사역에 있어서, 이런 자세는 쉽게 나타나지 않는다. 하나님께 다른 사람들을 섬길 수 있는 마음을 달라고 매일 기도하면 듣고 섬길 수 있는 기회를 주신다. (이때 수건과 대야는 필요할 수도 있고 없을 수도 있다!)

☞ 원칙 6.2 종의 마음

예수님은 종의 마음을 가지셨다. "너희 중에 누구든지 크고자 하는 자는 너희를 섬기는 자가 되고, 너희 중에 누구든지 으뜸이 되고자 하는 자는 너희 종이 되어야 하리라. 인자가 온 것은 섬김을 받으려 함이 아니라 도리어 섬기려 하고, 자기 목숨을 많은 사람의 대속물로 주려 함이니라" (마 20:26~28). 역설적인 것은 그분의 관점에서는 가장 큰 자는 가장 작은 자이고, 종이 가장 크다고 믿어야 하고, 종이 되는 것이 제자들이 해야 하는 첫 번째 모습이다. 예수님은 지속적으로 모두에게 종이 되는 삶을 사셨고, 그분을 따르는 자들도 그분과 같은 모양으로 섬기는 것을 권하셨다.

예수님은 그분의 목숨을 대속 제물로 주셨고, 그분은 제자들에게도 "너희들의 삶을 다른 사람을 위하여 진심으로 주어라" 하시며 부르셨다. 진정으로 섬기는 마음은 말과 행동에 나타나고, 우리에게 다가오는 모든 사람을 대하는 행위로 나타난다. 섬기는 자의 삶의 길은 신나는 길이다. 왜냐하면 그 길은 구부러져서 곡선이 많다. 우리 마음이 예수님께 속해 있으면 언제나 순간적인 기회에도 주위에 있는 사람들을 사랑으로 섬길 수 있도록 준비되어 있다.

마마 넬리가 지난 수십 년 동안 매일 신실한 사랑을 보여 주며 교회의 가족들과 이웃을 섬길 때 많은 비난을 받기도 했었다. 그러나 그 결과로 그녀의 열정적인 이웃 사랑의 마음이 더 뜨거워져서 수많은 사람들에게 전해졌고, 그녀의 수고로 그녀가 섬겼던 많은 심령들을 변화시키는 열매를 맺게 되었다. 마마 넬리가 했던 모든 봉사는 하나님의 영광을 위한 것이었다. 그것은 하나님의 인도하심을 원하는 그녀의 기도와 사랑에서 나온 것이었다.

☞ 원칙 6.3 기꺼이 주고받기

예수님의 제자들은 받는 자로서가 아니라 주는 자로서 부르심을 받았다. 사도 바울은 우리에게 "성도들의 쓸 것을 공급하며 손 대접하기를 힘쓰라"(롬 12:13)고 말한다.

휴가를 마치고 집으로 오는 도중에, 동부 지방을 강타한 눈 폭풍 때문에 여러 시간 동안 비행기가 연착되었다. 마침내 공항에 도착하니 새벽 1시 45분이었는데, 공항으로 마중 나온 친구 데이빗과 캐롤린(Carolyn)을 만났을 때 너무나 기뻤다. 그들이 짐을 찾는 곳에서 집까지 우리를 태워 주었다. 그들은 전날 저녁에도 우리 집의 긴 마당부터 문 앞까지 있는 눈을 깨끗하게 치웠고, 또 공항에서 기다렸다가 바쁜 아침 시간까지 우리를 도운 것을 아까워하지 않았다. 그 당시 우리에게 베풀어 준 그들의 친절을 단순하게 감사하다고만 여겼었는데, 캐롤린의 아버지가 그 전날 사망했다는 소식을 들은 깊은 슬픔 속에서도 예수님의 심정으로 우리 가족을 그렇게까지 먼저 섬겨 준 것을 알았을 때는 너무나 감격하지 않을 수 없었다.

데이빗과 캐롤린은 지난 20년 이상 교제하는 동안에 예수님처럼 섬기는 본을 보여 주었다. 시간이 갈수록 그들은 받는 자보다는 주는 자로 보였다. 그들의 헌신적인 봉사는 사랑의 마음과 신실하게 도움을 주고자 하는 마음으로 이어졌다. 그들이 충성스럽게 섬기려는 마음은 예수 그리스도의 제자로서 본을 보여 주고 있다. 그들은 "받은 것을 드립니다"라고 하였던 성 프란시스의 기도대로 살고 있다. 그들은 베푸는 마음씨 때문에 언제나 부자로 살고 있다.

다른 사람에게 베푸는 것은 여러 가지로 표현된다. 말하자면:

- 다른 사람에게 시간, 노력, 사랑, 선물 그리고 도움을 주는 것
- 다른 사람의 단점이나 까다로운 성격 등에도 불구하고 조건 없이 사랑하는 것
- 다른 사람이 자라고 성숙해지도록 지혜와 영감을 나누는 것
- 외롭고 모든 것을 빼앗긴 사람들에게 친절과 호의를 베푸는 것
- 상을 바라지 않고 표시 나지 않게, 남 몰래, 드러내지 않고 이웃을 섬기는 것
- 은혜롭게 감사하는 마음으로 다른 사람의 섬김을 받는 것

관용으로 다른 사람에게 베풀 때, 우리는 상이나 보답을 바라지 않는다. 그러나 감사의 보답으로 사랑과 친절을 베풀어 줄 때 그것을 감사하게 받을 줄 아는 법은 배워야 한다.

☞ 원칙 6.4 들어 주는 귀

다른 사람에게 줄 수 있는 가장 귀한 선물 중의 하나가 들어 주는 귀이다. 로마서 12장 15절에 "즐거워하는 자들로 함께 즐거워하고, 우는 자들로 함께 울라"고 했다. 감사하게도 나는 들어 주는 아내가

있는 축복을 받았다. 룻은 내가 말하는 어떤 문제나 필요를 시간에 상관없이 들어 준다. 룻은 내가 기뻐할 때 기뻐해 주고, 슬퍼할 때 함께 슬퍼해 주며, 어찌할 바를 알지 못할 때 자기의 의견을 말해 주고, 다른 의견이 필요할 때 도와준다. 들어 주는 귀를 통하여 나를 도와주려는 그녀의 의지는 나를 사랑해 주고 섬겨 주는 가장 큰 선물 중 하나이다.

예수님의 제자들은 대부분 듣기 보다는 말하려고 하고, 질문보다 더 많은 답을 주려고 하며, 의견을 내기보다는 해답을 생각하는 경향이 있다. 불행하게도 오늘날의 예수님의 제자들은 듣는 훈련이 부족하다. 우리는 겸손히 듣기보다는 모든 것을 안다는 식이 되기 쉬운데, 그보다는 주변에 있는 사람들의 심령의 외침을 들어야 한다. 우리는 다른 사람들이 당면하고 있는 어떤 문제나 상황들을 들어 줄 수 있는 자가 되어야 한다. 그들의 마음속에 희망과 위로의 말들을 전해 줄 준비가 되어 있어야 한다.

말하기보다는 듣는 자로서의 건강한 제자들은 다음과 같은 특징을 나타낸다:

- 다른 사람의 말과 생각과 태도와 표현들을 고치거나 나무라지 말고 받아들여야 한다.
- 비밀을 들어 주고 지켜 줌으로 그 사람의 인격을 존중해 주어야 한다. 절대로 다른 사람을 비방하는 말을 해서는 안 된다
- 필요할 때는 단순하게 듣고, 기도하며, 상담하는 것으로 다른 사람들에게 친절을 보여 주어야 한다.

♦ 상대편에 서서 그 상황을 충분히 이해하여, 도움이 되고 격려함으로 희망을 주는 사려 깊은 안내를 제안할 수 있도록 노력해야 한다.

☞ 원칙 6.5 잘 사는 삶

예수님의 제자들은 문제를 만드는 자가 아니라 화평하게 하는 자로 부름을 받았다. 사도 바울은 "아무에게도 악으로 악을 갚지 말고, 모든 사람 앞에서 선한 일을 도모하라. 할 수 있거든 너희로서는 모든 사람으로 더불어 평화하라"(롬 12:17~18)고 하였다.

그리스도인이 된 초창기에, 나를 그리스도께로 인도한 리치 플래스(Rich Plass)는 우리 교회의 지도자들 때문에 깊은 상처를 받은 사람이었다. 초신자이며 고등학생이었던 나도 그를 못 믿고 인정해 주지 않는 교회에 대하여 심히 분개하였다. 자유주의 입장에 서 있는 교회와 복음적인 입장에 서 있는 친구의 신학적인 측면을 충분히 이해하지 못했기에 교회 지도자들에 대하여 잘못된 인식을 갖게 되었다. 그런데 리치는 문제를 부풀리기보다는 화평하게 하는 자가 되기로 하였다. 그는 이처럼 뼈아픈 경험을 통하여 나에게 그의 복음적인 믿음과 자유주의 교회 지도자들의 믿음이 어떤 차이인지에 대하여 가르쳐 주었다. 그 결과, 깊은 실망은 용서와 회복의 기도로 바뀌게 되었고, 나는 그의 예수님 같은 성품을 인하여 더욱 성장하게 되었다.

믿음 생활 가운데서 이런 시행착오를 얼마나 많이 하는지, 특히 믿음의 공동체 안에서 긍휼을 베푸는 마음으로 화해를 시키는 말을 하는 것보다 당을 만들어 그 사이를 휘저으며 문제를 일으키는 것이 얼마나 쉬운지 알고 있는가? 예수님을 높이는 제자들은 문제가 있을 때 화평하게 하는 자로 부름을 받았고 반대 되는 의견이나 낙심한 마음에 부채질하는 사람들의 소리를 듣지 않아야 한다. 하나님의 부르심은 언제나 화평하게 하는 것이고, 무엇보다도 섬겨야 하는 사람들의 필요에 초점을 맞추어야 한다.

예수 그리스도의 종으로서의 마음을 살펴볼 때, 다음과 같은 동기들이 화평하게 하는 자와 섬기는 자가 되어 있는지 가려 줄 것이다:

- ◆ 다른 사람이 영적으로 성숙되는 것에 관심이 있는가?
- ◆ 사람들이 하나님과 또 서로와 화해하기를 원하는가?
- ◆ 화평하게 하는 훈련 과정에서 사랑으로 새겨진 긍휼과 용서로 그들을 인도하고 있는가?
- ◆ 겸손하고, 부담 없이, 화평하게 하는 훈련 과정의 표어처럼 쓰이는 말, "죄송합니다. 내가 옳지 않았습니다. 나를 용서해 주십시오"라고 말할 수 있는가?

섬기는 사역에서 그리스도 같이 된다면, 다른 사람의 발을 닦고 그의 마음을 대변하고, 받는 자로서보다 주는 자로서, 말하는 자보다는 듣는 자로서, 말썽을 부추기는 자가 아니라 화평하게 하는 자로서 살아야 한다. 이것이 당신의 현재의 생활 방식인가? 매일의 섬기는 삶에서 전적으로 성령님의 인도하심을 의지하고 예수님의 이름을 부르짖는 사람들에게는 이것이 불가능한 것이 아니다. 섬기는 자로서 행한 작은 일들이 차곡차곡 쌓이게 되면 삶을 윤택하게 한다. 당신뿐만 아니라 이 시대의 모든 건강한 제자들이 이렇게 할 수 있기를 바란다.

자신에 대하여 죽는 것

당신이 잊혀졌거나, 대접을 받지 못했거나, 무시당했을 때, 당신이 모욕적인 언사를 쓰거나 또는 기분 나쁘게 상대방을 쏘아 버리거나 해치지 않고 마음 가운데 평안을 유지하며 예수님을 위하여 고난을 받았다면, 그것이 바로 **자신에 대하여 죽는 것**이다.

선행이 비방을 받거나 당신의 소원이 무산되었을 때, 당신의 조언이 무시되었거나 당신의 의견이 조롱 받을 때, 마음가운데 치솟아 오르는 화를 누르고 당신을 잘 지켰을 뿐 아니라 인내와 사랑으로 조용히 감수하였다면, 그것이 바로 **자신에 대하여 죽는 것**이다.

부조리와 부당함과 시간을 엄수하지 않거나 화가 나게 하는 것들을 사랑으로 인내하며 견딜 수 있을 때, 쓸데없고, 바보 같고, 터무니없고, 영적으로 무감각한 것들을 맞서야 할 때 예수님이 참으신 것처럼 참을 수 있다면, 그것이 바로 **자신에 대하여 죽는 것**이다.

음식이나 어떤 선물, 의복, 날씨, 사회 문제, 고독 등 어떤 것이라도 하나님의 뜻이라면 만족할 수 있을 때, 그것이 바로 자신에 대하여 죽는 것이다.

대화에서 나를 내세우지 않거나, 선행을 기록하지 않거나, 칭찬을 받는 것이 불편할 때, 자신이 알려지지 않는 것을 진심으로 원하게 될 때, 그것이 바로 **자신에 대하여 죽는 것**이다.

당신의 형제가 번영하고 그의 소원이 다 이루어져 그와 함께 진정으로 마음을 다하여 기뻐하고, 질투하는 마음이나 하나님께 섭섭한 마음이 들지 않을 때, 그것이 바로 **자신에 대하여 죽는 것**이다.

지위가 낮거나 젊은 사람으로부터 지적을 받거나 다시 보고를 해야 할 때, 당신의 마음 안과 밖으로 순종할 때, 마음 가운데 반항이나 원한이 생기지 않는다면, 그것이 바로 **자신에 대하여 죽는 것**이다.

작자 미상

제자의 기도

℅   ℬ

주 예수님, 제가 섬김의 종 된 도를 보여 줄 때, 당신께서 만나는 사람들에게 섬김으로 보여 주신 당신의 놀라운 본을 기억할 뿐 아니라 제 자신의 삶에서 이처럼 중요한 일을 얼마나 소홀히 했는지를 보게 하소서. 사랑과 베풀기와 듣기 그리고 화해하는 것을 방해하는 이기심을 용서하여 주옵소서. 끊임없이 자신의 필요만으로 꽉 차 있는 마음으로부터 해방시켜 주시고, 가족과 교회와 직장과 이웃에게 자신을 내어 주어 섬길 수 있는 기회를 포착할 수 있도록 저의 마음을 열어 주옵소서.

주위에 있는 많은 심령들의 외침을 듣고 제가 잠잠할 때에 저에게 사랑을 구하는 그 사람들과 함께 나눌 수 있는 물질과 시간이 제게 있다는 것을 알게 하여 주옵소서. 수건을 두르고 은혜와 용서의 대야를 들고 다니는 자신의 헌신이 놀랍도록 힘을 북돋아 주는 일에 쓰임 받을 수 있도록 도와주옵소서. 삶에 스쳐가는 사람들에 대한 저의 헌신이 더욱 탄력을 받게 하옵소서. 예수님을 위하여 많은 사람들에게 영향을 줄 수 있는 도구로 쓰임 받기를 원하나이다.

간구하오니, 저를 정결하게 하사 당신의 영광을 드러내는 깨끗한 통로가 되게 하옵소서. 능력이 되시며, 사랑과 긍휼이 많으시며, 모든 사람에게 하나님의 종으로 오신 예수님의 이름으로 기도합니다. 아멘.

묵상과 변화를 위하여

건강한 제자는 모든 삶과 사역의 영역에서 예수님처럼 하나님을 높이는 종의 모습을 실천한다.

1. 지난 주간에 다른 사람들이 어떻게 당신을 섬겼는가? 당신이 섬김을 받은 것과 당신을 섬긴 사람들의 이름들을 적어 보라. 당신은 다음 주에 그들의 사랑을 무엇으로 보답할 것인가?

2. 당신은 앞에 나온 작자 미상의 글인 "자신에 대하여 죽는 것"을 읽는 동안 그리스도인 공동체 안에 있는 어떤 관계에 이런 원칙을 적용하였었는가? 당신의 삶 가운데 "하나님 보시기에" 얼마나 섬기는 자의 본이 되었는가?

3. 로마서 12:9~13을 읽어라. 이 구절들은 섬기는 자의 원칙들 중에서 "받는 자보다는 주는 자"가 되기 위하여 어떻게 하라고 말씀하시는가?

4. 로마서 12:14~16을 읽어라. 이 구절들은 섬기는 자의 원칙들 중에서 "말하기 보다는 듣는 자"가 되기 위하여 어떻게 하라고 말씀하시는가?

5. 로마서 12:17~18을 읽어라. 이 구절들은 섬기는 자의 원칙들 중에서 "말썽을 피우는 자가 아니라 화평하게 하는 자"가 되기 위하여 어떻게 하라고 말씀하시는가?

6. 섬기는 자의 마음 상태를 어떻게 점검해 보겠는가? 예수님의 건강한 종이 되기 위하여, 그리고 다가오는 주간과 달과 새해에 그

분의 마음과 태도와 품행을 표현하기 위하여 무엇이 깨끗하게 회복되어야 하는가?

7. 주님께 위의 질문들과 언행에 대한 생각에 초점을 맞추어 당신의 기도를 적어 보라.

7

그리스도의 사랑을
풍성하게 나눈다

건강한 제자는 믿지 않는 사람들에게 말과 행동에 있어서 예수님의 사랑을 나누어 주기 위하여 모든 기회를 사용한다.

"하나님이 세상을 이처럼 사랑하사 독생자를 주셨으니, 이는 저를 믿는 자마다 멸망치 않고 영생을 얻게 하려 하심이니라."

요한복음 3:16

마리아(Maria), 헥토(Hector) 그리고 콜린즈(Collins)는 매우 특별한 아이들이다. 실제로 그들은 지난 수년간 우리 가족의 중요한 일부가 되었다.

마리아는 엄마와 할아버지, 그리고 두 형제와 함께 살고 있다. 배구, 동화책 읽기, 친구들과 함께 지내기 등을 좋아하고, 주일학교에 잘 출석하며, 여름성경학교에도 참가했다. 그녀는 겨우 일곱 살이지만, 성장 잠재력은 놀랄 만하다. 검고 긴 머리와 아름다운 눈은 그 애를 만나는 사람 모두의 마음을 빼앗는다.

헥토는 부모와 살고 있고, 여섯 형제와 자매들이 있다. 겨우 네 살인데, 아침부터 저녁까지 장난감 자동차와 이웃의 친구들과 노는 것을 즐긴다. 아버지는 자주 직장을 잃고, 어머니는 집안일을 하느라 하루 종일 바쁘다. 헥토는 주일학교에 참석하지만, 그의 삶에서 기도하며 보살펴 주어야 할 필요가 있다. 그 애는 호기심이 많고 기쁨이 가득한 눈으로 자기를 사랑하는 우리 딸 레베카를 좋아하게 되었다.

콜린즈는 이제 막 사춘기에 들어섰다. 단정한 모습과 까만 피부는 주위에 있는 다른 소녀들로부터 눈길을 끌고 있을 만큼 매력적이다. 그는 농장에서 어머니와 두 형제와 같이 살고 있고, 집안일을 돕거나, 땔감을 준비하거나 또는 어머니의 부엌일을 돕는다. 축구와 또 다른 대부분의 스포츠는 콜린즈가 좋아하는 야외 활동이다. 그는 공부를 그다지 잘하는 편이 아니다. 친절한 도움을 받으면 감사의 표시를 한다. 그는 가족을 사랑하는 마음이 있고, 일상생활 가운데서 배우기를 좋아하기 때문에 우리는 그의 앞날이 성공적일 것이라고 믿는다.

마리아, 헥토 그리고 콜린즈의 사진이 냉장고 문에 붙여 있기 때문에 매일 볼 수 있지만 실제로 그들은 페루와 케냐에 산다. 국제 구호 단체를 통하여 우리 가족으로 입양을 하였는데, 그들은 우리의 마음을 사로잡고 있다. 생활비를 보조하고, 편지와 사진들을 보내는 것이 고작이지만, 그들은 자기들을 위하여 우리가 많은 사랑과 기도로 후원하고 있는 사람들이라고 생각한다. 삶의 일부로서 마리아, 헥토 그리고 콜린즈를 보면 다른 사람에게도 그리스도의 풍성한 사랑을 나눌 필요가 있음을 상기시킨다. 그것은 한 번도 방문해 본 적이 없는 이 세상의 다른 쪽에 있는 두 나라에까지 우리 가족의 영역을 넓혀 놓는 일을 하였다.

우리는 자기 마음에 드는 사람들만 지원하고 있으면서도 얼마나 다른 사람을 많이 돕고 있다고 생각하는지 모른다. 이것은 나누며 희생적으로 다른 사람을 도와야 한다고 믿는 건강한 제자들이 해야 할 것 중 "예수님의 이름으로 소자에게 베푸는 한 컵의 물에 지나지 않는" 단지 일부분일 뿐이다. 마리아, 헥토 그리고 콜린즈에게 큰 도움이 되지만 우리에게도—사실 비교적—큰 지출의 한 부분이다. 그러나 이것만이 예수님이 부르신 지상명령을 받은 우리들이 해야 하는 전부는 아니다. 그분의 부르심은 온 세계에 제자를 삼으라는 놀라운 훈련 과정에 참여시키는 것일 뿐 아니라 하나님의 나라에 초청하고, 아버지와 아들과 성령의 이름으로 세례 받게 하고, 가르쳐서 하나님의 말씀과 그분의 뜻에 순종하는 것을 보여 주기 위함이다. 이것이 바로 그리스도의 사랑을 나누는 기쁨이다.

건강한 제자의 원칙은 잘 균형 있게 무장하여 예수님의 증인이 되는 것이다. 그것은 다음과 같다:

- 믿음의 가족 안에서 부모로서, 형제로서, 자녀로서, 친족 간의 구성원으로서 끊임없이 예수님을 높이는 삶을 살아야 하는 것이다.
- 친구들 사이에, 이웃 간에, 직장에서 예수님의 제자로서 합당

한 삶의 모습을 보여 주기 위하여 노력해야 한다. 이것은 말과 행동과 결단과 실행해야 하는 행동들, 문제와 상황과 관계를 통하여 일하는 모습에서 하나님을 높이고 그분이 원하시는 것을 믿음으로 행하는 것들이다.

◆ 도시와 인근 지역의 중심지의 어려운 사람들에게 시간과 노력과 물질을 나눌 수 있어야 한다. 사회적으로 재난을 당해 집이 없는 사람들에게는 잠자리를, 불쌍한 사람들에게는 함께 기도하며 돕는 일을, 생활이 빈곤한 사람들에게는 희생적인 도움을 주어야 한다.

◆ 온 세상에서 예수님의 복음을 전하기 위하여 열정적으로 일하는 사람들로 하여금 계속적으로 힘이 나게 하고, 지지를 받고, 감사하게 되고, 찾아와서 함께 기도하게 해야 한다. 왜냐하면 그들은 가장 최전방에서 앞장서서 일하며, 어두운 세력들과 싸우며, 세상에서 절망적인 상태에서 찾아오는 사람들에게 예수님의 복음을 전하는 사람들이기 때문이다.

◆ 무엇보다 가장 중요한 것들 중의 하나는, 에이즈와 영양실조, 기아, 전쟁, 그리고 빈곤 등으로 고통 받는 사람들과 아이들을 도와야 하는 일이 시급한 영적인 문제들이다.

예수님의 사랑을 나눔으로 각 요소마다 필요에 따라 여러 모양으로 하나님의 역사하심이 나타난다.

◆ 이웃과 친구들과 가족 그리고 직장 동료들에게 복음 전파

- 가난한 주변 마을과 도시에 사는 사람들과의 교제
- 국제적인 선교에 동참
- 세계적인 구제와 개발 프로젝트에 참여

오늘날 세계 곳곳에서는 너무나 많은 도움을 필요로 한다. 지역 사회마다 또 모든 대륙에서 도움이 점점 절실해진다. 도움이 필요하지 않는 곳은 아무데도 없다. 그러므로 할 수 있는 대로 어느 장소에서든지, 무슨 방법으로든지 필요성의 여부를 잘 살펴서 충족시켜야 하는 것이 그리스도의 제자로서 책무이다. 그런데 그런 필요를 충족시키는 것은 오직 그리스도의 사랑이 깊숙하게 자리 잡고 있을 뿐 아니라, 구세주의 도움이 필요한 버림받은 사람들을 찾을 수 있는 감동된 마음에서 우러나오는 노력의 결과이어야 한다. 바로 예수님의 이름으로 냉수 한 컵을 대접하는 마음이고 행동이다.

예수님과 니고데모

다음 구절들을 상고해 보자:

바리새인 중에 니고데모라 하는 사람이 있으니, 유대인의 관원이라. 그가 밤에 예수께 와서 가로되, "랍비여, 당신은 하나님께로서 오신 선생인 줄 아나이다. 하나님이 함께 하시지 아니하시면 당신의 행하시는 이 표적을 아무라도 할 수 없음이니이다." 예수께서 대답하여 가라사대, "진실로 진실로 네게 이르노니, 사람이 거듭나지 아니하면 하나님 나라를 볼 수 없느니라." 니고데모가 가로되,

"사람이 늙으면 어떻게 날 수 있삽나이까? 두 번째 모태에 들어갔다가 날 수 있삽나이까?" 예수께서 대답하시되, "진실로 진실로 네게 이르노니, 사람이 물과 성령으로 나지 아니하면 하나님 나라에 들어갈 수 없느니라. 육으로 난 것은 육이요 성령으로 난 것은 영이니, 내가 네게 거듭나야 하겠다 하는 말을 기이히 여기지 말라. 바람이 임의로 불매 네가 그 소리를 들어도 어디서 오며 어디로 가는지 알지 못하나니, 성령으로 난 사람은 다 이러하니라."

니고데모가 대답하여 가로되, "어찌 이러한 일이 있을 수 있나이까?" 예수께서 가라사대, "너는 이스라엘의 선생으로서 이러한 일을 알지 못하느냐? 진실로 진실로 네게 이르노니, 우리 아는 것을 말하고 본 것을 증거하노라. 그러나 너희가 우리 증거를 받지 아니하는도다. 내가 땅의 일을 말하여도 너희가 믿지 아니하거든 하물며 하늘 일을 말하면 어떻게 믿겠느냐? 하늘에서 내려온 자 곧 인자 외에는 하늘에 올라간 자가 없느니라. 모세가 광야에서 뱀을 든 것 같이 인자도 들려야 하리니."

"하나님이 세상을 이처럼 사랑하사 독생자를 주셨으니, 이는 저를 믿는 자마다 멸망치 않고 영생을 얻게 하려 하심이니라. 하나님이 그 아들을 세상에 보내신 것은 세상을 심판하려 하심이 아니요, 저로 말미암아 세상이 구원을 받게 하려 하심이라. 저를 믿는 자는 심판을 받지 아니하는 것이요, 믿지 아니하는 자는 하나님의 독생자의 이름을 믿지 아니하므로 벌써 심판을 받은 것이니라. 그 정죄는 이것이니, 곧 빛이 세상에 왔으되 사람들이 자기 행위가 악하므로 빛보다 어두움을 더 사랑한 것이니라. 악을 행하는 자마다 빛을 미워하여 빛으로 오지 아니하나니 이는 그 행위가 드러날까 함이요, 진리를 좇는 자는 빛으로 오나니 이는 그 행위가 하나님 안에서 행한 것임을 나타내려 함이라" 하시니라.

요한복음 3:1~21 (고덕체 저자 강조 첨가)

예수님과 니고데모의 대화는 예수님이 사역 초기에 전도하실 때의 이야기인데, 우리는 이 대화를 통하여 매우 중요한 것들을 발견할 수 있다. 이 니고데모는 부자 바리새인으로서 유대인들의 관원이며, 훌륭한 가문 출신이고, 율법에 뛰어난 자였었는데, 밤에 예수님을 만나서 몇 가지 질문에 대해 해답을 얻기 원하였다. 그의 질문들은 예수님이 오신 이후로 그의 생각을 새롭게 바꾸어 놓았다. 그는 예수님과 개인적이고 방해 받지 않는 대화를 나누기 원하였다. 당황한 채로 그는 그 날 밤의 정적 속에서 빛의 아들인 예수님께 나아온 것이다.

예수님과 니고데모의 대화를 살펴보면 굉장히 흥미롭다. 요한은 예수님과 질문하는 사람과의 대화를 묘사하는 데 있어서 특이한 방법을 사용하였다. 그 특이하게 기록한 것들을 살펴보면:

- 질문자가 이렇게 물었다: "랍비여, 당신은 하나님께로서 오신 선생인 줄 아나이다. 하나님이 함께 하시지 아니하시면 당신의 행하시는 이 표적을 아무라도 할 수 없음이니이다." (2절)
- 예수님이 이해하기 어려운 답변을 하셨다: "진실로 진실로 네게 이르노니, 사람이 거듭나지 아니하면 하나님 나라를 볼 수 없느니라." (3절)
- 질문자는 예수님의 답변을 잘 이해하지 못했다: "사람이 늙으면 어떻게 날 수 있삽나이까? 두 번째 모태에 들어갔다가 날 수 있삽나이까?" (4절)
- 예수님이 이해하기 더 어렵게 답변하셨다: "진실로 진실로 네

게 이르노니, 사람이 물과 성령으로 나지 아니하면 하나님 나
라에 들어갈 수 없느니라." (5절)

◆ 이 답변은 설교와 설명으로 이어졌다: "육으로 난 것은 육이요
성령으로 난 것은 영이니, 내가 네게 거듭나야 하겠다 하는
말을 기이히 여기지 말라. 바람이 임의로 불매 네가 그 소리를
들어도 어디서 오며 어디로 가는지 알지 못하나니, 성령으로
난 사람은 다 이러하니라"(6~8절)고 하시며 부연하여 설명을
더하셨다.[1]

　　"거듭남"이라는 말이 즉시 니고데모의 마음을 사로잡았다. 그는 그
말씀을 도저히 이해할 수 없었다. 그가 이해하였던 **아노덴**(anothen)
이라는 헬라어는 다른 뜻이 있었다: (a) 처음부터, 또는 완전히 새롭
게; (b) 다시 시도하다, "두 번째로"; (c) 위로부터, 다시 말하면 하나
님께로부터라는 뜻. 예수님이 이 단어를 사용하신 것은 이 세 가지
의 뜻이 니고데모에게는 혼란스러울 것임을 아셨기 때문이다. "새
로 태어난다는 것은 아기가 새로 태어나는 것만큼 커다란 변화를
경험하는 것이다; 영혼이 처음부터 다시 태어나는 것이라고 밖에
설명할 수 없는 그런 것이다. 새롭게 태어나는 모든 과정은 사람이
할 수 있는 것이 아니고 하나님의 은혜와 능력으로만 될 수 있는
것이기 때문이다."[2] 그렇다면, 이 신실한 바리새인이 어떻게 그의
모든 것을 포기하고 근본적으로 새로운 생각을, 아니 완전히 새로운
사람을 좇을 수 있을까? 그것이 "하나님께로부터"라는 확신이 없었
다면 있을 수 없는 일이었다. 니고데모의 학문적 언어 실력만으로

는 예수님의 사랑으로 전하시는 깊은 뜻을 이해할 수 없었다. 그런 이유 때문에, 계속되는 대화가 그의 영혼 깊이 감화를 줄 수 없었다.

본문 (요 3:14~15)

요한복음 3장 16절(건강한 제자의 특성에서 가장 중요한 구절)의 깊은 뜻을 이해하기 위해서는 예수님과 니고데모와의 대화의 본문을 잘 파악해야 한다. 예수님은 니고데모에게 구약의 민수기 21장 4~9절 말씀을 인용하셨다. "모세가 광야에서 뱀을 든 것 같이 인자도 들려야 하리니, 이는 저를 믿는 자마다 영생을 얻게 하려 하심이니라" (요 3:14~15). 이스라엘 사람들이 광야를 여행하는 동안, 그들은 애굽을 떠난 것을 투덜거리며, 불평하며 후회하였다. 바클레이는 다음과 같이 말한다:

> 하나님은 그들을 벌하시려고 사망의 독과 불뱀 재앙을 보내셨다; 사람들은 회개하고 자비를 구하였다. 하나님은 모세에게 뱀 모양을 만들어서 진중의 장대에 높이 매달게 하셨다. 그 달려 있는 뱀 모형을 보는 자마다 치유함을 얻었다. 그 이야기는 이스라엘 자손들을 감동시켰다. 그들은 그 사건 이후에 구리로 만든 뱀이 어떻게 우상이 되었는지 전하게 되었고, 히스기야 왕 때에는 사람들이 그 구리 뱀에게 제사를 드렸기에 그것을 깨뜨려 버렸다 (왕하 18:4). 유대인들은 우상을 만드는 것이 금지되어 있었는데, 그런 우상을 만들었다는 사실에 대하여 의아하게 생

각하였다. 유대인 랍비는 그것을 이렇게 설명한다. "그 뱀이 생명을 준다고 믿은 것은 아니다. 왜냐하면 모세가 뱀을 만들어 매달았을 때 그들은 모세에게 그렇게 하라고 명령하신 분을 믿었던 것이다. 결국은 하나님이 그들을 치료하셨던 것이다." 치료의 능력은 그 구리 뱀에 있었던 것이 아니었다. 그것은 단지 그 백성들의 마음을 하나님께로 돌이키기 위한 상징적인 것이었고, 하나님을 믿었을 때만 고침을 받았던 것이다.[3]

사람들의 마음을 하나님께로 돌리기 위하여 구리 뱀을 들어 올린 것과 똑같은 방법으로, 예수님이 그렇게 되실 것이라고 니고데모에게 설명하셨다. 예수님이 나무에 달리셔야 하는데, 그렇게 될 때 사람들은 마음과 영혼을 그분에게로 돌려서 그분을 믿게 되고, 치료받게 되고 영생의 선물도 얻게 되는 것이다.

예수님이 십자가에 위 **그리고** 영광 가운데 높이 들리시게 되었다. 이 두 "들림"은 뗄 수 없이 연결되어 있다. 십자가에 달림이 없으면 영광도 없다는 것이다. "예수님은 십자가가 영광을 받으시는 길이었다. 그분은 그것을 쉽게 거절할 수도, 모면할 수도, 기피할 수도 있으셨지만, 그렇게 되면 영광에 이르지 못하게 되시는 것이다. 이것은 우리에게도 똑같이 해당된다. 원하면 쉬운 길을 택할 수도 있고, 모든 그리스도인들이 감당해야 하는 십자가를 거절할 수도 있지만, 그렇게 되면 영광을 얻을 수 없다. 십자가가 없이는 영광의 면류관도 없다는 것은 우리 그리스도인들에게는 변할 수 없는 법칙이다.[4]

그러므로 예수님의 십자가 중심의 삶을 살고자 하는 그리스도인은 다른 두 가지 중요한 원칙들을 확실하게 붙잡는 것이다. 즉 예수님을 믿는 것과 영생을 경험하는 것이다. 예수님을 믿는 것은 믿음 생활의 시작이다. 그것은 예수님이 선포하신 것—하나님이 우리를 사랑하시고, 돌보시며, 우리의 죄를 용서하시기를 원하시며, 하나님에 관한 절대 진리에 관하여 말씀하시기 위하여 우리에게 오신 분이 하나님의 아들 예수님이시라는 것을 온 마음을 다하여 믿는 것을 의미한다. 요한복음 3장 1~15절에서 예수님이 "진실로 진실로 네게 이르노니"라는 똑같은 말씀을 세 번이나 하셨다. 예수님을 믿는 것은 그분이 진리라고 믿는 것이다. 그 결과 우리는 예수님의 말씀이 진리라는 사실을 주장할 수 있다. 예수님을 믿는 것은 하나님이 사랑하시는 아버지라는 것과 예수님이 그분의 독생자이신 것과 예수님은 하나님과 인생에 관하여 진리를 가르치는 분이신 것을 알고, 사랑과 순종의 열린 마음과 확실한 믿음으로 반응하는 것이다.

예수님을 믿을 때 그분이 주시는 선물이 영생이다. 영생은 하나님의 생명이다. 영생을 소유하게 되면 우리의 삶의 모든 관계에 있어서 화평으로 덧입혀진다.

- ◆ **하나님과 화평**: 우리는 더 이상 폭군 앞에서 벌벌 떠는 인생이 아니고, 엄중한 판사 앞에서 숨을 곳을 찾을 필요가 없다. 우리는 아버지의 집에 있기 때문이다.
- ◆ **다른 사람과 화평**: 용서 받은 인생인 우리는 용서해야 한다. 그분의 평강 안에서 다른 사람을 볼 때 하나님이 그들을 보시는 눈으로 보아야 한다. 이것이 우리를 하나님의 가족으로 부

르는 것이고, 서로 사랑으로 연결되게 하는 것이다.

- ◆ **삶에 평안**: 아버지 하나님이 모든 일을 합력하여 선을 이루신 다. 사랑이 많으신 아버지는 자녀가 쓸데없는 눈물을 흘리지 않게 하신다. 우리는 삶에 대한 모든 것을 이해할 수는 없지만 삶에 대하여 원망하지도 않는다.

- ◆ **우리 자신과 화평**: 우리는 비록 연약함과 미혹과 해야 하는 일 들과 해야만 하는 일들에 싸여 있지만, 모든 것이 우리 편에 계신 하나님과 함께 감당한다는 것을 알고 있다. 이제는 내가 사는 것이 아니라 내 안에 계신 예수님이 사시는 것이다.

- ◆ **영원과 화평**: 예수님을 믿음으로 이 세상에서 장차 오실 영원 한 평강의 그림자로서의 풍성한 평강을 누린다. 이것이 이 세 상과 천국으로 가는 행로(行路)에서 소망이요 목적이다.

결론 (요한복음 3:16)

예수님은 그의 메시지의 중요한 뜻을 충분히 인식하신 채, 앵커 맨 폴 하비(Paul Harvey)가 종종 말했던 "나머지 이야기"(the rest of the story)처럼 말씀하심으로 니고데모와 주고받으신 대화의 핵심으로 곧바로 들어가셨다. 한 마디로 "누구나 아는 이야기"인데, 아는 모든 사람에게 전해야 하는 복음의 진수이다. 누구나 아는 유명한 한 구절, 그리스도인의 길을 가기 시작할 때 외우는 구절, 진리의 모든 것을 말해 주는 구절, "하나님이 세상을 이처럼 사랑하사 독생 자를 주셨으니, 이는 저를 믿는 자마다 멸망치 않고 영생을 얻게 하려 하심이니라"는 구절이다.

　결론을 먼저 말하면, 구원에 관하여 말할 때, 하나님이 모든 것을 주장하신다는 것이다.

　　하나님이 시작하셨다. 그분의 아들을 보내셨는데, 사람을 사랑 하셨기에 그 아들을 보내셨다. 복음의 배경에는 모든 것에 하 나님의 사랑이 있다. 하나님은 그분 자신을 위할 뿐만 아니라, 우리를 위해서, 그분 자신의 능력을 과시하기 위함도 아니고, 우주를 발등상에 놓기 위함도 아니고, 다만 그분의 사랑을 실 천하시기 위함이다. 하나님은 방황하는 자녀들이 집으로 돌아 올 때까지 행복할 수 없는 아버지이시다. 그분은 자녀들을 불 쌍히 여기시고 그들을 사랑으로 초대하신다. 그것은 하나님의 사랑이 얼마나 넓은지를 가르쳐 준다. 그것이 바로 하나님이 그토록 사랑하시는 세상이다. 그 세상은 선한 민족이 아닌, 그 분을 사랑하는 사람들만도 아닌, 세상에 있는 모든 사람이다. 사랑 받지 못할 사람이거나, 사랑 받을 수 없는 사람이거나, 아무도 사랑할 수 없는 사람이거나, 하나님을 사랑하는 사람이 거나, 하나님을 생각해 본 적이 없는 사람이거나, 하나님의 사 랑 가운데 거하는 사람이거나, 하나님의 사랑을 거절한 사람이 거나, 모두 다 하나님의 크고 넓으신 사랑 가운데 있다. 성 어거 스틴이 말한 바대로 "하나님이 마치 나 하나만 사랑하시는 것 처럼 사랑하신다"이다.[5]

　니고데모에 대한 예수님의 초청은 우리에게도 하시는 초청이다.

예수님으로 오신 삼위일체의 하나님이 무엇보다도 우리를 그분의 품 안으로 들이며 그분의 가족으로 만들기를 원하신다. 이 초청은 그분이 다시 오셔서 우리를 영원한 영광으로 불러들이실 때까지 세상의 구석구석의 모든 민족에게 해당된다. 하나님이 보내신 이 놀라운 사랑의 초청보다 더 큰 사랑이 어디 있겠는가?

선택 (요한복음 3:17~21)

예수 그리스도 안에서 구원의 선물을 받기 위하여 선택해야 하는 것은 기독교 신앙의 가장 큰 모순 중의 하나일 것이다. 여기서 우리는 사랑과 심판의 모순을 배운다. 예수님의 숭고한 사랑에 대하여 계속 듣는 것은 그분의 사랑을 거절한 사람들의 비참한 현실을 직시하기 위함이다. 어둠을 선택한 사람들의 종말은 심판과 영원한 저주이다.

우리는 대체로 어두운 화제는 말하거나 듣기 싫어한다. 구세주와 사랑의 대면을 하였던 니고데모를 위한 하나님의 선택은 너무나 분명하다. 어떤 사람이 예수님과 대면하여 따졌을 때 그 사람을 사랑스럽게 보아 주신다면, 그는 분명히 구원의 길에 있게 된다. "그러나 만약, 예수님이 사랑스럽게 보지 않으신다면, 그는 유죄가 된다. 그가 따진 것으로 인하여 유죄가 된 것이다. 하나님은 사랑으로 예수님을 보내셨으며, 인간의 구원을 위하여 보내셨다. 그러나 그 사랑하심으로 보낸 것이 비난 받게 되신 이유였다. 하나님이 인간에게 유죄를 선고하신 것이 아니다. 하나님은 인간을 사랑하기만 하셨는데, 인간이 스스로가 유죄를 선고하게 하였다."[6]

　예수님을 미워한다는 것은 빛보다는 어두움을 사랑한다는 뜻이다. 예수님께 대한 사람들의 반응에 의하여, 그 사람은 빛 가운데 서게 되며 그 영혼은 완전히 드러난다. 사랑과 애정으로 예수님을 본다면, 비록 휘황찬란하거나 열정적이 아닐지라도, 그런 사람은 희망이 있다. 그러나 예수님을 완전히 무시한다면 스스로를 지금부터 영원까지 정죄 아래 있게 만든다.

　예수님은 참된 진리로서 니고데모에게 말씀하셨고, 우리는 그의 반응에 대한 이야기를 어깨 너머로 듣는다. 영원한 생명은 이 구도자에게 말씀과 믿음을 따라 안착하게 되었고, 그 이후로 구도자마다 같은 방법으로 영생을 받게 되었다. 예수님이 니고데모에게 말씀하신 것은 그의 마음속에 있던 믿음의 우주를 뒤집어 놓았다. 그는 호기심 많은 질문자였고 분명히 영적인 안목을 가진 사람이었다. 그 이후, 그를 나중에 다시 소개한 몇 구절을 제외하고는 그에 대해 아는 것은 거의 없다. (요한복음 7장 50~52절은 예수님께 대한 니고데모의 정직한 마음을 보여 주고 있는데, 동료들 앞에서 그가 자신의 견해를 설명하는 위험을 감당하였다. 요한복음 19장 38~42절에서 좀 늦은 감이 있지만, 아리마대 요셉이 예수님의 장례를 준비할 때 그분께 대한 그의 사랑을 보여 준다.)

　니고데모가 보여 준 반응과 관계없이 우리는 예수님이 사셨고, 가르치셨고, 결과적으로 세상을 변화시키신 복음을 확실히 안다. 그때부터, 제자들은 예수님이 다시 오실 때까지 끝없는 입 소문으로 시작되었던 복음을 따르는 것이었다. 곧 오실 영광을 위하여 하나님께 찬양드린다.

예수님이라면 어떻게 하실까?

요한복음의 초반에서 예수님이 첫 번째 제자를 어떻게 뽑았는지에 대하여 읽었다. 요한복음 1장 35~51절에서 저자는 예수님을 따르는 사람들이 어떤 부류의 사람들인지 살짝 보여 준다. 예수님을 만난 후 안드레가 했던 첫 번째 신나는 일은 "자기의 형제 시몬을 찾아 말하되, '우리가 메시야를 만났다'"(41절)고 한 것이다. 예수님이 빌립을 찾으신 후, "빌립이 나다나엘을 찾아 이르되, '모세가 율법에 기록하였고, 여러 선지자가 기록한 그이를 우리가 만났으니 요셉의 아들 나사렛 예수니라' (45절). 메시야에 의하여 열두 제자들이 선택되었고, 그 결과로 함께 된 무리는 혁명을 시작하게 되었다.

21세기 제자인 아이얀(Iain)의 비공개된 전도 사역은 최근에 구도자가 되었고, 오랜 직장 동료인 그래함(Graham)과의 관계를 포함하고 있다. 두 사람은 일주일에 한 번씩 만나서 하나님의 말씀을 공부하고, 그래함의 가족 안에 일어나는 많은 중요한 문제들, 장래 문제들 그리고 무엇보다도 예수님의 사랑에 대하여 개인적으로 친밀하게 서로 대화하였다.

케빈(Kevin)과 릴라(Leila)의 직장 동료인 바나비(Barnaby)와 그의 부인 조앤(Joanne)이 특별한 영적인 상담을 받을 준비가 될 때까지 그들은 서로 좋은 관계를 유지하여 왔다. 바나비와 조앤은 지난 수년 동안 사귀어 온 진정한 그리스도인들인 케빈과 릴라에게 그들의 인생에서 가장 근본적인 질문인 믿음에 대해 물어보았다. 대화는 매우 흥미 있게 진행되었다. 실제로 마음이 변화되고 있으며, 하나님의 나라의 문턱에 매우 빠른 속도로 가까이 가고 있는 바나비와 조앤이 예수님을 증거하는 삶을 살고 있는 케빈과 릴라에게 기쁨으로 다가가고 있다. 믿음이 좋은 전도자인 케빈과 릴라는 수년 동안 알고 지내는 사람들에게 주님과 동행하는 것에 관하여 마음을 열고 대화를 통하여 예수님을 증거하며 섬길 수 있는 기쁨을 발견하였다.

동네 수영장에서 폴(Paul)의 수영 친구들은 그리스도의 사랑을 전할 수 있는 기회의 온상을 마련해 주었다. 폴은 지난 수년 동안 같은 사람들과 수영을 즐기고 있었고, 그들은 믿음에 관한 관심을 점점 더 많이 가지게 되었다. 아직은 아무도 구원 받는 믿음까지는 자라지 못하였지만, 이 사람들과의 관계는 놀랄 만큼 활기 있게 발전되고 있다. 폴은 재치가 있고, 하나님을 깊이 사랑하며, 세계적으로 잃어버린 영혼에 대하여 관심이 많고, 그의 복음 증거는 어디서든지 담대하다. 그렇다. 동네 수영장에서까지 말이다.

밥(Bob)과 베티 잭스(Betty Jacks)는 이것들을 "하나님의 약속들"(이 주제에 관하여 그들이 쓴 두 권의 책이 있다: 〈당신의 집, 등대〉(Your Home A Lighthouse)와 〈하나님의 약속들〉(Divine Appointments))[7]이라고 한다. 하나님의 약속들은 계속해서 만나는 사람들―가족, 이웃, 지역 사회, 직장, 학교 그리고 살아가는 동안 스쳐 만나는 수많은 사람들―과의 연결 고리들이다. 이런 가운데 우리는 마음 깊은 곳에서 우러나오는 하나님의 사랑을 매일 만나는 다른 사람들에게 전하는 귀한 특권을 갖게 된다.

전도하는 일은 개인적으로 하는 말씀과 기도와 묵상처럼 매일 하는 훈련이다. 이것은 영적인 훈련을 위한 세 번째 특성에 들어 있다. 메인 주에 사는 친구 애니(Annie)는 그 날 하루 동안 그녀에게 스쳐가는 사람들에게 예수님의 이름으로 복음을 전할 수 있기를 매일 하나님께 기도한다. 최근의 전도 훈련에서, 인도자가 그 참가자들에게 "우리의 삶에서 하나님의 인도하심을 어떻게 알 수 있는가?"라고 질문하였다. 애니는 "네, 나는 하나님이 우리에게 구하는 것을 주신다고 믿습니다. 우리는 우리에게 사람을 보내 달라고 매일 기도해야 하지 않을까요?"라고 간단하게 대답하였다. 그 인도자가 기쁨으로 "네, 애니. 정확하게 맞히셨습니다!"라고 대답하였다.

애니가 맞다. 예수님의 사랑을 나누기를 원하는 건강한 제자들은 매일 하나님께 그렇게 할 수 있는 기회를 달라고 기도해야 한다. 그 결과, 마음의 눈이 떠져서 주위에 있는 사람들의 필요를 보게 된다. 이것은 간단하게 보이지만 실상 많은 사람들에게는 이것이 쉽지만은 않다.

오랫동안 사람들은 복음을 전하는 쉬운 방법을 찾아보려고 노력하였다.

◆ 다리를 연상해 보자: 우리는 길 이편에 있고 하나님은 저편에 계신다. 우리를 위한 그리스도의 사랑을 받아들이기 전에는 우리 사이에 죄로 인하여 갈라진 구렁이 있다. 그리스도의 십자가가 우리를 길 이편에서부터 하나님이 계신 영원한 곳으로 갈 수 있게 한다. 로마서 6장 23절에 "죄의 삯은 사망이요, 하나님의 은사는 그리스도 예수 우리 주 안에 있는 영생이니라." 그 다리는 상상하기 쉽다. (한쪽에 삶/죄/죽음; 다른 쪽에 선물

/목적지/영생; 우리 주 예수님은 이편과 저편을 연결한 십자가 다리)

◆ 네 가지 영적 법칙을 생각하라: (1) 하나님이 당신을 사랑하셔
서 당신의 인생을 위하여 위대한 계획을 준비하셨다 (요 3:16;
10:10). (2) 인간은 죄인이고, 하나님으로부터 멀어졌다 (롬 3:23).
(3) 예수 그리스도는 인간을 위한 하나님의 유일하신 예비하
심이다 (롬 5:8). (4) 우리는 각자가 개인적으로 예수 그리스도
를 구세주와 주로 받아들여야 한다. 그리하면 우리는 우리를
위한 하나님의 사랑과 계획을 알 수 있고 경험할 수 있다 (요
1:12; 엡 2:8~9)

◆ 사람들에게 간증을 써서 나누라고 권해야 한다. 다음과 같은
간증 줄거리를 생각해 보라. (1) 전에 지었다고 생각하는 죄에
서부터 시작하라. (2) 당신의 눈을 하나님께로 돌릴 수 있었던
계기가 되는 사람이나 사건들을 기록하라. (3) 당신의 이야기
를 말씀에 근거하라. (4) 그 이후로 당신의 삶이 변화되었다는
것을 적어라. (5) 그리고 서로 말하면서 훈련하라. 그리하여
그렇게 충분히 준비한 그대로를 구도자에게 행하라.

그 동안에 우리는 전도에 대하여 특별한 관심을 보이지 않았다.
복음과 간증과 매일 전도함에 있어서 더 이상 어떻게 더욱 간단명료
하게 말할 수 있겠는가? 책이나 세미나, 테이프, 강좌 그리고 라디오
쇼를 더 읽고 보고 해야 전도할 수 있겠는가? 나를 오해하지 말라.
나 자신도 중요한 요지를 기억할 수 있도록 복음의 내용과 나의 삶
에 대한 간증을 간단하게 하는 것을 좋아한다. 나도 한 학기 동안

전도학을 가르쳤고, 일일 세미나 그리고 몇 시간에 걸친 전도에 대한 워크숍도 하였다. 또한 전도에 대하여 수많은 책을 읽었고, 많은 지도자들과 오랜 시간 동안 면담을 하기도 했다. 그리고 심지어는 전도에 관한 전문 사역 단체를 14년 동안 운영하였다. 나는 다음 세대에 그리스도의 사랑을 나누기 위하여 지금 세대가 의무감을 가지고 든든히 세워야 한다는 것에 깊은 관심을 가지고 있다.

그럼에도 나는 현재의 교회와 기독교 단체의 지도자들이 전도에 대하여 해놓은 많은 사역 위에 얼마나 더 많이 노력해야 하는지 아직 확신이 없다. 대다수의 그리스도인들이 이 문제를 위하여 무엇을 더 많이 해야 하는가? 매일 전도하기 위하여 무엇을 해야 하는가? 이 문제에 대하여 **그것은 마음을 먹기에 달렸다**라고 말하고 싶다. 하나님께 우선권을 두지 않는다면, 잃어버린 사람들의 절대 절명의 필요 때문에 아픔이 없다면, 비뚤어진 마음과 사명과 사역의 방향을 주님이 원하시는 쪽으로 바꾸지 않는다면, 나 자신만을 위하여 살다가 결국 인생을 낭비하는 결과를 초래하게 된다.

우리는 결국 "나의 우선권이 어디에 있는가?"를 우리 자신에게 물어보아야 한다. 우리는 나 중심의 상술, 광고, 세일, 모금 그리고 주위에 있는 사람들의 정말 중요한 필요를 가능한 모든 방법으로 무시하려는 세대에 살고 있으면서 이웃들의 "누구에게나" 필요한 사항들을 안다. 그러나 믿음이 좋은 그리스도인들은 복음을 전하는 것과 동시에 각 사람마다 **특별히** 필요한 것들도 있다는 것을 또한 알고 있다. 그것을 알기 때문에 소망에 찬 그리스도의 복음을 바탕으로 그 걱정되는 분야에 대하여 과감하게 권면할 수 있어야 한다.

복음의 메시지는 없어지지 않는다. 복음은 현재도, 또 예수님이 니고데모에게 말씀하실 때와 제자들을 세우실 때도, 언제나 살아 역사한다. 왜 그런가? 예수님은 오늘도, 세상을 창조하실 때도, 이 세상에 오셔서 사역을 하실 때도 동일하시기 때문이다. 우리는 그분의 전권적인 대사이며, 잃어버리고 소외된 세상을 향한 그분의 대리인이다. 오, 얼마나 놀라운 특권인가?

케빈과 레일라, 폴, 애니 그리고 수천 명의 다른 그리스도의 제자들에게는 한 친구들에게 복음을 전하겠다는 귀한 생각은 그들을 두렵게 하고 굉장히 불안하게 만들기도 한다. 그러나 오늘날의 똑같은 사람들에게 친구들의 삶을 통하여 하나님의 역사하심을 경험하는 그 특권과 엄청난 기쁨과 해맑은 미소에 대하여 어떻게 생각하는지 물어보라. 복음을 전하는 것을 생각해 본 적이 없는 사람들에게는 그 엄청난 기쁨을 맛보는 것은 놀라운 경험이다. 그러나 바로 그렇게 되어야 정상인 것이다. 왜 하나님이 우리에게 이 세상에서 그분의 속죄의 사역에 참여하는 특권을 주셨는가? 우리에게 기쁨을 주시고 더 나아가서 그분께 영광을 돌리게 하기 위해서이다.

두려움이나 위협에서 나오는 것이 아니다!

제자들 중에 극소수만이 전도의 은사를 받았다 (많은 연구 보고서들은 5%라고 하며, 아무도 10%가 넘는다고 하지 않는다). 그러므로 일반 신자들(약 90% 이상)은 전도에 대한 두려움이 다른 사람들의 성공 사례에 의하여 (절대로 그렇게 못한다는 두려움) 또는 실패담 (그들처럼 참패를 당할 것이라는 두려움) 때문에 더 자주 주눅이 들게 된다. 당신에게는 전도를 못하게 방해하는 것이 무엇인가?

- ◆ 거절 당할까봐?
- ◆ 질문이 어려워서 대답을 못할까봐?
- ◆ 전도 후에 양육할 시간이 없을까봐?
- ◆ 간증을 들은 후에 상대방이 실망, 환멸 또는 당신을 떠날까봐?
- ◆ 당신 자신의 믿음에 자신이 없기 때문에?
- ◆ 당신 자신이 거룩하지도, 지혜롭지도, 담대하지도 못해서?

당신이 어떤 대답을 하든, 하나님은 그의 자녀들이 그분을 나타내는데 두려워하지 않기를 바라신다. 하나님은 그분의 사랑이 드러나기를 원하시고, 그분의 넘치는 사랑을 사람들에게 나누는 것을 기뻐하신다. 당신은 넘치는 하나님의 은혜 가운데 살아가는가? 아니면, 그 은혜를 상실한 채 살아가는가? 당신이 은혜를 상실하였으면, 다시 채워지기 위하여 노력하라. 그리고 그분의 빛 가운데로, 그분이 주시는 기쁨이 넘쳐나게, 그분의 사랑을 풍성하고, 충성스럽게 순종함으로 나눌 수 있게 하라. 믿음이 당신 안에서 역사할 것이고, 당신은 훌륭하게 성공할 것이다.

그리스도인들 스스로 전도에 얼마나 열심인가를 나타내 보이면서 전도에 관한 엘리트 의식을 갖는 것도 때론 보기 흉하다. 그런 것들이 두려움을 극복하고 주님이 주시는 기쁨을 따라 행동으로 옮기는 데 얼마나 도움이 되는지도 의심스럽다. 나는 믿음을 나누는

데 인색한 사람들에 대한 것만큼, 믿음의 공동체 안에서 도전적인 힐책에 의하여 압력을 받는 사람들에 대해서도 깊은 관심이 있다.

남을 힘내게 하는 것이 비난하는 것보다 훨씬 더 효과적이 아니겠는가? 예를 들면, 못하게 하는 것보다 용기를 북돋아 주는 것이 더욱 효과적이다. 열정적인 전도자가 열심히 하려고 하지만 "광신자"로 취급 받기를 꺼려하는 다른 믿는 자들의 태도 때문에 얼마나 힘들어하는지는 모른다. 전도는 "매 순간 숨 쉬는 것과 한 걸음씩 걸어가는 것의 처음과 중간과 나중이 같다"라고 생각하기도 한다. 이것이 정말 중요한가? 물론이다. 그것이 하나님이 원하시는 우선순위인가? 의심의 여지가 없다. 그것은 무수한 사람들에 의하여 여러 가지 모양과 방법과 그리고 형태로 나타나는 것인가? 그렇다, 주님을 찬양하라! 우리는 그리스도의 사랑이 마음과 정신과 삶의 스타일과 말에서 흘러 넘쳐 믿는 자의 진정한 인격이 나타날 수 있도록 서로 용기를 내게 할 필요가 있는가? 더 말할 나위가 없다.

이제 그리스도의 사랑을 나누는 기쁨을 축하하면서 하나님이 우리를 택하시고, 그분의 영원하신 목적을 위하여 사용하신다는 즐거움으로 모든 하나님의 백성들과 함께 하는 합창에 동참할 때이다. 그런데 아주 똑같은 방법으로 이 모든 것들에게 접근할 수는 없다. 실제로 그렇게 해서도 안 된다. 오히려 우리가 살고 있는 이 세상에서 길을 잃어버린 심령과 하나님을 찾는 심령에게 어떻게, 언제, 어디서 하나님의 복음을 전할 것인가를 결정하는 일에 있어서 매일 주님을 추구해야 한다.

본장에서 강조하는 것은 건강한 제자에게 전도자의 사명, 즉 특별한 목적으로 주신 사명이다. 왜 그런가? 전도는 더욱 도전적이고 더 많은 섬김이 요구됨에도 불구하고, 우리는 흔히 불신자들에게 초점을 맞추어야 하는 이러한 국면을 피하면서 적절한 지도도 받지 않고 서둘러서 전도하는 것을 기피하려고 하기 때문이다. 우리 주위에서 영향을 미칠 수 있는 사람들에게 그리스도의 사랑을 매우 조심스럽게라도 계속적으로 나눌 수 있는 방법을 찾을 수 없다면, 자기모순과 외식(外飾) 사이에서 왔다 갔다 하는 것이다. 전폭적인 전도자적 사명은 매우 가난한 외곽 지역과 도심 지역에서부터 시작하여 세계적으로 어려운 지역에 이르기까지 긍휼을 베푸는 사역으로 자연스럽게 인도한다. 건강한 제자는 손길이 닿은 곳에 있는 사람들에게 계속적이고 적극적이며 진실하게 이 세 가지의 모든 분야(전도, 사회 참여 그리고 국제적인 선교, 빈곤 퇴치)에서 균형을 이루어야 한다.

☞ 원칙 7.1 전도

1775년, 영국의 침략을 알리기 위하여 연락병으로 활약했던 폴 리비어(Paul Revere)가 보스턴에서 렉싱턴(Lexington)을 거쳐 콩코드(Concord)까지 말을 타고 달렸던 것은 아마도 사람이 입으로 소식을 전달하던 때에 가장 효과적으로 영국 침략 뉴스를 당시의 민병대에게 알렸던 사건이었고, 미국의 독립에 얽힌 가장 유명한 일화이다. 이한 장의 매우 중요한 뉴스가 그렇게 짧은 시간에 먼 거리에 전해져서 함께 싸우기로 했던 군인들을 빠르게 모을 수 있었을 때, 당신은 그것이 뭔가 중요한 소식이라는 것을 짐작할 수 있다. 사람들은 서로 많은 정보들을 주고받는다. 지금 이 시대의 인터넷과 광고 산업의 영향력을 생각해 보라.

세례 요한이 그가 믿는 사람들에게 그의 증거에 대하여 고백하였을 때, 그는 "만일 하늘에서 주신 바 아니면 사람이 아무것도 받을 수 없느니라. 나의 말한 바 그리스도가 아니요 그의 앞에 보내심을 받은 자라고 한 것을 증거할 자는 너희니라. 신부를 취하는 자는 신랑이나 서서 신랑의 음성을 듣는 친구가 크게 기뻐하나니, 이러한 기쁨이 충만하였노라. 그는 흥하여야 하겠고, 나는 쇠하여야 하리라 하니라"(요 3:27~30)고 증언하였다. 세례 요한의 마음은 그리스도의 사랑으로 가득 차 있었고, 예수님을 다른 사람에게 증거하지 않을 수 없었다. 여러 가지 면에서 효과적인 전도의 방법은 세례 요한과 열두 제자들의 삶에서 나타난다. 그들의 삶이 우리의 영향권 안에 있는 사람들에게 그리스도의 사랑을 나누는 핵심 요인의 좋은 예가 된다.

인간(Persons)	하나님은 예수님의 이름을 부르는 당신과 나와 같은 사람들을 사용하신다.
능력(Power)	예수님의 이름으로 살고 섬기기 위하여 성령 하나님이 부어 주신 것이다.
기도(Prayer)	전폭적인 의지는 우리를 통해서 함께 하시며, 말씀하시는 하나님께 달려 있다는 것을 아는 것이다.
임재(Presence)	예수님의 이름으로 냉수 한 컵을 대접하는 것이 그분의 임재를 느끼기는 시작점이 된다.
선포(Proclamation)	성경에서 배운 말씀을 우리의 생활 가운데서 복음의

내용을 말로 전하는 것이다.

추구(Persuasion) 다른 사람들이 우리 구세주, 독생자, 예수님의 삶과 죽음과 부활에 나타나신 하나님의 구원의 선물을 받도록 도와주는 일을 추구해야 한다.

찬양(Praise) 그리스도인의 믿음을 가진 사람으로서 우리는 하나님의 임재 가운데 영생을 나누게 될 것이다!

영적인 건강과 사역의 활기를 추구하는 제자로서 위임하신 것과 말씀 사역과 복음 사역에 대하여 우리는 어떻게 반응할 것인가? 우리는 그리스도의 사랑을 풍성하게 나누어서 온 세상 사람들이 끝없이 조건 없는 경이로운 아버지 하나님과 아들과 성령 하나님의 사랑을 알게 할 것인가? 아니면, 우리들이 지상명령을 받은 제자로서 복음을 전하는 임무를 소홀히 할 것인가?

전도는 창세 이후 이 지구라는 세상을 바꾸어 놓은 사실을 구전(口傳)을 통하여 전파하는 것이다. 모든 세대를 통하여 그리스도의 충성된 남녀 제자들은 담대하고도 조심스럽게 한 마음으로 주님의 사랑을 전하였다. 이러한 신앙 여정에는 보증된 기쁨이 있다!

☞ 원칙 7.2 사회적 관심

루트 셀라(The Root Cellar)는 메인 주의 포틀랜드(Portland)에 있는 미국에서 가장 가난한 백인들이 사는 지역의 자선 단체이다. 그들은 그 지역의 교회들과 교인들을 움직여서 그들과 함께 그 위험한 지역에 위치한 단체 사무실의 주변에 있는 아이들과 가족들을 돕기 시작하였다. 루트 셀라는 그 가난한 사람들을 위하여 그들의 자녀들을 위한 방과 후 학교, 미혼모를 위한 직업 훈련 학원, 무료 진료소, 여름 성경학교와 그 외 여러 봉사 프로그램들을 운영하였다.

만약 시간과 기술과 재정적으로 열심히 지원하여 준 여러 교회에서 모인 헌신된 그리스도인들의 도움이 없었더라면, 루트 셀라는 없었을 것이다. 이 훌륭한 성공담은 미국 전역의 도시로 확산되어 널리 알려져야 실시한다. 그것은 가난한 도시의 효과적인 사역의 본보기이다. 왜냐하면 여러 해 동안 그 단체의 지도자들이 구체적인 문제와 영적인 문제들을 연구하였고, 그 문제들을 해결하기 위하여 전략적인 방법을 찾아냈기 때문이다. 이것이 복음 전파를 위해 문을 여는 계기가 되었고, 하나님의 축복하심으로 많은 사람들과 그들의 가정이 그리스도의 사랑으로 돌아오게 되었다.

주변 지역과 도시 지역의 가난한 사람들을 위하여 하나님의 나라를 확장해 가고 있는가? 아마도 무료 급식소, 구급 대기소, 개인 지도 프로그램, 사회 정화와 정치 활동, 여름 봉사 활동, 그 외에 무수한 여러 다른 방법으로 하고 있을 것이다. 이런 구제 활동에 전적으로 참여할 수 없어서 가끔 참여할지라도, 도움이 절실히 요구되는 장소에 당신도 참여하고 있다는 것이 중요하다.

요한복음 4장 1~26절에서 예수님이 사마리아 여인에게 다가 가신 것은 그분이 제자들에게 도움이 필요한 곳이라면 가리지 말고 가라는 것을 보여 주신 것이다. 바클레이는 저서에서 "유대인에게 이것은 놀라운 이야기이다. 여기에 피곤하고 지치고 목마른 하나님의 아들이 계셨다. 여기에 슬픈 이야기를 이해하시며 들으시는 가장 거룩한 분이 계셨다. 여기에 유대인의 관례와 인종의 벽을 깨뜨리신 예수님이 계셨다. 이것이 복음이 세계적으로 전파되기 위한 시작이며; 여기에 이론만이 아니라 삶과 행동으로 이 세상을 이처럼 사랑하신 하나님이 계신다."[8]

우리의 봉사가 그분의 이름으로 완성되면, 우리를 가로 막고 있는 장벽들은 그분의 사랑과 은혜와 자비로 허물어진다. 우리의 삶은 다른 종류의 민족들, 다른 사회 계층의 사람들, 다른 삶의 방식을 사는 사람들, 다른 국적의 사람들을 알게 될 때 더욱 풍성하게 된다. 루트 셀라에서 봉사한 사람들과 전국적으로 그런 비슷한 사역을 한 사람들은 자선 단체에서 사역한 경험을 통하여 그리스도께 대한 헌신이 더욱 깊어진 것을 발견하였다. 그것이 바로 우리를 이런 사역에 참여 시키시고 충성된 봉사를 통하여 우리에게 위임하신 그리스도의 사랑이다.

☞ 원칙 7.3 국제적인 선교 사역

예수님은 요한복음 4장 35절에서 "내가 너희에게 이르노니, 눈을 들어 밭을 보라. 희어져 추수하게 되었도다"라고 말씀하셨다. 한 사람은 땅을 고르고, 다른 사람은 씨를 심고, 다른 사람은 물을 주고, 다른 사람은 잡초를 제거하고, 또 다른 사람은 추수를 한다 (요 4:34~38).

성령 충만한 예수 그리스도의 제자가 추수할 때가 된 들을 생각하며 예수님이 "나를 보내신 이의 뜻을 행하며, 그의 일을 온전히 이루는 이것이니라" 하신 말씀을 이루어 드리기 위하여 충분한 일꾼들을 확보하기 위한 투자가 엄청나게 필요하다. 구제와 개발 사업 같은 국제적인 선교 사역은 건강한 제자들이 더욱 관심을 기울여야 하는 분야이다. 세상에 대하여 무엇을 아는가? 이 세계적으로 관심을 쏟아야 하는 이런 복잡한 것들을 어떻게 알 수 있는가? 가장 열심히 하나님의 복음을 전하는 그리스도인 공동체는 어디에 있는가? 우리는 세계 구석구석에서 하나님의 역사가 더욱 활발하게 되도록 무엇을 같이 할 수 있겠는가?

이런 것들은 국제적인 선교 사업과 구제 사업 분야에서 우리에게 주는 몇 가지 날카로운 질문들이다. 이 책에서 복잡하고 광대한 문제를 모두 다룰 수는 없지만, 세계를 향하여 그리스도의 사랑을 전하기 위하여 선교의 커다란 기치를 들고 노력하며 높은 관심을 나타내는 것은 가능하다. 복음이 세상 끝까지, 모든 세대의 모든 사람들에게 전하는 것이 하나님의 뜻인 것은 너무나 분명하다. 제자들의 영적 건강에 대한 토론을 하기 위하여 다음과 같은 질문을 해본다: 국제 사회에서 많은 필요를 충당하기 위하여 하나님은 우리 교회와 가족과 우리 자신들을 어디로 인도하시는가?

비록 개인적으로는 전 세계의 필요를 충족시키는 것이 도저히 불가능할지라도, 해야 하는 중요한 역할이 있다. 교회로서, 가족으로서, 개인으로서 할 수 있는 것은 담당해야 한다. 더 이상 여유가 없어 보이는 우리의 삶의 방식에 이것을 지혜롭게 끼워 넣어야 한다. 이 장(章)의 초반에서, 우리 가족이 매달 돕고 있는 세 아이들에 관하여 소개한 바 있다. 그것이 국제적인 선교와 구제를 위한 노력의 전부가 될 수는 없지만, 그것도 중요한 헌신의 일부이다. 어떤 사람들에게는 이것이 그들이 할 수 있는 전부일지도 모른다. 우리에게는 이것이 이제 시작이다. 당신은 어떠한가? 국제적인 감각을 당신의 믿음 생활에 불어 넣을 생각은 없는가? 특정한 나라 또는 사람들을 위하여 기도하라. 이런 목적을 가지고 의도적으로 당신의 교회에서 선교 대회에 참여하고, 여름의 단기 선교 여행에 참여하고, 월드 비전(World Vision)이나 컴패션(Compassion)을 통하여 아이들을 도우라. 그것은 아주 작은 첫 시작에 불과하지만 그것은 당신의 마음을 이 세계의 잃어버리고, 상처 받고, 갇혀 있고, 영양 부족이며, 아프고 그리고 죽어가는 사람들을 위하여 사랑하는 마음을 품게하는 첫 걸음이다. 왜냐하면 바로 그 사람들을 하나님이 창조하셔서, 무한하고 비길 수 없는 사랑으로 사랑해 주시기 때문이다.

☞ 원칙 7.4 다양한 우정

우리 아들 나단이 그의 친구 리(Lee)에 관하여 처음 말했을 때, 우리는 리가 뇌성마비로 인하여 휠체어를 타고 다니는 아이인 줄 몰랐다. 나단이 3학년이 되었을 때 리의 집에 놀러 갔었다. 아내가 나단을 리의 집에 데려다가 주었을 때, 그 집 뒤쪽에 휠체어가 다니는 길이 있는 것을 보았다. 아내가 이 집에 휠체어를 타는 사람이 있는 것 같다고 말했을 때, 나단이 "엄마, 그것은 리를 위한 것이야." 라고 무심하게 말하였다.

나단은 리를 단순히 친구로 생각하고 있었다. 나단은 우리에게 리가 지체장애자라는 것을 알려야 한다고 전혀 생각지 않고 있었다.

그것은 나단에게는 아무런 문제가 되지 않았고, 우리 가족에게도 자연스럽게 되었다. 실제로 리의 가족들이 그의 장애 부분을 감당하는 것을 통하여 우리는 나단의 장애를 어떻게 다루어야 하는지를 배우게 되었다. 나단은 오른쪽 다리를 지난 17년간 열두 번이나 수술을 받았다. 나단도 때로는 휠체어를 타거나 목발을 짚고 몇 년 동안이나 교회를 다녔다. 그는 고통을 통하여 인내가 무엇인지를 배웠다. 감사하게도 아들은 리를 통하여 많은 것을 배웠고, 그들의 우정은 아주 특별한 관계가 되었다.

당신은 다른 사람들을 대할 때 어떤 마음을 갖게 되는가? 혹시 붉은 색 안경으로 마음의 눈을 색칠하고 있는 것은 아닌가? 당신이 주위를 바라 볼 때 누구를 보게 되는가? 당신은 남자, 여자, 남자 아이, 여자 아이를 겉모습이나 지위에 의하여 판단하는가? 아니면, 그 속에 있는 마음의 상태를 듣고 보는가? 어쩌면 아이들을 통하여 배울 수도 있다. 왜냐하면 아이들은 보통 겉모양만 보고 판단하지 않고 그 뒤에 있는 것을 보고 느낄 수 있기 때문이다. 이것이 진짜로 중요한 것이 아닌가?

예수님이 베데스다 연못 근처에 가셨을 때 (요 5:1~15), 눈 먼 자들, 앉은뱅이들, 중풍병자들이 고침 받기를 소원하며 모여 있었을 때 그분은 병든 육체 뒤에 있는 영혼을 보셨다. 그분은 그들의 영혼에 관심을 가지셨다. 그 병자가 연못가에서 38년 동안 기다리다가 예수님께 고침 받고나서, 그는 걸을 수 있다는 사실 때문에 너무 기뻐하였다. 예수님은 걸을 수 있다는 것만으로 만족하지 말고 더 이상 죄를 짓지 말라고 경고하셨다: "보라 네가 나았으니 더 심한 것이 생기지 않게 다시는 죄를 범치 말라" (요 5:14). 육신의 병을 고치는 것이 그분의 주된 관심이 아니라 마음의 병(죄)을 고치시는 것이다. 우리에게도 똑같다.

예수님은 삶의 형편, 민족적 배경, 능력, 더 많은 장애를 가진 것과 상관없이 모든 사람들에게 복음을 전하라고 부르셨다. 이와 같이 여러 가지 형편과 처지가 다른 이웃을 사랑하신 예수님이, 그들을 돕고 또한 복음을 전하라고 우리를 준비시키실 것이다.

☞ **원칙 7.5 은혜의 통로**

갈릴리 바다 해변에서 오천 명을 먹이신 후에, 이 기적을 맛 본 사람들은 호수 건너편으로 예수님을 따라 갔다 (요 6:1~15). 그들이 예수님을 찾았을 때, 그분은 그들이 무엇 때문에 자기를 찾는지를 말씀하셨다: "예수께서 대답하여 가라사대, 내가 진실로 진실로 너희에게 이르노니, 너희가 나를 찾는 것은 표적을 본 까닭이 아니요 떡을 먹고 배부른 까닭이로다. 썩는 양식을 위하여 일하지 말고, 영생하도록 있는 양식을 위하여 하라. 이 양식은 인자가 너희에게 주리니, 인자는 아버지 하나님의 인치신 자니라"(요 6:26~27)고 말씀하신 후 "하나님의 보내신 자를 믿는 것이 하나님의 일이니라"(요 6:29)고 말씀하셨다.

어디를 가시든지 예수님은 그분을 따르는 자들에게 구체적인 도움, 즉 치유, 기적과 음식까지도 주셨는데, 그런 도움은 예수님이 정말 주시고자 하는 것의 맛보기에 지나지 않았다. 예수님은 은혜를 나누어 주시는 통로셨고, 그 은혜를 받는 자마다 안팎으로 완전히 변화되었다. 그분의 제자로서 그분의 사랑을 세상에 널리 전하기 위해서는 우리도 하나님의 은혜를 나누는 통로가 되어야 한다.

우리는 대부분 하나님의 은혜를 나누어 주는 자가 되기보다는 받는 자가 되는 쪽으로 기울어 있다. 이 책에서 경험하는 열 가지의 특성은 모두 하나님의 은혜를 풍성하게 나누는 것이다. 그러나 그 중에 어느 하나도, 이것처럼 분명하게 말씀하신 것은 없다. 즉, 하나님의 한량없는 은혜를 받은 자로서 다른 사람에게 같은 은혜를 감사와 즐거움으로 나누어 주는 자가 되라는 것이다.

하나님의 은혜를 나누어 주는 통로가 되는 것은 복음의 중심에 대한 우리의 충성을 재다짐 하는 것을 전제로 한다. 그것은 우리 주위에, 이 지역에 살고 있는 세상에서 잃어버린 영혼을 위하여 삶의 일부인 시간을 쓸 수 있도록 변화되어야 한다는 것이다. 그것은 생각했던 것보다 희생을 더 많이 요구한다. 왜냐하면, 그것은 위험을 무릅쓰고 극적인 방법으로 어려움을 해결해야 하기 때문이다. 더 나아가서 이 세대에서는 그리스도의 제자들의 영적 건강은 바로 이 문제에 대하여 어떻게 반응하느냐에 따라서 측정된다는 것이다. 믿음을 복음적으로 실천에 옮길 것인가? 오늘날 이 사회의 병폐를 고발할 것인가? 모든 문화, 단체, 국가, 영양실조에 걸린 아이들, 병들고 가난한 사람들을 예수 그리스도의 이름으로 세상 끝까지 찾아갈 것인가? 이 문제에 대하여 지적으로, 실제의 삶에서 그리고 영적으로 어떻게 응답할 것인지에 따라 우리의 인생을 영원히 갈라놓을 것이다.

제자의 기도

❀ ❀

주님, 주님의 거룩하심을 뵈올 때마다 저는 절박한 도움을 필요로 하는 온 세상 사람들에 대한 당신 안에 있는 사랑의 마음이 두근거리는 것을 봅니다. 저의 영혼에도 그런 두근거림을 느끼게 하옵소서. 주님, 지금 있는 삶 가운데서 잃어버린 영혼, 가난한 영혼, 외로운 영혼, 갇힌 영혼, 빈곤한 영혼, 배고픈 영혼, 죽어가는 영혼, 혼탁한 영혼을 향한 마음을 새롭게 하사 받아 주옵소서. 이 세상에서 당신의 구원의 계획을 완성하시는 사역 가운데 맡겨 주신 사명을 감당하게 하옵소서.

사랑하시는 주님, 그리하여 저를 당신의 평화의 도구로 삼아 주옵소서. 제 안에 계셔서 그 열정적인 방법으로 저의 삶이 세상을 향하신 당신의 마음을 나타내게 하소서. 저의 삶이 조화를 이루어서 삶의 우선순위를 정하도록 도와주소서. 당신의 눈으로 세상을 보게 하소서. 궁핍한 자의 고통을 알게 하셔서 그들을 도울 수 있도록 인도하소서. 당신께서 잃어버린 영혼, 상처 받은 가정들, 깨어진 관계들, 망가진 소그룹들, 고통 받고 영적으로 탈진한 당신의 자녀들을 위하여 눈물 흘리신 것을 아나이다. 저에게도 당신의 그런 사랑의 마음을 조금 주사 당신의 은혜를 나누어 주는 기쁜 특권을 허락하시고, 다른 사람과의 관계를 회복시키게 하옵소서. 오 하나님, 당신의 풍성하신 사랑을 나누는 것이 얼마나 큰 기쁨이 되는지요. 이 모든 것을 당신의 귀하시고 거룩하신 주 예수님의 이름으로 기도합니다. 아멘

묵상과 변화를 위하여

건강한 제자는 믿지 않는 사람들에게 말과 행동에 있어서 예수님의 사랑을 나누어 주기 위하여 모든 기회를 사용한다.

1. 구도자로서, 율법적인 추구자로서, 예수님의 역사하심에 민감하였고, 심지어는 예수님의 죽으심이 마음에 감동되어 온유하고 긍휼을 베풀게 되지만, 예수님의 삶을 통한 사랑과 인도하심을 온전히 받아들이지도 믿지도 못했던 니고데모에 대하여 당신은 어떻게 평가하는가?

2. 세 가지의 봉사 활동(전도, 사회 참여, 국제 선교/구제와 개발) 중에서 당신은 어느 분야에 제일 관심이 있는가? 어느 부분에 더 관심을 가져야 하고, 그것을 위하여 당신의 생활 방식을 바꾸어야 한다면 무엇을 어떻게 바꾸겠는가?

3. 오늘 당신의 우정 관계를 어떻게 평가하겠는가? 색다른 방법으로 다른 사람에게 당신의 삶과 봉사할 것을 고려하기 위하여 누구와 더 많은 시간을 보내야 한다고 생각하는가? 당신 주변에 색깔, 민족, 능력 또는 계층이 다른 배경의 사람들이 있는가? 그렇다면 당신은 그 사람들과 오늘날의 세계의 문제점들과 필요에 관한 당신의 의견을 넓히기 위하여 함께 할 시간이 있는가?

4. 당신은 하나님의 은혜를 나누는 통로가 되기 위하여 가족, 직장 동료, 이웃 그리고 친구들에게 오는 주간에 그들로부터 아무것도 바라지 않고 무엇을 할 수 있겠는가? 그리고 그렇게 한 번 해보고, 그 상대방에 대한 당신의 마음이 어떻게 변하는가를 살펴보라.

5. 당신은 복음의 진수를 구도자에게 잘 전할 수 있는가? 당신은 2~3분간 동안 당신의 개인 간증의 중요한 포인트를 성공적으로 나눌 수 있는가? 그렇지 않다면 그 간증을 준비해서 어느 때이든 필요할 때 사용할 수 있도록 복음을 전하는 도구로 사용할 수 있게 해야 한다. 당신도 복음을 입을 열어 전하는 영적인 개혁에 참여하는 한 사람이다!

8

지혜롭고 책임감 있는
삶을 산다

건강한 제자는 개인의 삶을 경영하는 법과 책임감 있는 관계 속
에서 살아간다.

"때가 아직 낮이매, 나를 보내신 이의 일을 하여야 하리라."

요한복음 9:4

　당신은 길을 잃어버린 적이 있는가? 아주 완전히 잃어버렸던 경
험이 있는가 말이다. 그래서 도저히 집으로 가는 길을 찾지 못할
거라고 생각한 적이 있었는가? 나도 "잃어버린" 경험을 여러 번 했
다. 어느 도시(그 도시가 어떤 도시이든, 당신이 생각하는 것보다 훨씬 더
여러 번)를 찾아가는 데 지도가 없이, 그래서 길 가는 사람 아무나
붙잡고 길을 물어볼 수밖에 없을 때, 한 번도 가본 적이 없는 지역의
공항에서 거의 60킬로미터 이상이나 엉뚱한 방향으로 운전해 왔다

는 것을 발견했을 때, 또는 깊은 숲 속에서 방향 감각을 잃어 크게 한 바퀴 돌아서 제자리에 왔음을 발견했을 때―이렇게 길을 잃어버린 경험은 생각보다 더 많이 있었다.

길을 잃어버린 경험 중에 가장 어처구니없었던 때는 캐나다의 뉴펀들랜드(Newfoundland)에 있는 성 요한(St. John)이라는 도시에 비행기를 타고 갔을 때이다. 나는 목적지에 도착한 줄 알았다. 그때가 9월의 금요일 저녁 9시경이었다. 다음 날 아침 9시에 뉴 브런스위크(New Brunswick)에 있는 한 교회에서 전도에 관한 세미나를 인도하게 되어 있었다.

보스턴에서 정각에 비행기 표에 적혀 있는 비행기를 정확하게 타고 출발하였다. 나는 노바 스코시아(Nova Scotia)에 있는 핼리팩스(Halifax)에서 갈아타게 되어 있었고, 다음 비행기를 타기 전에 세관을 통과해야 했다. 별 생각 없이 세관을 통과하여 성 요한으로 가는 비행기를 타려고 게이트로 갔다. 비행기가 출발한 후에, 편안하게 읽고 있던 책을 읽었고, 별 특별한 일이 없는 여행이라고 생각하고 있었다.

별일 없이 나는 뉴펀들랜드에 도착하였고, 짐을 찾아서 하워드 존슨(Howard Johnson) 호텔이 어디 있는지를 알아보기 위하여 짐 찾는 곳의 광고 벽보에서 찾고 있었다. 호텔로 가는 차편을 위하여 그 곳에 있는 전화기를 사용하라고 미리 지시를 받았었다. 고생 끝에 전화기를 찾기는 찾았는데 (물론 아무에게도 도움을 요청할 생각이 없었다), 오렌지 색깔의 전화가 없다는 것을 알았다. 할 수 없이 도우미에게 물어볼 때까지, 내가 창피하게도 엉뚱한 도시에 왔다는 것을 몰랐을 뿐 아니라, 다른 시간대에 있었던 것이다! 내가 가야 하는 곳에서부터 800킬로미터나 떨어진 곳에 와 있었던 것이다. 아니 이럴 수가!

나는 다시 목적지로 가기 위하여 새벽에 일찍 일어났어야 했다. (나는 엉뚱한 도시에 와서 묵을 숙소도 없이 도시에서 40킬로미터나 떨어진 트럭 운전기사들이 머무는 곳에 도착했던 것이다. 그렇다. 거기에는 나와 트럭 운전기사들뿐이었다.) 할 수 없이 내가 그 전 날 출발했던 곳으로 다시 가서 원래 가려던 도시로 가는 비행기를 탔다. 기억도 못하고 잃은 채, 한심하게 다시 잃어버렸다가 결국은 다시 찾게 되었다. 감사하게도, 나를 초청해 준 세미나 주최 측은 아주 관대하였다. 그들은 내가 30분이나 늦게 세미나 장소에 도착하였음에도 불구하고 화를 내지 않았고, 오히려 내가 저지른 바보 같은 실수에 대하여 하루 종일 농담을 하며 즐겼다.

그런데 이 경험에서 얻은 한 가지 뜻밖의 일은 내가 그 비행기를 타고 가는 동안에 읽으면서 마음을 빼앗겼던 책이 있었던 것이다. 그것은 새로운 베스트셀러였던 스티븐 코비(Stephen Covey)가 쓴 〈영향력 있는 사람들의 일곱 가지 습관〉(The Seven Habits of Highly Effective People)이었다.[1] **영향력 있는**이라는 말은 그 주말에 나를 묘사하는 데 가장 어울리지 않는 말이었다. 그 경험은 내 삶에서 크나큰 비중을 차지한 경종이 되었다.

이 놀라운 경험을 통하여 나는 내가 만들어 낸 것보다 더 괴상하고, 그래서 부인하고 싶지만 그럴 수 없는 사실로, 그리고 꾸며낸 이야기 같은 현실 속에서 살고 있다는 것을 발견하였다. 목적과 사명이 없는 삶, 그 자체였다. 눈 뜬 시간에는 일을 해야 한다는 열정에 찬 단순한 삶을 살고 있었다. 나는 너무나 많은 집회 요청 때문에 비행기 일정이 꽉 차 있다고 자만하는 한 나에게 요청하는 일이 무슨 일이든지 상관없었다. 그 일이 내 시간을 잘 활용하고 있는가를 생각할 겨를도 없이 닥치는 대로 일을 하였다. 나는 원치 않게 바쁘게 살고 있었다. 시간이 있을 때는 무엇이든 수용했다. 마치 엉뚱한 비행기를 잘못 타서 계속적으로 엉뚱한 곳으로 갔던 것처럼 말이다.

나는 나의 목표를 어떻게 잃어버렸는지를 거의 깨닫지 못했다. 나의 반복되는 일상적인 일들이 나를 처음 출발선에 데려다 놓았다. 계속 잘못된 길로 움직이면 목적지에 이를 수 없다. 내 삶의 목표를 지혜와 책임감을 가지고, 내가 영원히 감사할 수 있는 그런 형태로 만들었으면 하는 진솔한 소원을 가진 삶으로 수정하는 데는 몇 달이나 걸렸다. 나는 목표를 잃어버렸다가 되찾았고, 새로운 방향을 발견하게 되었다. 그 어처구니없는 경험 이후, 나의 삶은 이제 완전히 바뀌었다.

한 번도 길을 잃어버린 적이 없는가? 아주 완전히 길을 잃었던 경험이 있는가 말이다. 그래서 도저히 당신 집도 찾아가지 못할 거라고 생각한 적이 있었는가? 감사하게도 내가 경험하였던 것처럼 같은 곳을 제자리걸음으로 돈다든지, 엉뚱한 곳으로 간다든지 하는 실수를 하지 않도록 당신을 지킬 수 있는 방법이 있다. 때로는 뒤흔들리는 때도 있으나 다시는 그런 쪽으로 가지 않도록 하는 좋은 방법이 있다.

하나님의 역사가 나타남

예수님은 이 세상에 계시는 동안 바른 길로만 가셨다. 요한복음 (다른 세 복음서인 마태복음, 마가복음, 누가복음에서도 마찬가지이지만)에서 여러 번 잃어버렸다가 찾은 이야기, 상처를 받았다가 회복된 이야기, 살아계신 예수님을 만나서 소망 없는 자가 소망을 찾게 되는 이야기 등이 반복된다. 요한복음 9장에서 소경이 눈을 뜬 장면이 나온다. 처음 몇 절(1~12절)에서 그가 소경으로 태어났었으나 예수님의 은혜로 기적적으로 눈을 뜨게 되는 이야기가 나오고, 뒷부분에서 하나님 보시기에 바리새인들의 마음이 진짜 영적 소경이라는 것 (13~34절)을 다룬다.

끝 부분에서, 예수님은 당신이 고치신 소경을 다시 보게 된다. 예수님께 대한 이 사람의 믿음은 마음으로부터 나오는 진실한 믿음과 예배로 확인된다. 예수님은 그 사람에게 다음과 같이 말씀하셨다: "내가 심판하러 이 세상에 왔으니, 보지 못하는 자들은 보게 하고 보는 자들은 소경되게 하려 함이라" (요 9:39). 그분이 말씀하신 "보는 자들은 소경되게 하심"은 바리새인들에 대한 말씀이다. 예수님의 말씀과 행하심을 그들이 마음을 강퍅하게 하여 듣지 않는 것을 보시고 하신 말씀이다.

그 사람이 소경인 것에 대하여, 예수님은 그의 부모의 죄 때문이 아니라고 말씀하신다. "그에게서 하나님의 하시는 일을 나타내고자 하심이니라. 때가 아직 낮이매 나를 보내신 이의 일을 하여야 하리라. 밤이 오리니, 그때는 아무도 일할 수 없느니라. 내가 세상에 있는 동안에는 세상의 빛이로라" (요 9:3~4).

하나님의 일을 나타내시는 것은 예수님의 의도적인 사역이었다. 그분은 성실과 지혜와 진실로 이 사역을 감당하셨다. 그분은 주위에 있는 사람들을 똑같은 목적으로 부르셨다: 모든 면에서 **하나님의 역사를 나타내셨다. 때가 아직 낮이매, 나를 보내신 이의 일을 하여야 한다.** 하나님의 역사를 보여 주는 것은 섬기기 위하여 부르신 모든 사람들을 위하여 예수님이 하신 모든 일을 포함한다. 왜냐하면 그렇게 해야 그분이 하나님의 영광과 권능을 나타내실 수 있었고, 긍휼을 보일 수 있으셨고, 하나님의 은혜가 고난과 슬픔과 아픔과 실망으로 고통당하는 사람들에게 나타날 수 있었던 것이다. 예수님의 지혜와 결단력은 그분이 행하신 치유의 역사를 통하여 계속적으로 보여 주셨지만, 더 중요한 것은 다른 사람들의 마음과 삶에 구속의 사역을 완성하기 위하여 나타나셨다는 것이다.

예수님은 그분을 따르는 자들이 할 수 있는 대로 하나님의 사역을 감당하게 하시는 것이다.

하나님은 모든 사람들에게 일할 수 있는 낮과 쉴 수 있는 밤을 주셨다. 낮이 끝나면 일하는 시간도 끝난다. 예수님께서는 다가오는 십자가를 지시는 밤을 위하여 낮에 하나님의 사역을 하셔야 했던 것이 사실이다. 이것은 모두에게 해당된다. 우리에게는 주어진 한정된 시간이 있으므로, 무엇을 하든지 그 한정된 시간 안에서 해야 한다. 시간이 끝나기 전에 그 시간에 대하여 생각해야 한다. 지금 해야 하는 일들을 다른 때에 하겠다고 미루지 말아야 한다. 왜냐하면 다른 때는 절대로 오지 않기 때문이다. 그리스도인의 의무는 주어진 시간이 얼마인지는 모르지만, 그 시간을 하나님과 그분이 창조하신 인간을 섬기는 일에 사용해야 한다. 했어야만 했던 일을 기회를 놓쳤기에 할 수 없는 그런 비참한 일을 당하는 것보다 더 마음 깊이 통탄할 슬픔은 없다.[2]

예수님은 "내가 세상에 있는 동안에는 세상의 빛이로라"(요 9:5)고 말씀하셨다. 그분의 제자인 우리는 그분을 위하여 말하고 행동하는 모든 일 가운데 빛으로 나타나야 한다. 우리가 세상에 사는 동안, 세상에서 빛으로 살아야 한다. 예수님의 사랑의 빛이 영적으로 건강과 활력을 뜨거운 마음으로 추구하며 살기를 원하는 제자들을 통하여 빛으로 나타난다. 내가 하는 일, 결정하는 것들, 나아가는 방향 등 이 모든 것들은 아직 낮 동안에 그분의 빛과 영광을 나타내야 한다.

하나님의 역사를 나타내는 것은 "지혜롭고 책임감 있는 삶을 산다"는 이 특성에 담겨져 있다. 우리는 이 특성을 예수님이 자신의 삶을 통하여 어떻게 완성하셨는지 열심히 연구하여 배울 수 있다. 지혜는 그분의 일상에서 결단을 통하여 증명되고, 그분의 책임은 삼위일체(三位一體) 중의 한 위(位)로 나타난다. 즉 성부, 성자, 성령 하나님의 완전하심이 사람이신 예수님으로 현생하신 것이다. 하나님의 신성 안에서는 서로 어긋남이 없다. 그러므로 예수님이 하신 일은 삼위일체 하나님의 완전하심에 꼭 들어맞았다. 그것 자체만으로도 예수님은 찬양과 존귀를 받기에 합당하시다!

예수님은 제자들이 각자의 사역을 잘 마칠 수 있도록 책임감 있기를 원하셨다. 예수님은 제자들이 그분의 영광을 나타내고 부르심에 대한 임무를 완수한다면, 그들의 삶은 그분을 따라 가기로 결단한 서약을 지키는 것이라고 분명히 말씀하셨다. 그들의 삶이 목표한 분량에 차지 못한다는 것은 수고의 열매가 결과적으로 변질되었다는 것을 의미한다.

요한복음의 앞쪽(요 2:12~25)에서 예수님은 예루살렘에 있는 성전을 더럽혔던 일에 대하여 책임을 물으셨다. "성전 안에서 소와 양과 비둘기 파는 사람들과 돈 바꾸는 사람들의 앉은 것을 보시고, 노끈으로 채찍을 만드사 양이나 소를 다 성전에서 내어 쫓으시고, 돈 바꾸는 사람들의 돈을 쏟으시며 상을 엎으시고, 비둘기 파는 사람들에게 이르시되, 이것을 여기서 가져가라. 내 아버지의 집으로 장사하는 집을 만들지 말라"(요 2:14~16). 성전을 더럽힌 것에 대하여 분개하신 것이다. 그분이 이렇게 악한 상행위(商行爲)를 거룩한 분노로 성전을 깨끗하게 하셨다. 어떻게 하나님의 백성들이 이런 일을 할 수 있었는가? 아무도 그들의 행위에 대하여 책임질 수 있는 사람이 없었는가? 성전 뜰이 왜 그렇게 되어야 하는지를 원래의 성전을 위하여 하나님이 지으신 목적과 비교할 수 있는 사람이 아무도 없었는가?

아무도 자기 행위에 대하여 책임을 지기 **좋아할 사람**은 없다. 삶을 지혜롭게 경영하는 것이 목표라면, 책임을 감당하기 위한 대가는 굉장히 중요하다. 예수님은 제자들이 그들의 삶 가운데서 우선순위를 얼마나 잘 나타내는가를 무척 중요하게 생각하셨기에 책임을 물으셨다. 삶 가운데 있는 커다란 테이블을 엎어 놓는 것과 같은 것일

지라도, 그분의 꾸짖으심에 감사하며, 실수와 잘못된 길로부터 배워야 한다. 그것이 바로 그리스도의 제자로서 훈련 받는 삶의 열매인 것이다.

> 생각을 조심하라; 그 생각이 말이 되기 때문이다.
> 말을 조심하라; 그 말이 행동이 되기 때문이다.
> 행동을 조심하라; 그 행동이 습관이 되기 때문이다.
> 습관을 조심하라; 그 습관이 성격이 되기 때문이다.
> 성격을 조심하라; 그 성격이 운명이 되기 때문이다.
>
> 작자 미상

예수님이 본을 보이신 것을 감사하라. 예수님이 십자가에서 죽기까지 지혜롭고 책임감 있는 삶을 살기 위한 결단을 하셨다. 이러한 예수님의 충성의 본은 우리의 삶에서도 증거가 되기를 바란다. 모든 것은 그분의 영광을 나타내기 위하여!

내적인 동기

스티븐 코비가 보스턴에서 있었던 지도자 훈련에서 "영향력 있는 사람들은 원하는 결과를 성취하기 위하여 능률적인 습관을 그들의 삶 가운데서 실행하고 있다. 그들은 강한 사명감을 느끼게 되어 마음 깊이 그것을 원하게 된다"고 한 말에 관심이 쏠렸다. 윌리(Willie)와 신디 배트슨(Cindy Batson)은 그들의 가문 중에서 지역 사회에서 성공한 지도자들인데, 강한 사명이 그들의 가족의 임무를 적은 가훈에 잘 표현되고 있다. 그 가훈에 적혀 있는 네 가지 사명은 다음과 같다:

1. **가족의 핵심 가치관**: 결혼과 가족의 삶을 이끌어가는 원칙과 진실은 무엇인가?
2. **가족의 사명 선언문**: 부부로서 혹은 가족으로서 하나님이 우리를 부르신 목적은 무엇인가?
3. **가족 성구**(聖句): 가족의 성취를 뒷받침하기 위한 가훈과 같은 성경 구절은 무엇인가?
4. **가족의 목표**: 가훈을 어떻게 달성할 수 있는가?

이 가족의 임무를 적은 가훈에서 윌리는 각 문장마다 열정을 표현하였다. 그와 신디는 한 가족으로서 그들의 매일의 삶을 위한 원칙을 나타내는 이 가훈을 완성하기 위하여 오래도록 머리를 싸맸다. 작은 모임인 가족이지만 책임감을 가지고 적었다. 적은 것을 실천할 뿐 아니라 서로 격려하며 그 원칙을 실천하기 위하여 최선을 다하고 있다. 자신들의 가정에서부터 지혜롭고 책임감 있는 삶을 경영하기 위하여 온 마음을 다하고 있다. 가족 구성원들끼리 그리스도의 이름으로 서로 섬기고 사랑하는 법을 배운다. 그리하면 가족 구성원들이 예수님과 그분은 이 세상에 오신 목적을 통하여 얻는 은혜 가운데 산다는 것을 알게 되고, 내실이 있는 가족의 삶이 시작된다는 것이다.

그와 같은 가훈을 만드는 데 투자된 시간은 시작에 불과하다. 윌리와 신디는 그 가훈에 적힌 대로 살기 위하여 무척 노력했다. 당신은 그들이 만든 가훈을 잘 관찰해 보기 바란다. 예를 들면, 가족의 가치관에 대하여:

- 우리의 결혼 생활과 가족을 목적이 있는 강한 영적인 기초 위에 세운다. 그 목적은 의심 없이 하나님을 사랑하고, 하나님의 말씀을 이웃과 친구들에게 예수 그리스도를 위하여 증거하는 수단으로 사용한다.
- 가감 없고 조건 없는 사랑은 우리의 관계에 기초를 둔다.
- 의도적으로 우리의 삶을 함께 축하하기 위하여 서로 돕고자 계획한다.
- 우리의 가정은 쉼터이며 안전한 곳이다.
- 건설적인 의사소통과 문제를 해결하는 법은 필수적으로 가정을 하나가 되게 한다.
- 사랑하지만 엄격한 훈련은 자녀들을 건강한 성인으로 성장시키기 위하여 꼭 필요한 것이다.
- 우리에게 주어진 것들을 지혜롭게 사용하는 것은 예수 그리스도의 복음을 전하는 데 꼭 필요하다.

그들의 사명을 효과적으로 실천하는 데 투자한 시간은 윌리와 신디의 결혼 생활과 부모로서의 지혜를 훈련하는 데 활력을 불어넣어 주었다. 지혜롭고 책임감 있게 사는 것이 무엇인지에 관하여 생각하는 것으로 그치지 않고 모든 면에서 실제로 그렇게 사는 것을 목표로 노력을 기울였다. 앞으로 남은 생애 동안 그리스도 안에서 꾸준히 성장하는 것은 그들의 자녀와 다음 세대에도 큰 축복이 될 것을 알았다. 자녀들을 위하여 그보다 더 좋은 것이 있을까? 누구든지 윌리와 신디처럼 삶을 잠깐 멈추고 계속되는 일과에서 벗어나서, 하나님의 특별한 부르심과 임무와 목적에 초점을 맞추는 순간부터 큰 기쁨을 발견하게 된다.

☞ 원칙 8.1 임무, 역할과 목적

지혜롭고 책임감 있게 경영되는 삶을 추구하는 제자들은 하나님의 나라를 진심으로 섬기기를 원하는 마음이 생긴다. 그렇다면 그 목적이 무엇인지를 어떻게 분별할 것인가? 하나님의 나라의 목적을 파악하기 위해서는 왕이신 그분의 전략을 이해하는 것이 필수적이다. 예수님은 그분이 세상에 오신 이유를 통하여 임무를 설명하신 경우가 여러 번 있었다.

- "내가 하늘로서 내려온 것은 내 뜻을 행하려 함이 아니요" (요 6:38). 예수님은 하나님 아버지의 뜻을 따라 순종의 삶을 살았고, 사랑 안에서 그 뜻을 따라 살므로 매우 성실한 삶을 보여 주셨다.
- "내가 온 것은 양으로 생명을 얻게 하고 더 풍성히 얻게 하려는 것이라" (요 10:10). 예수님은 제자들 가운데서 은혜가 넘치게

하셔서 그들 안에서 하나님의 나라가 먼저 완성되고, 그들의 믿음을 키우기 위해서 더 지적으로 풍성하고 넓은 안목으로 제자들에게 용기를 심어 주셨다.

◆ "내가 이를 위하여 났으며 이를 위하여 세상에 왔나니, 곧 진리에 대하여 증거하려 함이로라. 무릇 진리에 속한 자는 내 소리를 듣느니라" (요 18:37). 예수님은 그분의 말씀과 생각과 행동에서 진리를 나타내셨다.

◆ "인자의 온 것은 섬김을 받으려 함이 아니라 도리어 섬기려 하고 자기 목숨을 많은 사람의 대속물로 주려 함이니라" (막 10:45). 예수님은 그분의 나라를 세우기 원하셨고, 그 부분을 담당할 사람들을 세우고 그들을 위하여 희생적으로 봉사하기 위해 오셨다.

◆ "인자의 온 것은 잃어버린 자를 찾아 구원하려 함이니라" (눅 19:10). 예수님이 오신 첫 번째 목적은 잃어버린 영혼들을 하나님과 화해시키기 위함이었다.

예수님은 사명을 분명하게 말씀하셨고, 모든 삶 속에서 그것들을 실천하셨다. 이것을 그분이 아버지께 복종하심과 삶 가운데 풍성하신 은사들과 진리를 구체적으로 보여 주셔서, 그분은 종으로 섬기심과 잃어버린 영혼들을 찾으시는 것을 보고 또 보게 하셨다.

그분은 어디를 가든지 사명을 확실하게 나타내셨다. 그것은 사랑으로 선포하시고, 신령한 치유와 친밀한 관계와 화해를 위한 사역에서 잘 나타난다. 그분은 사명 중심의 삶을 사셨는데, 우리도 그분과 같아야 할 것이다. 그 사명을 찾고 또 잘 감당하기 위한 삶의 투자는 평생 동안 해야 하는데, 잘 될 때도 있고 안 될 때도 있고, 성공할 때도 있고 실패할 때도 있지만, 결과적으로는 언제나 더 잘 되고 만족하게 될 것이다.

예레미야 선지자에게 계시하신 하나님의 목표는 하나님의 백성들이 그분의 계획을 추구함으로 번성하는 것이다. "나 여호와가 말하노라. 너희를 향한 나의 생각은 내가 아나니, 재앙이 아니라 곧 평안이요, 너희 장래에 소망을 주려 하는 생각이라"(렘 29:11). 당신의 인생을 위한 하나님의 계획을 발견하는 것은 신나는 과정이다. 이 계획을 발견하는 과정에서 존재하는 사명과 목적이 분명하게 된다.

대부분의 경우에 우리를 향하신 그분의 계획은 단순하다:

- 하나님과 매일 사랑의 관계를 키워가는 것이다.
- 세상에서 그분의 구속의 역사를 따라 날마다 참여하는 것이다.
- 영원을 향하여 그분과 긴밀한 것들을 함께 나누는 것이다.

이 무엇보다 중요한 계획에서 살아계신 그리스도의 제자인 우리는 구체적이고 개인적인 사명과 목적을 삶에서 이해하고 적용할 필요가 있다. 발견하기만 하면 그것들이 얼마나 삶을 바꾸어 놓는지를 알 수 있다. 윌리와 신디가 결혼 생활과 가정 생활의 사명자적 자세로 하나님의 말씀의 대부분의 원칙들을 가정에 가장 잘 적용하여 실천할 수 있었다. 그 가족의 사명이 구체화 될 때, 가족이 하나로 더욱 확고히 단결되는 것을 경험하였다.

사도들은 초대 교회에 가난한 사람들이 너무 많아졌을 때, 그들의 사명은 사역의 중요성을 재정립하는 것이었다. 사도행전 6장 1~7절에서, 사도들은 매일의 구제 사역 중에서 과부들을 돌보는 일이 많아지자 사역을 정의해야 할 필요성을 실감하였다. 초대 교회에서 봉사하는 것을 멈추는 대신에, 그들은 모든 제자들을 모아놓고 이 문제를 발표하였다. "하나님의 말씀을 제쳐 놓고 공궤를 일삼는 것이 마땅치 아니하니, 형제들아, 너희 가운데서 성령과 지혜가 충만하여 칭찬 듣는 사람 일곱을 택하라. 이 일을 저희에게 맡기고, 우리는 기도하는 것과 말씀 전하는 것을 전무하리라" (행 6:2~4).

사명을 완수함에 있어서, 사도들은 꼭 필요하지 않은 것에 대해서는 "아니오"를 할 수 있었고, 기타 사역은 다른 사람들의 협조를 얻을 수 있었다. 그리하여 그들은 말씀을 전하는 사명에만 전념할 수 있었다. 같은 방법으로, 오늘날에도 예수 그리스도의 제자로서 사명 중심의 사람들은 한 가지 사명 때문에 다른 사명을 소홀하지 않게 되어 매우 만족하게 되었다. 이 방법이 잘 활용되면, 사명을 받은 제자들이 사명 중심의 사역을 할 때 모든 주님의 지체들이 덕을 보게 된다. 마찬가지로, 사명을 받은 제자들은 준비 되지 않은 제자들이 여러 가지 사역들 중에서 자신들의 사명을 정립할 필요를 알도록 도와줄 수 있다.

그러면 우리는 어떻게 해야 하늘에 계신 아버지가 정해 주신 개인의 사명을 더 깊게 이해할 수 있는가? 우리도 초대 교회의 사도들 같이, 하나님이 우리를 향하여 갖고 계신 놀라운 비전을 발견할 수 있다. 성령님의 음성에 귀 기울일 수 있다면, 그 성령님에 의하여 정의된 방법으로 하나님의 형상을 따라 살 때에 가능한 것이다. 스티븐 코비와 그의 동역 자들이 그리스도의 제자들을 위하여 다음과 같이 제시하였다. 그들은 〈영향력 있는 사람들의 일곱 가지 습관〉에서 기본적인 사명의 개발을 연습하는 공식을 제공한다.[3]

기도하며 깊이 묵상하며 주님께 귀를 기울이라: 우리는 우리 안에 계신 하나님의 사역에 귀를 기울이는 것으로부터 시작해야 한다. 삶 가운데서 성령님의 임재와 능력에 대하여 적극적으로 관심을 가지는 것은 이 과정에서 필수적이다. 하나님께로부터 오는 작은 음성을 듣고, 묵상으로 기도하며, 깨달은 것을 기록함으로 믿음의 훈련을 시작한다. 솔직하고 열린 마음으로 기도함으로 하나님과 대화하는 것이 바로 매일 골방에서 하는 기도이다. 성령님이 신선한 바람 같이 역사하시는 것에 귀를 기울이는 것은 조용하고 고독하며 기본적인 영적 훈련으로부터 시작된다. 당신의 사명에 대하여 알고 싶은가? 성령님이 말씀하시는 것에 주의를 기울이라. 그분은 당신이 하던 일을 멈추고 잠잠히 그분을 기다리기 원하신다. 사명을 발견하는 것은 기도를 통하여 가능하다.

경험들과 사람들을 자세히 말하라: 당신이 어렸을 때부터 긍정적으로 영향을 주었던 경험이나 사람에 대하여 자세히 말하는 것이 이 과정의 두 번째 단계이다. 먼저 당신의 인생의 중요한 시점에 있었던 사람들의 이름, 장소, 사건에 대하여 일일이 기록하라. 그것이 사람이라면, 가족의 한 사람이 제일 먼저 떠오르거나, 특별한 친구, 선생, 목사, 개인적인 스승 또는 이웃이 될지도 모른다. 아니면 새로운 도시로 이사를 갔었거나, 특별한 상을 받았거나, 새로운 사업을 배웠거나 또는 숨겨져 있던 재능을 발견했거나 말이다. 그 목록을 작성하는 데 내가 제안한 것과 상관없이 어떤 생각이나 개념이 떠오르면 읽고 있는 이 책의 여백에라도 적어 놓아라. 그 목록이 어떻게 커지는지, 당신의 현재가 있기까지 영향을 주었던 과거의 중요한 사건이나 시점의 목록의 맨 처음에 어떤 사람이나 어떤 사건이 있게 되는지 주의 깊게 살펴보라.

성격의 특징을 열거하라: 당신의 인생에 있어서 가장 큰 영향을 주었던 사람들의 성격의 특징을 적어라. 다른 사람을 관찰한 결과 당신의 인생에서 그 사람들에게서 본받기를 원했던 것들은 무엇인가? 당신이 인생을 바라보는 방법과 살아가는 방법, 다른 사람과 삶을 나누는 방법에 대하여 당신 주위에 있던 것들이 어떻게 직간접적으로 영향을 주었는지 가능하면 자세하게 적어라. 우리는 관계 속에서 산다는 것을 발견할 필요가 있다. 삶의 주변에 있는 사람들은 오늘날의 우리를 있게 하는 데 영향을 끼쳤다. 그것은 결혼 생활과 가족에 관한 자세를 바꾸었을 수도 있고, 직장에서 일하는 윤리를 정립하는 것이나, 인종이 다른 사람들에 대한 태도나, 여가를 어떻게 사용하는 것 따위에 영향을 주었을 것이다. 다시 말하면, 당신의 마음과 생각이 경험하였던 과거와 현재의 중요한 사람들과 사건들을 기록할 수 있도록 하라. 이 자가 진단을 위하여 시간을 투자하는 것은 놀랍고도 멋지게 당신을 이해하는 게 큰 도움이 될 것이다.

그렇다면 인생에서 부정적인 사람들과 상처를 받았던 경험들은 어떻게 할 것인가? 이것들을 의식하고 찾아내는 것도 매우 중요하다. 왜냐하면 그것들도 오늘의 당신이 있기까지 중요한 영향을 주었기 때문이다. 그런데 이런 자가 진단을 통하여 부정적인 것들을 들추어 내고, 다른 사람들이 해치려는 것들을 되풀이 하지 **않도록 하는 것**을 배우는 것과 그런 고통스러운 순간에서 어떻게 헤어나는 가를 배우는 것이 또한 중요하다. 대부분의 사람들은 과거에 당한 아픔의 경험이 좋은 경험보다 더 기억에 선명히 남는다. 그 아픔들을 안 그랬던 것처럼 싸맬 필요는 없다. 오히려 그것을 회복하고 그것으로부터 교훈을 배운다. 마치 꿈과 사명과 목적들을 성취하기를 바라는 것에 비례하여 인생에서 그런 경험들의 역할을 이해하는 것은 더욱 중요하다. 왜냐하면 그것은 다른 사람들과 관계를 맺음으로 우선순위를 정하게 되는 역할도 하기 때문이다. 파괴적인 행위가 계속 되는 것을 중단하고, 다가오는 세대를 위하여 다른 사람들의 삶에 건설적이고 생산적인 영향을 끼치도록 해야 한다. 이 파괴적인 쓴 뿌리는 매우 위협적인 문제인데, 좀더 자세하고 확실하게 다루기 위해서는 또 책 한 권을 써야 할 것이다. 이것을 여기서 조금 다루는 것은 사명과 직분과 목표를 설정함에 있어서, 그 실제를 꼭 확인하고 넘어가야 하는 단계로 인식하는 것이 중요하기 때문이다.

기도들과 사람들과 장소들을 요약하라: 오늘이 있기까지 있었던 지난날의 기도들과 사람들과 장소들을 요약하는 것이 다음 단계이다. 당신이 지금까지 기록한 것들을 돌아볼 때, 당신 삶의 주제가 될 만한 것들이 있는가? 어떤 특별한 부분으로부터 이루어져 나와서 당신의 인격을 결정지었던 것들을 찾아낼 수 있는가? 희망하기는 그런 부분들이 당신의 인생행로에서 중요한 디딤돌들로 사용되고 정리되어서 분명한 경험이 되기를 바란다. 인생에 있어서 기억할 수 있는 중요한 사항들을 기록해 보는 것은 당신이 어디로부터 왔으며 오늘이 있기까지 가장 큰 영향을 준 사건이나 사람을 조명해 보는 데 큰 도움이 된다. 며칠 후에 위의 과정을 반복하게 되면 당신이 이러한 자가 진단을 시작할 때 생각지 못했던 사람들이나 사건들을 하나님이 생각나게 하셔서 더 분명해진다.

목적을 분명히 정의하라: 장래를 위하여 목적을 분명하게 하는 것이 그 다음 단계이다. 당신이 앞으로 다가오는 인생의 방향과 다른 사람들을 어떻게 섬길 것인지에 관하여 꿈꾸던 것들부터 적어야 한다. "마음에 소원하는 것들"(시 37편)은 무엇이든지 적어도 무방하다. 당신은 무슨 목적을 성취하기 원하는가? 어떤 경험을 하고 싶은가? 어떤 사람이 되고 싶은가?

당신이 목적하는 것이 교육학 박사일 수도 있고, 성경을 깊이 이해하는 것이나 즐거운 결혼 생활이나 부모로서 만족하는 것이나 새로운 친구나 또는 새로 갖기를 원하는 어떤 것이라도 관계가 없다. 어쩌면 이것이 첫 번째 목록이 될지도 모르지만, 아마 나중에는 목록이 바뀌게 될 확률이 더 많다. 당신이 경험하기를 원하는 것이 단기 선교여행이거나, 다른 나라를 여행하는 것이거나, 뗏목을 타거나, 다른 도시에서 살아보는 것이거나, 새로운 직업을 찾는 것 등 어느 것이라도 상관없다. 희망하는 성격이 당신이 진정으로 발전시키고 싶은 성격이거나 아니면 당신이 가지고 있지 않지만 좋아하는 성격을 적으면 된다. 이 부분에서는 다음에 나오는 그 사람의 개인적인 개발 단계로 가기 위한 준비 단계에 중점을 맞춘다.

나의 **역할을 정하라**: 앞에서 정의했던 내용들을 구체화하기 위하여 보여 주어야 하는 역할을 정해야 하는 것이 다음 단계이다. 우리의 소원들 중에 어느 것이 현실이 된다면, 사명 중심의 사람이 되기 위한 여건을 갖추기 위하여 우리의 삶 중에 어떤 부분이 수정되어야 하는가? 결혼 생활이나 가족 간에서, 개인적인 훈련 과정에서, 친구들과의 관계 속에서, 직장에서 우리의 역할은 맡겨진다. 다른 사람과의 관계라는 중요한 부분에서는 그 역할을 재조정해야 할 필요가 있을지도 모른다.

　우리의 역할 조정은 직장이나 직업에서 제자로서의 원하는 직분을 맡기 위해서는 매우 분명해진다. 이것은 그만큼 우리의 매일의 삶 가운데서 크게 자리 잡고 있기 때문이며, 삶 가운데서 역할 조정이 불가불 하게 되는 것은 어쩔 수 없는 현실이다. 하지만 모두가 동시에 감당해야 되는 가족, 친구, 그리스도의 제자로서 삶에서 담당해야 하는 부분이 더욱 분명한 이 역할들을 어떻게 더 발전시킬 수 있는지를 시도해 보는 것은 좋은 노력이다.

　사명 선언문을 작성하라: 사명 선언문을 작성하는 것은 위에서 기록한 것을 결론으로 나타내는 것이다. 성격적인 특징과 살아가는 동안에 습득한 삶의 방법들을 다듬어 나갔던 경험들을 기도하면서 키워나갈 때, 우리의 재능과 미래에 대한 소망을 나타내는 개인적인 사명 선언문을 만들어 가야 한다. 그 선언문에 기록된 미래를 보여 주는 단어들이 의미하는 것을 분명히 할 때, 제자들의 삶의 형태가 더욱 바람직한 미래를 대비하게 된다. 예를 들면, 미래에 소원이 직업에 있다면 사명 선언문은 그것을 이렇게 나타낼 것이다: "나의 사명은 _____에 대한 나의 비전을 추구하는 동안 _____ 업계에서 열심히 일하면서 그리스도의 사랑을 나의 가족과 친구들과 직장 동료들에게 나타내는 것이다." 만일 주님의 사역에 전념하기를 원한다면 그 사명 선언문은 다음과 같을 것이다: "나의 사명은 나의 _____에 대한 비전을 추구하는 동안에 나의 가족과 친구들과의 모든 중요한 관계를 통하여 하나님의 마음을 닮아 그분의 인도하심을 좇아가는 것이다." 몇몇 사람들에게 처음 작성한 사명 선언문을 보여 주며 조언을 구하는 것은 그리스도의 제자로서 당신의 사명을 잘 표현할 수 있을 때까지 당신이 더 분명한 선언문을 작성하는 데 도움을 줄 것이다.

정기적으로 검토하며 고쳐 나가라: 사명 선언문을 정기적으로 재검토하며 고쳐서 사명 완수를 위한 당신의 역할과 목적을 수정하고 바로 가게 하는 과정을 반복해야 한다. 이 과정을 수행함에 있어서 다음과 같이 질문해 보는 것은 매우 중요하다: 내가 느끼고 생각하는 이 사명이 주님께로부터 온 것인가? 이 사명이 나로 더욱 열심을 내게 하는가? 나의 역할은 우선순위에 부합하는가? 내가 실천하려는 목적은 내가 목적하고 나가는 방향과 맞는가?

건강한 제자는 세상이 빠른 속도로 우리를 둘러싼 모든 것을 계속해서 변화시키는 것을 알아야 한다. 그러므로 이 사명 선언문을 계속 개진하는 것은 하나님이 풍성하고 은혜롭게 우리에게 주신 삶을 지혜롭게 경영하기 위한 열쇠이다. 내가 실천하고 있는 사명이 주님께로 왔고 당신 주위에 있는 믿음의 공동체의 동료들에 의하여 확인되었다면 그 사명을 완수하기 위하여 앞으로 전진하는 것은 제자로서의 의무이다.

요약하면, 우리의 사명과 역할과 목적을 개발하는 과정은 다음과 같다:

- **기도하며 깊이 묵상하며 주님께 귀를 기울이라:** 안에서 역사하시는 하나님께 기도하며 깊이 묵상하며 귀를 기울이라.

- **경험들과 사람들을 자세하게 말하라:** 어렸을 때부터 긍정적으로 영향을 주었던 경험이나 사람에 대하여 자세하게 말하라.

- **성격의 특징을 열거하라:** 인생에 있어서 큰 영향을 주었던 사람들의 성격의 특징과 그것이 자신에게 어떻게 나타났는지를 적어라.

- **기도들과 사람들과 장소들을 요약해서 적어라:** 오늘이 있기까지 있었던 지난 날의 기도들과 사람들과 장소들을 요약해서 적어라.

- **목적을 분명히 정의하라:** 장래를 위하여 목적을 분명하게 정의하라.

- **나의 역할을 정하라:** 앞에서 정의했던 내용들을 구체화하기 위해서 보여 주어야 하는 역할을 정하라.

- **사명 선언문을 작성하라:** 경험, 관계, 재능과 열정을 나타내는 사명 선언문을 작성하라.

- **정규적으로 검토하며 고쳐 나가라:** 사명 선언문을 정규적으로 검토하며 개진하여서 사명 완수를 잘 하기 위한 당신의 역할과 목적을 정규적으로 수정하여 바로 가게 하라.

이렇게 만들어 보는 공식을 통하여 다룬 여러 분야를 기록한 것이 이해가 잘 안 되더라도, 이렇게 하는 것 자체가 이제부터 위대한 변화를 위한 시작이다. 꼭 한 번 실천해 보라!

☞ 원칙 8.2 균형 잡힌 생활양식

매일 삶과 섬김을 위한 사명자적 방향을 추구함에 있어서 균형을 유지하는 것은 실현하기 쉽지 않은 부분이다. 누가 잘 균형 잡힌 삶을 산다고 말할 수 있는가? 삶의 균형을 그나마 잘 유지하는 사람들은 아주 어리거나 나이가 아주 많은 계층일 것이다. 그 중간에 있는 계층은 균형 유지가 매우 어렵다.

우리 자녀들을 생각해 보자. 유치원 입학 경쟁은 많은 유치원생 학부모들의 큰 관심사이다. 좋은 유치원일수록 기다리는 순번이 길어지고, 아침 일찍부터 해질 때까지 있는 프로그램 등 전에 없었던 새로운 일들이 생겨난다. "그 좋은 유치원에 입학하면 그 아이가 장래에 명문 대학에 들어가는 것이 보장되는가?" 터무니없는 소리 같지 않은가? 그러나 이것은 미국의 많은 부자 동네에서 실제로 있는 사례이다. 또한 초등학교에 다니는 아이들이 학교 공부로 받는 스트레스가 얼마나 많은지 알고 있는가? 이것들은 현대의 가정들의 가장 큰 부담이 되고 있다. 매일 저녁 두 시간씩이나 아이들의 숙제를 도와줄 시간이 있는 사람이 얼마나 되는가? 게다가 프로젝트와 교과 학습 외에 특별 활동과 가정생활의 스트레스를 합치면 너무나 부담이 크다.

청소년을 가진 부모들의 문제에 대하여 말할 필요가 있을까? 이 부모들도 더 말할 나위 없이 스트레스를 받고 있다. 청소년들이 여러 사람들과의 관계, 교육, 감성, 영적인 것까지 매우 복잡한 삶을 어떻게 균형 있게 살아야 하는지를 배우는 것까지 그 부모들의 몫이기 때문이다. 청년이라고 해서 더 나을 것이 없다. 대학을 들어가기 위한 경쟁이 더욱 치열해졌고, 대학 졸업 후에 전공 분야의 직장을 잡는 일도 힘들 뿐 아니라 이렇게 어려운 경제 상태에서는 더욱 힘이 든다.

이렇게 젊은 가정으로서의 세대가 지나면 중년을 거쳐서 노년 시대로 들어간다. 각 세대마다 삶의 모든 부분에 균형을 깨뜨리는 나름대로의 스트레스와 어려움이 있다. 그렇다면 해답은 없는가? 명쾌한 해답을 기대하기는 어려울 것이다.

균형을 찾는 것은 삶과 섬김에 따른 각 개인의 사명, 역할, 목적에 따라 달라진다. 사명, 역할, 목적을 완수함에 있어서, 어떻게 우리의 삶에 균형을 가져올 것인가를 매일 선택해야 한다. 우리의 현실은 우리를 향하신 하나님의 우선순위라는 빛을 비추어 볼 필요가 있다. "예수는 그 지혜와 그 키가 자라가며 하나님과 사람에게 더 사랑스러워 가시더라"(눅 2:52). 그것이 바로 균형이라는 것이다! 다른 곳에서 예수님은 우선순위에 관하여 말씀을 듣는 사람들에게 "예수께서 대답하시되, 첫째는 이것이니, 이스라엘아, 들으라. 주 곧 하나님은 유일한 주시라. 네 마음을 다하고 목숨을 다하고 뜻을 다하고 힘을 다하여 주 너의 하나님을 사랑하라 하신 것이요, 둘째는 이것이니, 네 이웃을 네 몸과 같이 사랑하라 하신 것이라. 이에서 더 큰 계명이 없느니라" (막 12:29~31).

만약에 삶에서 균형을 발견하기 위하여 예수님의 가르침을 사용한다면, 그분의 말씀이 가장 중요하게 여겨져야 한다. 예수님은 지혜(지적), 키(육체적), 하나님으로부터 은총(영적), 사람으로부터 사랑(정서적/관계적)에 있어서 균형 있게 하셨고, 지상에 계실 때 매일의 삶에서 그 균형을 잘 지키는 방법을 찾아 내셨다. 이런 예수님의 성향을 자신에게서 연마하기 위하여 우리는 무엇을 하고 있는가?

- ◆ 지혜에 관하여: 우리는 예수님의 제자로서 무엇으로 마음을 채우고 있는가? 독서를 통하여, 다른 사람의 말을 청종함으로, 삶의 문제에 관한 대화에 참여함으로, "무엇에든지 참되며, 무엇에든지 경건하며, 무엇에든지 옳으며, 무엇에든지 정결하며, 무엇에든지 사랑할 만하며, 무엇에든지 칭찬할 만하며, 무슨 덕이 있든지, 무슨 기림이 있든지" (빌 4:8) 말씀이 무엇을 의미하는지를 배움으로 얼마나 채우고 있는가?

- ◆ 키에 관하여: 우리는 하나님의 성전인 우리의 몸을 얼마나 잘 관리하고 있는가? (고전 6:19~20) 쉼과 휴식과 안식함으로 하나님을 영화롭게 하고 있는가? 규칙적인 운동, 식사 조절, 영양, 건강, 위생을 잘 지키고 있는가? 일과는 하나님의 나라를 위하여 잘 사용되어질 수 있도록 사명자적인 우선순위에 따라서 잘 짜여 있는가?

- ◆ 하나님으로부터의 은총에 관하여: 우리의 사명과 부르심에 합당하게 그분의 사랑, 은혜, 자비를 충족시켜드리기 위하여 노

력하고 있는가? 우리의 재능이 하나님의 사랑과 은혜의 손길을 통하여 온 것을 알고 있는가? 경건의 시간, 기도, 말씀 묵상, 가시적 훈련 가운데 매일 주님과 함께 친밀함을 추구하고 있는가? (시 42:1~2; 63:1)

- ◆ **다른 사람으로부터의 사랑에 관하여:** 우리는 골로새서 3장 12~14절 말씀, "그러므로 너희는 하나님의 택하신 거룩하고 사랑하신 자처럼 긍휼과 자비와 겸손과 온유와 오래 참음을 옷 입고 누가 뉘게 혐의가 있거든 서로 용납하여 피차 용서하되....이 모든 것 위에 사랑을 더하라. 이는 온전하게 매는 띠니라"에 있는 명령을 잘 순종하고 있는가? 그렇다면 우리의 거룩한 관계는 그 자체가 정직, 열린 마음, 공감하기, 웃고 즐기고, 울고 슬퍼하고, 서로 의지하며, 서로를 섬기는 증거가 되리라.

지혜, 키가 자람, 하나님께 은총, 사람으로부터 사랑, 마음과 영과 혼과 힘을 다하여 하나님을 사랑함. 이것들이 제자들을 균형 있고, 삶에서 오는 스트레스와 걱정을 잘 감당하게 하는 우선순위에 관한 것들이다. 그것은 쉽지는 않지만, 그것들을 추구함으로 매일의 삶 가운데서 커다란 즐거움을 가져다 줄 것이다.

☞ 원칙 8.3 스트레스를 줄이고 이기는 법

균형을 이룬다는 것은 일상생활에서 스트레스를 줄이기 위하여 끈질긴 결단을 요구한다. 인생에는 때가 있다. 그러나 아무것도 하지 않는 것이 우리를 위협하고 있는 상황을 바꾸는 데 도움이 될 때가 있다. 하박국 선지자는 "비록 무화과나무가 무성치 못하며, 포도나무에 열매가 없으며, 감람나무에 소출이 없으며, 밭에 식물이 없으며, 우리에 양이 없으며, 외양간에 소가 없을지라도, 여호와를 인하여 즐거워하며, 나의 구원의 하나님을 인하여 기뻐하리로다. 주 여호와는 나의 힘이시라. 나의 발을 사슴과 같게 하사 나로 나의 높은 곳에 다니게 하시리로다"(합 3:17~29)라고 썼을 때 그는 이 원리를 이해하고 있었다.

나의 부친이 세상을 떠났을 때, 우리 아들이 대 수술을 해야 했을 때, 사역에서 큰 절망에 빠졌을 때, 도저히 감당할 수 없을 만큼의 스트레스가 엄청나게 가중되었을 때, 인생의 의미를 깊이 깨달았던 것을 특별하게 기억한다. 그때 할 수 있었던 단 한 가지는 그냥 모든 것을 놓아두고, 확고한 믿음으로 소망을 붙잡고, 때로는 우리를 둘러싸고 실망으로 빠지게 하는 상황에도 불구하고 끝까지 있는 그대로 사랑하시는 하나님을 믿고 의지하는 것이었다. 그때는 어디로 피할 곳도 없었을 뿐 아니라 아무 곳이라도 쉴 만한 곳이 없었다. 그 아무 곳은 바로 기쁨이 있는 곳이었고, 예수님이 계신 곳이었다. 왜냐하면 그분만이 공급자이시고 인생을 지키는 분이셨기 때문이다.

그렇다면 우리의 삶에 스트레스를 주는 요인들—시간, 계절, 문제들, 일과들, 상황들—은 무엇인가? 다음을 생각해 보자:

◆ 변화—그것의 힘을 얕보지 말아야 한다.

- 기동성—옛날 방식으로 사는 동안에 새로운 방식에 적응하는 법을 배워야 한다.
- 기대감—기대하는 것이 너무 많으면 실망도 크다는 것을 알아야 한다.
- 시간 압박—시간이 요즘 세대에서 매우 중요하지만, 우리의 삶을 지배하지는 않아야 한다.
- 직장—특히 능력에 넘치거나, 서두르거나, 아무 노력도 하지 않는다면 스트레스가 된다.
- 절제—주위의 사람들은 지배하기 위하여 치열한 경쟁을 하고 있다.
- 공포—스트레스의 원인 제공자이고, 공연히 걱정과 근심을 더하게 한다.
- 부적절한 관계—건강한 사람들이 무절제하게 되고 망가지게 된다.
- 경쟁—굉장히 파괴적인 성공과 실패의 기로에 서게 된다.
- 과적(過積)—너무 많을 것을 하려고 하기에 계속적으로 피곤하다.
- 질병, 죽음, 이혼, 노화, 가족 문제 등—이런 요인들을 나열하자면 끝이 없다!

그렇다면 이것들 중에 어떤 것이 가장 많이 당신의 삶을 깨어지게 하는가? 미래를 위하여 어떻게 건설적이고 생산적인 방법으로 이런 스트레스들을 이길 수 있는가?

전문가들이 말하는 스트레스를 이기는 가장 좋은 방법은 그것을 줄이거나 이기는 법이다. 스트레스를 줄이는 방법은 삶의 방식을 용감하게 바꾸어서 매 순간마다 선택을 해야 하는 스트레스를 없애므로 스트레스를 줄이는 것이다. 발견한 스트레스를 이기는 방법은 삶을 더 적극적으로 살거나 더 구체적이며 적절하게 조절하는 방법을 발견하는 것이다. 인생을 되는 대로 내버려 두는 것이 아니라 하나님의 보호하심 안에서 건강하고 좀더 균형 잡힌 삶을 살도록 인생을 경영해야 한다.

맥박을 재어보라. 지난 주간에는 당신의 스트레스 레벨이 얼마였는가? 오늘 스트레스 레벨을 오르게 한 요인들은 무엇인가? 그 스트레스를 피하거나 이기기 위하여 지난 주에 특별히 다르게 한 것이 있는가? 다가오는 주에 스트레스를 없애거나, 줄이거나, 이기기 위하여 무엇을 하려고 하는가?

☞ 원칙 8.4 책임 있는 관계

남전도회 모임에서 적어도 사도 "바울" 같은 사람이 우리를 인도해야 하고, 디모데 같은 사람을 키워야 하고, 바나바 같은 사람이 우리를 권위하며 축복해야 한다고 말하고 있다. 여전도회 모임에서도 같을 것이다. 디도서 2장 3~5절, "늙은 여자로는 이와 같이 행실이 거룩하며, 참소치 말며, 많은 술의 종이 되지 말며, 선한 것을 가르치는 자들이 되고, 저들로 젊은 여자들을 교훈하되, 그 남편과 자녀를 사랑하며, 근신하며, 순전하며...."

신뢰의 관계를 형성하는 것은 지혜와 분별력을 가지고 삶을 경영하는 가운데 더 많은 능력을 갖게 한다. 인생에 있어서 "혼자 내버려 두는 것"은 건강하지 않다. 우리는 공동체 안에서 살고, 믿음의 공동체 안에서 사랑으로 섬기고, 서로 돌아보기 위하여 창조되었다. 당신은 오늘 누구에 대하여 책임을 가지고 있는가?

예수님의 지체들은 하나님께 영광이 되는 책임감 있는 관계를 이루어가기 위하여 책임감이라는 것에 대한 필요성을 느껴야 한다. 거기까지 도달하지 않으면, 마음 깊이 내면적인 삶까지 나눌 수 있는 사람을 찾기는 매우 어렵다. 이 책의 저자로서, 책임감의 필요성은 너무나 중요하다. 때로는 그것이 공식적인 관계일 수도 있고 아니면 비공식적인 관계일 수도 있다. 어찌 되었든, 그런 책임감 있는 관계는 삶을 지혜롭게 경영하고 더 잘 되기를 원한다면 매우 중요하다.

여러 가지 면에서, 인생 경영은 자기를 다스리는 그 사람의 능력(그것이 모자랄지라도)에 따른다. 우리들 중에는 이런 것을 잘 하는 사람이 있는 반면에, 거의 대부분의 사람들은 잘 못한다. 그러므로 책임감에 대한 중요성은 점점 커진다. 책임감은 우정보다 더 중요하다. 친구에게는 "좀 엉터리 같이 해도 돼" 하게 되는데, 그것은 인격에 문제가 있게 한다. 예를 들면, 친구는 좀 좋지 않은 태도, 거친 말, 엉터리 같은 생활 습관일지라도 그것을 지적하고 나무라기 힘들다. 그러나 책임감은 사랑으로 질책과 진실을 말하는 관계에서 아주 중요한 요소가 된다.

누가 당신에게 사랑으로 진실을 말할 수 있는가? 이제 당신을 좀더 깊은 은혜의 경건함으로 인도하고 개인적인 스승으로서 사도 바울과 같은 사람을 찾아야 할 때가 된 것 같다. 그와 같은 사람이 있어서 축복을 받고 있는 사람들에게는, 당신의 삶이 얼마나 크게 변화 되는지를 보는 것은 놀라운 일이다.

☞ 원칙 8.5 한 번의 "예"와 아홉 번의 "아니오"

나의 개인적인 스승 중에 한 사람은 내가 밤에 집을 나오려고 결단한 것을 다시 한 번 생각해보기를 권했던 적이 있었다. 그의 책임감 있는 충고를 들을 마음이 있었기에 그에게 앞으로 그런 유혹이 오면 어떻게 이길 수 있는지에 대하여 조언을 부탁했다. 그는 간단하게 말했다. "보통 한 번 '예'를 하는 동안에 아홉 번 '아니오'를 하면 된다. 할 수 있는 대부분의 일들을 다른 사람들도 잘 감당할 수 있다. 그 모든 것을 다 해야 할 필요는 없다. 만약에 한 번 '아니오'를 할 때 아홉 번을 '예'를 하면, 우리는 다른 사람에게 좋은 것과 최상의 것의 차이를 모른다는 것을 단적으로 보여 주는 것이 된다." 그 이후부터 그 말을 마음에 새기고 실천하려 하는데, 실제로 그렇게 하기란 쉽지 않다. "아니오"를 말하는 것은 언제나 쉽지 않다.

원칙은 언제나 옳다고 믿는데, 효과적으로 잘 할 수 있는 것보다 더 많은 업무와 책임이 주어지는 사람들에게는 더욱 그렇게 된다. 책임감 있는 관계에서, 한 번 "예"를 하기 전에 아홉 번 "아니오"를 해야 한다는 것을 더욱 신중하게 생각하고 실천에 옮겨야 한다.

예수님은 이 원칙에 관하여 매우 건전하게 이해하고 계셨다. 왜 그런가? 그분의 사명은 확실하였고, 그분의 삶은 균형 잡혀 있었고,

그분은 스트레스를 없애거나 절제하셨고, 아버지 하나님과 성령님께 책임감 있는 삶을 드렸기 때문이다. 그리고 그분은 "예"를 하실 때와 "아니오"를 하실 때를 아셨기 때문이다. 마가복음 1장에서 사역의 바쁜 일과 가운데서, 예수님은 조용한 곳에 가서 기도하시는 것(35절)을 발견한다. "시몬과 및 그와 함께 있는 자들이 예수의 뒤를 따라가 만나서 가로되, 모든 사람이 주를 찾나이다. 이르시되, 다른 가까운 마을들로 가자. 거기서도 전도하리니, 내가 이를 위하여 왔노라 하시고, 이에 온 갈릴리에 다니시며, 저희 여러 회당에서 전도하시고, 또 귀신들을 내어 쫓으시더라."

베드로와 그 제자들의 말에 "예"를 하는 대신에, 예수님은 "아니오"를 말하셨다. 왜냐하면 그분은 다른 곳으로 이동해야 할 것을 아셨기 때문이다. 그분은 "아니오"를 말씀하시며 "다른 곳으로 가자"고 하면서 발길을 가까운 마을로 돌리셨다. 왜? 사명감을 가지셨기에, 그분은 어디로 가시는지 방향을 알고 계셨기 때문이다. 감탄할 정도로 사명을 완수하시기 위하여 옮기셨던 것이다. 그분은 이런 간단한 원칙을 쉽게 적용하며 사셨다. 알다시피, 우리는 언제나 그렇게 하며 살지 않는다.

마음의 단결

모든 것이 말한 것과 같이 행해졌을 때, 지혜롭고 책임감 있는 삶을 경영하기 위해서는 우리의 마음을 우리를 향하신 하나님의 마음과 합하는 것에 초점이 맞추어져야 한다. 제자로서의 건강에 대한 중요한 특징은 주님에 대한 사랑으로 시작이 된다. 다른 모든 것들은 주님에 대한 사랑으로부터 퍼져 나와야 한다. 그러므로 알아 두어야 할 문제점들이 다음에 나오는 것들을 중심으로 계속 반복되고 있다:

- 우리의 첫 사랑의 관계를 촉진시키는 것: 하나님은 나의 생애의 최우선인가? 그렇다면 어떻게 이것이 매일의 삶의 사명 가운데서 증명이 되는가?
- 매일의 삶을 거룩하게 하는 것: 그분의 뜻에 순종함으로 그분이 주신 사명에 최선을 다하는 것.
- 우주를 다스리시는 하나님과의 즐거운 관계를 회복하는 것: 왜냐하면 하나님은 당신의 사랑하시는 자녀들의 균형 잡힌 삶을 위하여 끝없고 비길 데 없는 사랑과 열정으로 우리를 사랑하시기 때문이다.

우선순위를 따라 살 때, 지혜와 책임 있는 삶을 경영하는 것이 쉬워진다. 내적으로 그런 과정이 배어날 때, 인생의 여정에서 말할 수 없는 기쁨이 넘쳐나게 된다.

길을 잃어버린 적이 있는가? 아주 완전히 잃어버렸던 경험이 있는가 말이다. 그래서 도저히 집으로 가는 길을 찾지 못할 거라고 생각한 적이 있었는가? 용기를 잃지 말라. 주님이 우리를 도우러 오고 계신다!

제자의 기도

주 예수님, 괴로운 고해(苦海) 속에서 삶을 경영하는 것이 점점 더 어려워지나이다. 제가 가야 하는 길을 알고 있지만, 저의 앞길을 방해하는 세상의 파도와 바람이 저로 하여금 그 길을 가는 것을 방해하는 것을 아나이다. 저는 불확실하고 불안정한 폭풍우 가운데서도 당신께서 당신의 구원의 손길을 보내시는 것을 믿나이다. 그때에 당신의 음성을 듣기를 원하나이다. 당신의 얼굴을 보기를 원하나이다. 당신의 부드러운 손길을 느끼기를 원하나이다.

제가 제 인생을 지혜롭고 책임감 있게 경영하려면, 저는 당신의 도와주심이 필요할 뿐 아니라 다른 사람들도 이 긴 인생 여정에 함께 할 수 있기를 간절히 원하나이다. 저의 사명을 이해하고 완수하기 위하여 믿음의 공동체가 저의 신앙 성장에 매우 중요하나이다. 충성된 사랑과 봉사를 하기 위하여 제게 있는 최상의 것들을 찾게 하시고, 나의 우선순위를 도울 수 있는 그런 분들과 공동체들을 만나게 하여 주옵소서.

저는 당신께서 이 세상에서 행하신 구속 사업에 동참하기를 원하나이다. 저에게 주신 은사와 열정과 능력과 최상의 기쁨을 나타낼 수 있는 역할을 주시기를 간절히 원하나이다. 제가 스트레스를 잘 이길 수 있도록 도와주셔서 당신 앞에 더 균형 잡힌 삶을 살게 하소서. 진리로 인도하여 주시고, 당신의 길로 인도하여 주셔서, 저의 앞에 놓인 인생길에서 소망을 갖게 하소서. 저를 빛 가운데로 인도하시는 예수님의 놀라우신 이름으로 기도합니다. 아멘.

묵상과 변화를 위하여

건강한 제자는 개인의 삶을 경영하는 법과 책임감 있는 관계 속
에서 살아간다.

1. 본장에서는 당신이 습득해야 하는 여러 개의 연습 과제를 다루었
   다. 예를 들면:
   a. 사명 선언문 작성하기 (본문에서 8단계를 추천하였다)
   b. 개인적인 역할과 목적들의 개요 작성하기
   c. 스트레스의 종류와 퇴치하는 방법 찾기—오늘부터 시작하라!
   이것들을 가능하면 모두 실천에 옮기라. 그것들을 친구들이나 소
   그룹 모임에서 서로 나누라.

2. 요한복음 9장을 읽으라. 1~12절에서 소경이 예수님께로부터 받
   은 선물은 무엇인가? 13~14절에서 바리새인들의 반응은 무엇인
   가? 35~41절의 마지막 부문에 있는 영적인 무지와 영적인 눈을
   뜨게 하는 하나님의 선물을 받아야 하는 이유에 관하여 어떤 결
   론을 내리기를 원하는가?

3. 당신은 다가오는 주간에 동료 제자들에게 "하나님의 역사를 보여
   주기" 위해 그들의 사명을 추구하도록 어떻게 권면할 것인가?

4. 예수님의 사명 선언문을 읽어보자 (요 6:38, 10:10, 18:37; 막 10:45;

눅 19:10). 이 선언문들이 지혜롭고 책임 있게 당신의 삶을 경영할 수 있도록 어떻게 지혜롭게 하였는가? 그것들이 당신 자신의 사명 선언문을 발전시켜 나가는 데 어떻게 영향을 미쳤는가?

5. 지금 당신의 생활과 섬기는 삶에서 수없이 밀려오는 업무와 일들을 균형 있게 해결하게 도와 달라고 하나님께 구하는 기도문을 작성하라.

9

그리스도의 지체들과
긴밀하게 협력한다

건강한 제자는 관계와 예배와 친교와 사역을 위하여 기독교 공동
체 안에서 다른 사람들에게 능동적으로 손길을 뻗어야 한다.

"저희로 온전함을 이루어 하나가 되게 하려 함은 아버지께서 나를
보내신 것과 또 나를 사랑하심 같이 저희도 사랑하신 것을 세상으
로 알게 하려 함이로소이다."

요한복음 17:23

40년 이상이나 뉴 잉글랜드의 그리스도인들은 내가 지난 14년
동안 이끌었던 비전 뉴 잉글랜드에서 주최하는 콩그레스(Congress)
라는 컨퍼런스에서 매년 겨울에 한 번씩 모인다. 일만 명 이상의
신자들이 3일 동안 엄청난 열기로 한 지붕 밑에서 예배와 교제 권
만들기, 기도, 친교, 세미나로 모인다. 헌신된 평신도들이 대부분이
고, 수백 명의 목사들도 참여하는 이 모임은 이 지역에 영적으로

새롭게 하기 위한 중요한 촉매 역할을 감당한다.

이 모임의 장점은 이런 목적으로 참여하는 여러 종류의 사람들에 의해 증명된다. 대부분은 이 지방에서 모이지만, 캐나다 동부를 비롯하여 미국 전역의 30개 주 이상에서 참여한다. 수천 명의 중고등학생들을 포함한 남녀노소가 모두 참여한다. 도심과 시골과 주변 도시에서 여러 배경을 가지고, 많은 교파를 초월하여 수백 개의 교회들과 여러 민족들이 참여한다. 참석자의 대부분은 복음적인 개신교도들이지만, 천주교, 성공회, 오순절 계통, 카리스마교회, 그 외 초교파적인 그룹들이 또한 참여하여 아주 특별한 3일을 보낸다.

지난 수년간, 이 모임의 중요성에 대해 가장 많이 되풀이 되는 논평은 본장에서 다루어지는 "그리스도의 지체들 간의 협력"이다. 어느 곳에서 이렇게 다른 여러 종류의 대중들이 모여서 그리스도인의 신앙의 풍성함이 있고, 다양한 종류의 예수 그리스도의 교회들로부터 참석한 수천 명의 신자들이 함께 예배를 드리고, 짧은 시간에 많은 믿음의 공동체로부터 온 믿음의 식구들과 어깨를 나란히 할 수 있는 기회가 있겠는가? 매일의 삶 가운데서 "천국을 맛보는" 이런 경험을 어떻게 할 수 있는가? 서로 섬기는 그 무엇이 예수 그리스도의 사랑과 주권 아래서 함께 모이는 그런 굉장한 예배를 통하여 나타날 수 있게 하는가?

이것들이 바로 그 모임의 뒤에 나타나는 질문들이다. 예수님의 지체들과 서로 긴밀하게 협력하는 것은 일주일이나 일 년에 되는 것은 아니다. 아마도 많은 믿는 자들에게는 이것이 그렇게 할 수 있는 유일한 모임일 수도 있다!

미국에서 도심에 살지 않는 사람들은 다양한 문화를 접하기 어렵다. 그들은 믿음의 공동체에 가까이 하기 위해서는 더 적극적이어야 한다. 예를 들면, 대부분의 사람들은 같은 계통의 민족이고 경제적으로도 비슷하고 그런 멀리 떨어진 작은 마을에 사는 사람들이다. 그런 지역에는 단지 한두 개의 교회가 있을 뿐이다. 이런 데 사는 그리스도인들이 어떻게 다른 지역의 그리스도의 지체들과 긴밀하게 협력할 수 있겠는가? 작게는 하나님의 나라를 세우기 위한 그들의 목표를 세우고, 그 지역 사회 안에서 서로 대화하고 돕는 것이 필요하다. 가장 이상적인 것은 창조적인 생각과 다른 지역 또는 다른 나라의 교인을 받아들이는 것 등이다. 그런 것은 예수님의 몸의 풍성함을 이해하는 데 도움이 된다. 그리스도의 몸의 다양성을 나타내는 다른 사람들과 관계를 발전시키기 위해 단순히 문제점과 필요에 대하여 말하는 것만으로도 좋은 출발점이라 할 수 있다. 여기서부터 하나님의 사람들이 얼마나 창조적인지 놀랍다.

한편, 우리들 중에 수많은 민족으로 구성된 그리스도의 몸이 살고 있지만, 그 사람들이 쉽게 한자리에 모일 수 없는 도심에 사는 사람들은 어떠한가? 보스턴은 각종의 사람들이 잘 모이는 미국에서 몇 개 안 되는 도시 중에 하나이다. 수십 년 동안, 도시에 사는 많은 중요한 지도자들은 사역에서 서로 돌아가면서 매우 효과적인 협력 작용을 창출할 수 있는 강력한 개인적인 관계를 만들면서 함께 맹약하였다. 임마누엘 복음센터(Emmanuel Gospel Center: EGC)가 이룬 놀라운 사역을 보라. 30년 이상 그 곳에서 더그(Doug)와 주디 홀(Judy Hall)이 특별하게 초교파적으로 여러 민족으로 구성된 사역을 키워

나가는 목사님들과 평신도 지도자들로 구성된 잘 성장하는 팀을 인도하고 있다. 그들의 사역은 예수님의 몸을 하나가 되게 세우고, 서로 돕기 위한 많은 교회들과 개인들에게 권한을 주는 중요한 자원을 개발하고 있다. 매우 다양한 관계를 이루는 특성을 통하여 EGC는 소수의 도심에서 시작되는 다양한 활동과 같이 주님이 교회를 세우시는 사역에 크게 기여하였다. 예수님의 몸을 모으는 작업을 완수하기까지는 아직 많은 일들이 남아 있지만, 이런 교제권을 통하여 하나가 되는 희망은 여러 가지로 전개되고 있다.

우리와는 약간 다른 믿음과 사역에 연결을 시도하는 다른 교회들과 신자들, 교파적으로 연결되어 있는 교회의 교인들은 어떠한가? 이런 배경을 가지고 있는 그리스도 안에 있는 형제자매들에 대해 생각해야 할 너무나 많은 견해들이 있다. 예를 들면, 예수님 중심, 하나님 말씀의 진리, 성령님의 사역, 선교의 중요성, 전도 등 우리와 같은 믿음을 가진 다른 지역의 모임들과 함께하는 것은 어떠한가? 다른 교회에 참여하고, 강단을 바꾸어서 다른 교회의 목사님의 말씀을 듣고, 서로의 사역에 성공을 위하여 기도하고, 다른 교회의 프로그램에 참여하고, 서로 자기 집에 초대하며, 함께 연합으로 전도하는 계획을 생각해 보고, 지역 연합 예배도 계획하고, 함께 기도하며, 함께 즐기고, 함께 전략도 짜고, 복음을 위하여 함께 봉사하는 등등.

불행하게도, 우리의 본능은 다양한 문화에 마음을 여는 것을 쉽게 허락하지 않는다. 우리는 보통 서로 분리되어 있다. 왜냐하면 우리는 다르게 만들어졌기 때문이다. 우리는 **그런** 식으로 예배를 드리지 않고, **그런** 프로그램을 하지 않는다 또는 우리는 **그들**과 다르다고 생각하기 때문에 그렇게 오랫동안 헤어져 있게 하는 벽을 세우는 데 기여하게 된다. 실제로 개신교에 그렇게 교파가 많은 것은 역사적으로 서로 반대하므로 교회들의 고립을 초래하였기 때문이다.

지난 수년 간, 새 교파들이 생겨났다. 왜냐하면 사람들이 강한 개성, 깊은 교리적인 갈등, 예배 형식이나 전도하는 방식의 차이 등 여러 이유로 인하여 먼저 있던 교단으로부터 갈라져 나오기를 원했기 때문이다. 갈라져 나오면서 그들만의 독특한 형식을 세워나가기를 바라고 있다. 처음에는 이 새로운 사역을 이루기 위하여 좋은 방향으로 힘이 모아졌지만, 모래 위에 그어 놓은 것 같이 희미했던 선은 더욱 진하고 두터워졌다. 그 결과 개신교의 교파들은 백 개를 넘었고, 게다가 더 많은 교회들이 초교파가 되는 움직임이 있으며, 이런 다양성이 여러 곳에서 나타난다. 그러므로 앞으로 다가오는 세대에 예수 그리스도의 교회들 간에 하나가 되기 위한 필요성이 점점 더 커지고 있다.

여기에 초점을 둔 질문은 "영적인 건강과 생기를 추구함에 있어서, 그리스도의 몸과 긴밀하게 협력하고, 교회 안에서 하나 되도록 돕기 위하여 제자로서 무엇을 할 수 있는가?"이다. 이 질문의 핵심은 이 부분의 훈련을 위하여 예수님의 우선순위를 이해하는 것을 더 중요하게 생각하는 데 있다.

하나 됨을 위한 기도

요한복음 17장에 있는 예수님의 아름다운 기도를 통하여 세계적으로 다가오는 세대에 이르기까지 그분의 제자들의 하나 됨을 위한 하나님의 마음의 진수를 발견한다.

　지금 내가 아버지께로 가오니, 내가 세상에서 이 말을 하옵는 것은 저희로 내 기쁨을 저희 안에 충만히 가지게 하려 함이니이다. 내가 아버지의 말씀을 저희에게 주었사오매 세상이 저희를 미워하였사오니, 이는 내가 세상에 속하지 아니함 같이 저희도 세상에 속하지 아니함을 인함이니이다. 내가 비옵는 것은 저희를 세상에서 데려가시기를 위함이 아니요, 오직 악에 빠지지 않게 보전하시기를 위함이니이다. 내가 세상에 속하지 아니함 같이 저희도 세상에 속하지 아니하였삽나이다. 저희를 진리로 거룩하게 하옵소서. 아버지의 말씀은 진리니이다. 아버지께서 나를 세상에 보내신 것 같이 나도 저희를 세상에 보내었고, 또 저희를 위하여 내가 나를 거룩하게 하오니, 이는 저희도 진리로 거룩함을 얻게 하려 함이니이다.
　내가 비옵는 것은 이 사람들만 위함이 아니요, 또 저희 말을 인하여 나를 믿는 사람들도 위함이니, 아버지께서 내 안에 내가 아버지 안에 있는 것 같이 저희도 다 하나가 되어 안에 있게 하사, 세상으로 아버지께서 나를 보내신 것을 믿게 하옵소서. 내게 주신 영광을 내가 저희에게 주었사오니, 이는 하나가 된 것 같이 저희도 하나가 되게 하려 함이니이다. 곧 내가 저희 안에 아버지께서 내 안에 계서 저희로 온전함을 이루어 하나가 되게 하려 함은 아버지께서 나를 보내신 것과 또 나를 사랑하심 같이 저희도 사랑하신 것을 세상으로 알게 하려 함이로소이다.
　아버지여, 내게 주신 자도 나 있는 곳에 나와 함께 있어 아버지께서 창세 전부터 나를 사랑하시므로 내게 주신 나의 영광을 저희로 보게 하시기를 원하옵나이다.
　의로우신 아버지여, 세상이 아버지를 알지 못하여도 아버지를

알았삽고, 저희도 아버지께서 나를 보내신 줄 알았삽나이다. 내가
아버지의 이름을 저희에게 알게 하였고 또 알게 하리니, 아는 나를
사랑하신 사랑이 저희 안에 있고, 나도 저희 안에 있게 하려 함이니
이다.

요한복음 17:13~26 (굵은 글씨 저자 강조 첨가)

예수님이 자신을 위하여 기도하신 후에 (요 17:1~5), 예수님은 그
분의 지상 사역을 통하여 따라다니던 제자들을 위하여 (6~19절), 다
가오는 세대의 모든 사람들을 위하여 (20~26절) 하나님께 계속하여
기도하셨다. 이 기도의 중심에서, 예수님의 제자도를 다시 발견한
다. 첫째, 제자도는:

예수님이 하나님으로부터 오셨다는 것을 아는 것이다. 제자
는 본질적으로 예수님이 하나님의 대사이신 것과 그분의 말씀
이 곧 하나님의 음성이고, 그분의 행적에서 하나님의 역사하심
을 본다는 것을 아는 사람이다. 제자는 예수님 안에서 하나님을
보는 사람이며, 이 온 우주에서 예수님 같이 하나님께로부터 오
신 분은 아무도 없다.

다시 말하면, 제자도는 순종에 있다. 제자는 예수님을 통하
여 듣는 하나님의 말씀을 지키는 자이다. 제자는 예수님의 주되
심을 인정하는 자이다. 우리가 좋아하는 것만 하기를 원하는
사람은 제자가 될 수 없다; 제자도는 복종과 밀접한 관계가 있
다. 제자도는 이미 정해져 있는 어떤 것이다. 예수님의 제자들
은 하나님이 그분에게 주신 사람들이다. 하나님의 계획 안에
그들은 제자들로서 이미 부르심을 받은 것이다.[1]

예수님은 매우 평범한 사람들로 구성된 작은 그룹을 통하여 작게 시작하는 것을 원하셨고, 그들이 이 세상을 바꾸어 놓을 것을 아셨다. 그것은 그들을 위한 그분의 사랑, 즉 "그들의 장래에 관한 꿈과 위대한 사역을 위한 계획"에서 시작하셨던 것이다.[2)]

잠시 일을 멈추고 한 번 생각해 보자. 누구를 사랑한다면 우리는 "그들의 장래에 대하여 꿈을 꾸고, 그들의 위대한 사역을 위해 계획한다." 이런 생각이 당신의 영과 잘 맞는가? 당신은 예수님의 몸, 즉 가정에서, 친구들 사이에서, 동료들 사이에서, 당신이 속한 교회와 더 크게는 기독교 공동체들 안에서 다른 신자들에 대하여 그런 사랑을 하고 있는가? 예수 그리스도의 제자들은 그리스도가 제자들을 사랑하신 것처럼 오늘날 우리들도 사랑하신다는 것을 직접 보여 주는 믿음의 공동체 안에서 다른 사람에 대한 사랑을 실천해야 한다. 어찌 보면 생각과 구상이 돌아서 제자리로 온 것 같이 느낄 수도 있는데, 실제로 그렇다. 요한복음 17장의 기도는 예수님이 그렇게 하신 것처럼 보인다. 이를 테면, 예수님 자신을 위하여 기도하셨고, 제자들을 위하여 기도하셨고, 하나님에게서 받으신 그분 안에 있는 사랑을 제자들에게도 주시기를 기도하셨고, 그 제자들이 돌아가면서 그 사랑을 나누었고, 그리하여 하나님의 아들을 통한 사랑을 세상이 알게 하셨고, 세상 어디에서나 다른 세대들 사이에서도 하나 됨을 이루셨다! 너무 돌고 돌아서 어지러운가? 그것이 계속 돌고 도는 것 같이 느껴질지 모르지만, 실상은 이 모든 것은 진리를 제자들의 마음속의 깊은 곳까지 더 깊게 들어가게 하는 것이다.

하나님의 성령님은 이 엄청난 기도를 통한 예수님의 간구에 대하여 반응하게 한다. 그분의 간구는 하나님의 영광이 사랑하는 제자들의 마음과 영혼에 분명하게 나타나신 것과 그 하나님의 영광이 그분이 오셔서 죽으신 이 세상에 나타나실 것을 바라시는 것이었다. 예수님의 충성된 제자들의 삶을 통하여 하나님의 영광이 예수님께 나타나셨다. "병자를 고치면 그 영예가 의사에게로 가고, 학자를 가르쳐 놓으면 그 영예가 그의 선생에게 가고, 운동선수를 훈련시키면 그 영예가 훈련자에게로 가고, 예수님이 구속하여 주셨기에 그 영예가 예수님에게로 간다. 나쁜 사람을 선하게 하심으로 예수님께 영광이 된다."[3] 예수님께 존귀와 영광을 돌림으로 우리는 사명을 완수해야 하는데, 그 사명이 믿음의 공동체 안에서 하나 됨을 통하여 사명을 이루게 된다면 그 사명은 진정으로 완수 되는 것이다. 그렇다면 세상은 마침내 하나님의 영광을 보게 된다. 이것이 바로 이 예수님의 기도의 핵심이다.

그러면 예수님은 제자들을 위하여 무엇을 기도하셨는가? 이 구절은 진리들로 꽉 차서 그 일부를 잡을 수 있고, 중요한 주제들인 승리, 하나 됨, 보호, 진리, 영광에 관한 주제들을 우리구세주의 놀라우신 크신 능력의 기도를 통하여 본다.

주제 1: 승리

이 예수님의 위대하신 기도의 중심 주제는 승리이다. 핵심은 예수님이 세상에서 승리의 영광을 얻기 위하여 기도하셨다. 그분의 마음은 영생의 선물을 통하여 죽음을 이기신 승리였다. 그분은 우리들을 둘러싸고 있는 마음의 애착을 덮어 버린 이 세상의 권세를 향한 승리를 위하여 기도하셨다. 그분의 기도는 예수님의 몸이 갈라지는 것을 극복하는 승리를 위한 것이다. 그분은 우리를 갈라지게 하는 마귀의 궤계를 이기고, 완전히 하나가 되기 위한 성령의 소원을 아셨다.

예수 그리스도 안에서 승리는 확실하다. 우리는 승리할 것이다. 왜냐하면 **그분**이 승리를 주관하시기 때문이며, 그분이 승리하셨기 때문이다. 이 기도는 예수님의 통치하심을 통하여 이미 이루셨다는 것을 강조하는 것이다. 예수님은 제자들이 그 승리를 얻고 하나님의 자녀로서 하나 된 모습으로 살게 하기 위하여 여기서 기도하셨다.

예수님은 제자들이 이 세상으로부터 데려감을 위하여 기도하신 것이 아니다. 그분은 그 제자들의 탈출을 위해 기도하신 적이 없다. 오히려, 그분은 승리를 얻으라고 기도하셨다. 그분은 제자들이 믿음으로 살아야 하는 거칠고 험난한 인생 가운데서 승리를 얻으라고 가르치신다. 육체를 이기는 영적인 작은 승리들은 이 세상에서 발견되지만, 죽음 그 자체를 이기는 진짜 승리는 영생을 주시는 예수님 안에 있는 승리이다. 그것이야말로 얻기 위하여 싸울 가치가 있는 바로 그 승리이다.

주제 2: 하나 됨 #1

두 번째 주제는 **하나 됨**인데, 두 개의 부분으로 나눈다. 예수님의 깊은 기도에서 그분은 처음 제자들의 그룹이 하나가 되기를 기도하셨다. 그분은 이 세상에 계시는 동안 동행하셨던 그 제자들은 하나 됨을 경험하였다. 그러나 그들 중에 일부가 예수님과 더 총애를 받는 것에 대하여 다툴 때 또는 가룟 유다가 예수님을 배반했을 때, 그들의 하나 됨에 금이 가는 것을 보게 된다. 우리는 그리스도인들이 주님이 인도하시는 그 목적과 그 가는 길을 위하여 함께 희생할 각오가 되어 있는 것을 본다. 이 시점에서 그들은 앞으로 다가올 것을 정말 아무것도 몰랐지만 사명과 사역을 감당하는 것에는 하나가 되었다.

예수님은 그 제자들의 하나 됨을 위하여 "우리와 같이 저희도 하나가 되게 하옵소서" (요 17:11). 그러므로 그들이 "내 기쁨을 저희 안에 충만하게" (13절) 갖게 하기를 기도하셨다. 그분은 다가오는 그분의 죽음을 아셨기 때문에 제자들이 기쁨으로 하나가 될 필요성에 관하여 잘 아셨다. 그분은 그 제자들이 한 성령 안에서 같은 목표가 없다면 예수님이 십자가에서 죽으심을 감당할 수 없음을 아셨다. 분열이 그들의 하나 됨을 깨뜨리면, 예수님이 세상에 오신 목적이 방해 받으실 것을 아셨기 때문이다.

예수님은 십자가를 지셔야 되는 것을 미리 아셨고, 다가오는 세대를 준비함에 있어서 "교회들 간에 분열이 있고, 독점이 있고, 싸움이 있는 곳에 기독교의 목적이 훼방을 받고, 예수님의 기도가 헛되게 된다. 그리스도인들이 하나가 되지 않는 교회에서는 진정한 복음이 전해질 수 없다. 세계는 싸우는 교회들에 의하여 복음화될 수 없다. 예수님은 자신과 아버지가 하나이신 것처럼 그분의 제자들도 온전히 하나가 되기를 기도하셨다."[4)]

주제 3: 보호

이 기도에서 가장 많이 반복되는 단어 중에 하나가 **세상**이다. 예
수님은 제자들이 이 세상의 엄청난 마귀의 영향과 유혹에 의하여
넘어지지 않도록 기도하셨다. 예수님은 아버지 하나님이 이 세상에
사는 사람들의 마음을 **빼앗으려고** 노리는 마귀의 공격으로부터 제
자들을 보호하기를 기도하셨다. 성경은 하나님의 권세에 정면으로
반대하며 존재하는 마귀의 권세에 대하여 깨우친다.

죽음에 대한 궁극적인 승리에 대하여, 영원한 하늘나라의 시민으
로서 열심히 살아가는 사람들이 당할 어려움들을 미리 말씀하시는
주님의 마음을 가지고 이 기도를 읽으려고 한다. 우리를 위하여 아
버지께서 그의 자녀들을 사랑으로 보호하실 것을 기도해 주시는 그
런 구세주를 우리에게 주심을 하나님께 감사드린다. "하나님이 우리
를 사탄의 공격으로부터 지켜 주시기 위하여 인생들을 감찰하신다
는 것은 우리를 신나게 해준다. 자주 넘어지는 것은 나의 힘으로 삶
을 이겨내려고 하기 때문이며, 도움을 구하지도 않을 뿐 아니라 우리
를 보호하시는 하나님의 임재를 기억하지 못하기 때문이다."[5)]

마귀로부터 우리를 보호하는 것은 예수님에게 우선권이었다. 하
물며 오늘날의 제자들에게는 얼마나 더 우선권을 두어야 하는가?
"거룩하신 아버지여, 내게 주신 아버지의 이름으로 저희를 보전하
사...아버지의 이름으로 그들을 [지키시고 보호하시고]...악에 빠지지

않게 보전하시기를 위함이니이다" (요 17:11~12, 15). 다른 제자들을 위하여 하나님의 은혜와 보호하심의 보좌로 그들의 이름을 내어 놓고 같은 기도하라. 그것을 매일 기도 제목에 첨가해야 한다.

주제 4: 진리

예수님의 기도에서 네 번째 주제는 하나님의 말씀의 진리와 부르심에 의하여 예수님과 제자들이 거룩하게 되는 것이다. 제자들은 거룩하고, 성별되고, 말씀과 부르심을 위하여 구별되어야 하는 특별한 사명을 완수하기 위하여 부름을 받았다. 이것은 예수님이 주신 새로운 주제는 아니다. 하나님이 예레미야를 부르실 때 "내가 너를 복중에 짓기 전에 너를 알았고, 네가 태에서 나오기 전에 너를 구별하였고, 너를 열방의 선지자로 세웠노라"(렘 1:5)고 그에게 말씀하셨다. 하나님이 이스라엘 중에 제사장들을 세우실 때, 모세에게 명령하셔서 아론의 아들들에게 기름을 부으라고 하셨고, 제사장으로서 하나님을 섬기기 위하여 성별하게 시키셨다 (출 28:41).

하나님이 특별한 목적이나 사명을 위하여 우리를 거룩하게 하실 뿐 아니라, 그 사역을 잘 감당하게 하기 위하여 성령님으로 무장시키신다. 성별이라는 말의 뜻에는 그분의 제자들을 마음과 혼과 그 임무가 요구하는 성격으로 무장시키는 놀라우신 하나님의 진리가 들어 있다. 하나님은 우리를 부르기만 하시는 것이 아니라 그분의 말씀과 진리를 가지고 세속으로부터 우리를 분리시키시지만, 앞날을 예비하시며, 거기에 필요한 모든 권한을 주시기 위하여 성령님의 은사로 우리를 완전히 무장시키신다.

하나님의 진리 안에서 믿어야 하는 것 외에 다른 하나는 그 진리를 따라 거룩하고 성별되게 삶의 모든 면에서 살아가는 것이다. 하나님을 섬기려면, 하나님의 선하심과 거룩하심과 지혜가 없이는 그렇게 할 수 없다는 것을 인정해야 한다. "거룩하신 하나님을 섬기는 자는 그 자신도 거룩해야 한다. 하나님이 우리를 그분의 특별한 사역을 위하여 뽑으시고 헌신하게 하신 것을 명심해야 한다. 그 특별한 사역이란 그분을 사랑하고 순종하는 것이며, 다른 사람들도 그렇게 하도록 인도하는 것이다. 하나님은 그 위대한 사역을 힘으로 하게 내버려 두지 않으신다. 오히려 그 사역을 위하여 우리의 삶을 그분의 손에 의탁한다면 우리에게 알맞은 그분의 은혜를 부어 주신다."[6] 하나님의 진리의 말씀대로 살아야 하고, 제자들의 모든 열정은 예배와 전도와 다른 사람과의 관계에서 건강과 생기를 추구하는 것에 사용되어야 한다. 그것이 하나님의 진리이고, 그 진리를 따라 사는 것이고, 그 진리는 세상에 사는 동안에 성취하기 위하여 노력해야 하는 부르심과 명령이다. 이것이 바로 그분의 부르심이자 계명이다.

주제 5: 하나 됨 #2

이 위대한 기도를 연구해 가는 동안, 예수님이 신령한 기도를 오는 세대에 있을 제자들에게 초점을 맞추시는 것을 보면, 하나 됨에 대한 주제가 다시 나오는 것을 본다 (요 17:20절 이하). "저희도 다

하나가 되어 안에 있게 하사...하나가 된 것 같이 저희도 하나가 되게 하려 함이라....아버지께서 내 안에 계셔 저희로 온전함을 이루어 하나가 되게 하려 함은 아버지께서 나를 보내신 것과 또 나를 사랑하심 같이 저희도 사랑하신 것을 세상으로 알게 하려 함이로소이다" (요 17:21~23). "그분의 기도가 먼 훗날에 놀랍도록 전파되었고, 그분은 먼 지방과 먼 훗날의 새로운 세대에 사는 사람들이 기독교의 믿음에 입문할 것을 기도하셨다."[7]

　　예수님이 기도하셨던 하나 됨은 무엇인가? 그것은 무슨 단체나 교회도 아니고, 정치나 행정 부서 따위가 하나 되게 하기 위한 것은 더더구나 아니다. 그것은 하나님의 사람들 사이에서 개인적인 관계에서 하나가 되는 것이다. 예수님과 아버지와 서로 사랑하며 순종하는 관계처럼, 하나님의 사람들의 하나 됨은 서로 섬기며 사랑하여 하나가 되는 것이다. 하나님의 사람들이 하나님 아버지 앞에서 순종의 삶을 살면서 서로 사랑과 헌신의 관계를 개발하는 것이 하나가 되는 것이다. 그렇게 할 때, 아니 진정으로 그렇게 한다면 이 세상은 하나님의 사랑의 진실을 알게 될 것이다.

　　대부분의 교회들은 절대로 같은 방법으로 만들어지지 않고, 하나님께 드리는 예배 형식도 모두 다르다. 그들이 믿는 것들도 모두 똑같지는 않다. 그러나 그리스도인들의 하나 됨은 이 모든 차이점을 능가하고, 사람들을 사랑으로 묶는다. 이 시대뿐 아니라 역사적으로 그리스도인들이 하나 됨은 상처를 입었었고 위험했다. 왜냐하면 사람들은 서로 관용을 베푸는 것보다 자기들

나름대로의 교회관과 교리와 예배 형식이 우선하기 때문이다. 그들이 진정으로 서로 사랑한다면, 그들이 진정으로 예수님을 사랑한다면, 교회들이 예수님의 제자들 중 아무도 제외시키지 않았을 것이다. 오직 사람들의 마음에 하나님이 심어 놓으신 사랑만이 사람들 사이에, 교회들 사이에 세운 장벽을 헐어 낼 수 있다.[8]

하나님의 사람들 중에 건강한 관계에 있는 사랑만이 완전히 하나가 되게 묶는다.

서로 진정으로 사랑하고 예수님이 기도하신 것처럼 하나가 되게 산다면, 세상을 기독교의 진리와 예수 그리스도를 주님으로 할 수 있는 중심지로 변화시킬 수 있다. 합하는 것보다 각자 나누어지는 것이 육신의 소욕으로 볼 때 더욱 자연스럽기 때문에, 하나가 되게 하는 문제는 언제나 불거지기 마련이다. 진실한 하나 됨은 하나님의 사람들에게는 영적인 표현인데, 교회가 하나가 되기 위해서는 오직 하나님의 성령님을 의지할 때만 가능하다. 그것은 예수님의 기도에 대한 응답을 나타내 줄 제자들이 하나 됨을 보여 주기 위해서는 제자들이나 교회가 어떤 형편에 있는가에 달려 있다.

우리들의 책임은? 하나님의 사람들 간의 하나 됨을 위하여 기도하고, 그것을 이루기 위하여 성령님을 의지하고, 그리스도 안에 있는 다른 형제들과 자매들에게 마음과 혼과 목소리와 섬김에서 하나 됨을 매일의 삶 가운데서 보여 주어야 한다. 오직 그렇게 할 때만이 비로소 세상은 서로 화합하게 되고 그리스도의 사랑을 알게 된다.

주제 6: 영광

　요한복음 17장에 다른 하나의 두드러진 낱말은 영광인데, 그것은 예수님의 기도에 관한 마지막 주제이다. "아들을 영화롭게 하사 아들로 아버지를 영화롭게 하옵소서....내가 이루어 아버지를 이 세상에서 영화롭게 하였사오니...창세 전에 내가 아버지와 함께 가졌던 영화로써 지금도 아버지와 함께 나를 영화롭게 하옵소서....내가 저희로 말미암아 영광을 받았나이다....내게 주신 영광을 내가 저희에게 주었사오니....아버지께서 창세 전부터 나를 사랑하시므로 내게 주신 나의 영광을 저희로 보게 하시기를 원하옵나이다" (요 17:1, 4~5, 10, 22, 24)

　예수님의 영광은 무엇인가? 그분은 십자가를 통한 영광을 말씀하셨다. 그것은 십자가에 못 박히시는 것뿐 아니라 더 중요한 것은 그분이 영광스럽게 되는 것이었다. 그분의 제자들에게 가장 중요한 것은 각자가 삶 가운데서 십자가를 지는 것이었다. 우리는 이것을 영광의 표식으로 본다. 왜냐하면 예수님을 위하여 고난을 받는 것은 세상에서 예수님의 대사로서 "왕실의 기사로 임명 받는 것" 같이 되는 것이기 때문이다. 우리는 이 세상에서 얼마간의 고난을 겪어야 하고, 그 고난을 피할 수는 없다. 고난은 사람마다 다 다르겠지만 내가 지는 십자가는 하나님이 주신 영광의 한 부분으로 보아야 한다.

　콜롬비아나 남미, 빈곤의 나라 하이티, 또는 아프리카 대륙에 사는 그리스도인들의 엄청난 고난을 생각해 보라. 전 세계에서 위급하고, 병적으로 시달리고, 독재에서 또는 가뭄이 휩쓸고 간 땅에서 매일 고난 받는 사람들을 생각하라. 받는 고난은 그들이 지는 십자가에 비하면 아무것도 아니다. 북미에 있는 교회가 십자가를 진다고 할 때, 단결성 부족에 대해서는 정말 거의 할 말이 없다. 우리의 단결성 부족은 물질의 부족이나 세계의 어느 곳에서나 경험하는 육체적 고통과 직결되어 있다.

예를 들면, 콜롬비아에 있는 교회는 그들이 매일 져야 하는 십자가를 중심으로 단결되어 있다. 콜롬비아의 교회 지도자들이 그리스도 안에서 형제자매로 모였을 때, 그들은 서로의 고난과 고통을 나누었다. 그 고난들은 대부분 그들의 나라가 당면하고 있는 비참한 빈곤과 마약 밀매, 부패한 지도자들, 정치적 불안정이다. 그 결과로 교회가 단결이 되고, 개혁이 되고, 성령으로 살아 있게 되었다. 내가 두 번이나 콜롬비아 그리스도인들을 섬길 수 있는 기회가 있었는데, 예배와 말씀과 관계와 사명을 통하여 어떻게 그리스도의 몸이 하나가 되는지를 경험하였다. 고통이 크면 클수록 단결하기가 쉬워진다. 왜냐하면 구체적이고 실제적으로 형제들 안에서 진정한 하나 됨을 이루는 것은 다른 사람의 고통을 나누기 때문이다.

그리스도인들은 십자가 앞으로 모일 필요가 있다. 그래야 그리스도의 몸이 하나가 되는 것이 더욱 단단하고 확고해질 것이다. 이 십자가는 그 자체가 아니고 그것이 의미하는 영적, 감정적, 지적, 관계적인 것이다. 고독으로 인하여 고통을 받는다면 치유를, 그리고 증오로 고통 받는다면 단결과 협조를, 고통이 물질적이고 욕심이라면 재산 관리를 돕는 형제들의 사랑을 필요로 한다. 고난이 생각보다 클지라도 일단 발견하고 문제를 파악하면 그 다음 단계는 그것들을 십자가로 생각하고 서로를 돌아봄으로 예수님의 영광을 나타내야 한다. 예수님의 영광은 십자가에서 발견할 수 있지만, 아버지와의 깊은 관계에서 그리고 아버지의 뜻에 순종할 때 볼 수 있다. "우리가 원하는 대로가 아닌 하나님의 뜻대로 할 때, 주님의 영광을 본다. 우리들 대부분이 경험했지만, 내가 원하는 대로 하려고 하면, 나 자신과 다른 사람들에게 슬픔과 재난밖에는 가져오는 것이 없다는 것을 발견한다. 하나님의 뜻대로 하는 것에서 삶의 진정한 영광을 발견한다. 순종하면 할수록, 영광은 더욱 크다."⁹⁾ 예수님은 완전하게 이런 삶을 살았다. 왜냐하면 예수님이 이런 기도를 드리고 난 후에, 그분은 배신과 고통의 십자가를 지셨기 때문이다. 그분의 마지막 말씀이 절망이 아니라 영광이었다는 것과 구세주께서 이런 고통의 시간을 당하기 전에 그것을 이미 아셨다는 것은 아주 귀중한 것이다.

그러므로 영적인 건강과 온전함을 추구하는 그리스도인의 제자들로서 요한복음 17장에서의 기도는 그분과 함께 하는 승리와 하나 됨과 보호와 진실과 영광을 위한 그리스도의 몸 안에서의 긴밀한 협력을 위하여 길잡이가 되었다. 우리 세대에서 그렇게 되길 하나님께 기도한다.

하나 됨 가운데 함께 하심

수년 전에 어떤 교회의 헌당식에서 설교할 수 있었다. 그 건물은 네 교회가 서로 함께 쓰기 위하여 거룩한 헌당식을 하였다. 그 네 교회는 침례교회, 메노파 교회, 메시아파 유대교, 하나님의 성회 교회였다. 각 교회의 목사님 집무실은 한 건물에 있었고, 각 교회는 토요일과 주일의 서로 다른 시간에 예배를 드렸다. 교회의 프로그램들은 서로 함께 할 수 있는 것들은 가능하면 같이 하였고, 가끔 함께 예배를 드렸다.

그 주일에는 그들의 교회들이 다 함께 모여 예배당 헌당식을 하는 날이었다. 그들의 주제는 "하나 되어 지역 사회에 복음을 전하자"였다. 네 교회가 믿음으로 서로 잘 협력하고 마찰이 없도록 하여 함께 동네 사람들과 각 교회를 잘 섬기도록 공동으로 협약하였다. 그들은 동네와 지역 사회에 예수님의 사랑을 전하기 위하여 각 교회가 서로 사랑하자는 자세로 임했다.

이것은 게리 시트서(Gerry Sittser)의 책 〈서로의 차이점을 사랑하자〉(Loving Across Our Differences)에서 다음과 같은 연합에 관한 이야기를 하고 있다:

린다(Linda)와 나는 공영 방송에 나오는 옛날 영화를 보곤 하였다. 그것은 우리에게 고전적인 즐거움을 주었고, 지금은 거의 대부분 세상을 떠난 유명했던 많은 배우들의 공연을 볼 수 있었다. 몇 년 동안 꽤 많은 명작들을 보았는데, 그 중에는 지난 40여 년 동안 수십 편의 영화에 출연하였던 프레드 아스테어(Fred Astaire)도 있었다. 우리는 뻔히 아는 줄거리와 평범한 연기임에도 불구하고 그의 영화가 싫증나질 않았다. 아스테어의 춤은 우리를 사로잡았다. 그는 춤의 대가였다. 그의 춤은 멋지고, 어색하지 않고, 복잡하지도 않았다. 그는 평범하면서도 동시에 최고로 보였다.

그가 세상을 떠난 후에 춤 상대였던 진저 로저스(Ginger Rogers)가 ABC 방송국의 "나이트라인"(Nightline) 프로그램에 출연하였다. 그녀는 그의 실력을 극찬하였다. 그는 춤을 너무나 잘 추었기에 그녀는 한 번도 어색하거나 발이 맞지 않은 적이 없었다. 그 날 저녁에 보여 준 영화는 그녀가 말한 것을 증명할 수 있었다. 아스테어와 로저스는 아주 아름다운 춤을 보여 주었다. 그들의 춤은 유연하였고 막힘이 없었다. 그들은 너무나 잘 했기에 그녀가 말했듯이 누가 이끌고 누가 따라가는지 알 수 없었다. 두 사람은 마치 한 사람인 것처럼 춤을 추었다.

아스테어와 로저스는 하나님이 모든 사람이 삶 가운데서 경험하기를 원하시는 것을 춤추는 것을 통하여 명백하게 보여 주었다. 그분은 우리의 삶이 온전하고, 사회적인 지위에 관계없이 감당해야 하는 사회적인 직책과 사회적 질서 안에서 지도자와 피지도자, 권력이 있는 자나 없는 자나 바별 없이 서로 잘 조화를 이루기를 원하신다. 마치 아스테어와 로저스와 같이 서로 거침이나 막힘이 없어야 한다.

물론 하나님이 원하시는 것과 삶의 방식은 매우 다를 수 있다. 아스테어와 로저스가 보여 주는 연합은 우리가 하나님이 원하시는 표본으로부터 얼마나 멀리 떨어져 있는지를 보여준다. 그들의 연합은 우리의 분열을 보여 주고, 그들의 하나 됨은 우리의 깨어짐을 보여 준다. 그들이 무대에서 보여준 유연성은 우리의 경쟁적이고 반항적인 성품을 보게 한다. 현대 사회에서 우리들은 은혜롭게 춤추듯이 사는 것이 아니라 상대방의 발을 밟으면서 아파하면서 삶을 낭비하고 있다.[10]

침례교회, 메노파 교회, 메시아파 유대교, 하나님의 성회 교회가 모였을 때, 그들은 서로의 발을 밟을 확률이 매우 높았다. 어떻게 하나가 되어 움직이는지를 알기 위하여 춤 교습을 받을 필요는 없지만, 예수님의 사랑 안에서 서로 매듭 없이 연결되고, 마음으로 하나가 되어 움직이길 원한다면 우리는 아주 열심히 연습해야 할 것이다. 영적인 건강과 활기를 원하는 제자들은 하나 되기를 원해야 하며, 예수님처럼 사랑하고, 섬기고, 예배를 드리고, 함께 살아가도록 도와주는 정직함이 있어야 한다. 우리 각자가 해야 하는 역할이 있는데, 아무도 옆에 서서 구경하고 있는 사람이 되거나 섬길 수 있는 기회를 놓쳐도 안 된다. 또한 춤추는 무대의 옆에 있는 사람들을 보며 참여하지 않는다고 손가락질을 해서도 안 된다. 그보다는 오히려, 함께 모여서 은혜롭고 막힘이 없이 사랑스럽게 그리스도의 몸으로서 하나가 되기 위하여 나아가야 한다. 예수님이 기도하신 것처럼 우리도 그렇게 살아야 한다.

☞ 원칙 9.1 연결의 다양성

건강한 관계를 훈련하기 위하여 서로 관계있는 여러 사람들을 자세히 살펴보는 것이 필요하다. 서로 다양하게 연결되어 있다는 것을 발견하게 될 때 당신은 놀라게 될 것이다. 이웃 사람들이나 직장 동료들이나 당신의 가까운 친구들이나 또는 먼 친척까지 포함하여 차례대로 적어본다면, 당신은 많은 사람들과 관계가 있다는 것을 발견하고 매우 놀라게 될 것이다. 모든 이름과 얼굴을 연결해

보면 그리스도인들 사이에서도 예배나 전도하는 방식들이 다양함에 놀라게 된다.

그리스도의 몸 안에서 하나가 된다는 것은 같은 사람들과 맺는 관계를 넘어서 다른 사람들에게까지 교제권을 만들기 위하여 손길을 넓히는 것에서부터 시작한다. 그리스도의 몸의 아름다운 무늬와 장식을 경험하기 시작하는 것은 당신이 있는 곳에서부터이다. 집에서 멀리 갈 필요 없이, 그리스도의 몸의 다양성을 충분히 즐기며 선하신 주님을 "보고 맛볼 수" 있다. 여러 세대를 내려오는 동안에도 그분의 충성되심과 그분의 말씀은 나라나 피부 색깔이나 민족 배경에 관계없이 모든 사람들에게 해당된다.

그리스도의 몸 안에서 하나가 되는 것은 주위에 있는 다양한 그리스도인들 사이에 교제권을 만들면서부터 시작한다. 이것은 그냥 억지로 만들어 내는 교파를 초월한 세계교회주의가 아니다. 십 수 년 전에 있었던 목적을 솔직하게 주장하는 새로운 형태의 에큐메니즘, 다시 말하면, 예수님과 하나님의 말씀과 교회의 사명을 중심으로 한 하나님의 사람들의 모임이라고 할 수 있다. 여기에 여러 가지의 배경을 가지고 다른 나라에서 오는 사람들이 그리스도를 주님으로 섬기는 성도들의 모임으로서, 하나님의 사람들이 삼위일체 하나님을 중심으로 그들을 환영하는 곳이다.

우리는 예수님의 다양한 지체 중의 하나이다. 그 다양성의 풍성함을 맛보기 위해서는 예배 방식과 전도 방법과 매주 갖는 같은 모양의 친교를 벗어나서 능동적으로 다른 사람들과 친교를 넓혀 나가야 한다. 당신은 어떻게 그런 다양한 친교 영역을 넓혀나갈 수 있는가?

☞ 원칙 9.2   거룩한 불만

그리스도의 몸 안이지만 그러나 가장 가까운 교제권을 벗어나서 새로운 관계를 만들기 위하여 믿음으로 다른 사람들과 활기찬 관계를 발전시키는 것의 중요성을 인식하기 시작하면, 우주적인 교회의 풍성함을 발견하게 될 것이다. 기도, 예배, 양육에 있어서 다른 방식을 경험하는 것은 자신의 교제권 안에서부터 밖으로 눈을 뜨게 할 것이다. 이렇게 될 때 쉽게 나타나는 아주 자연스런 결과는 교회가 아무런 변화가 없다는 것에 대한 거룩한 불만이 생겨난다는 것이다.

이런 일이 생기면 오랫동안 아무런 변화 없이 교회가 고착되어 있다는 것을 비판하거나 정죄하지 않도록 조심해야 한다. 때로는 열정적인 선교 여행이나 크리스천 세미나 또는 수련회 등을 다녀온 후에 주로 이런 일이 일어나는데, 그들은 변화에 대한 욕구와 그 동안 교회에서 있었던 구태의연한 것들에 대한 불만을 가지고 돌아오게 된다. 예를 들면, 청소년 그룹이 수련회를 통하여 뜨거워졌거나, 선교 팀이 어떤 빈곤한 사람들에 대하여 마음이 쏠리는 것 등이다. 그들이 집으로 돌아와서 새로운 논쟁점으로 갖고 교회를 뒤집어 놓으며 복음 사역에 열심히 참여하거나, 아니면 변함없이 지겨운 활동에 다시 들어가거나 또는 집안일에 마음을 빼앗기고 있는 어른들에 의하여 호통을 듣거나 그 중 하나가 될 것이다.

거룩한 불만은 능동적이고 건설적인 면이 있는 동시에 부정적이고 파괴적인 결과를 가져오기도 한다. 어떤 면에서는 구태의연하여 불만을 갖게 되는 것보다 "옛날과 같이" 하는 것이 더 좋을 수도 있다. 예수님과 함께 하는 삶에서 어떤 특별한 것을 경험하기 원하는 사람들은 그들이 변화된 마음과 삶과 사역을 감당하는 것을 보기를 원한다는 것이다. 그것은 좋은 것이기 때문에 그리스도의 지체들 안에서 후원을 받아야 될 뿐 아니라 같은 분야가 아닌 교제권에서도 반드시 후원을 받아야 한다는 것이다. 수년에 걸쳐 구태의연하게 된 것에 대하여 우리 속에서 커져버린 거룩한 불만은 교회를 통하여 지혜로운 지도자의 영적 분별력과 조화를 이루어야 한다.

교회의 다양성은 우리들이 좋아하는 것인데 개성과 영적인 성장에 대하여 가장 중심적인 사역으로 다양하게 인도하는 것이고 주 안에서 그들의 발전을 위한 성공의 열쇠이기도 하다. 예수님의 지체의 다양성을 경험한 것 같이, 실제로 은사, 능력, 열정, 스타일이 다른 사람들이 서로 더 잘 어울리는 여러 가지의 분야가 있다는 것을 발견할 수 있다. 감사와, 축복이 어디서부터 왔는지를 기억하고 알고 있는 한 육체적, 영적, 신학적 변화는 받아들여질 수 있을 것이다.

당신은 거룩한 불만이 있는가? 당신은 지혜롭게 다음 단계로 나아가야 한다. 지금 하고 있는 교제를 계속하든지, 아니면 새로운 교제 권으로 바꾸든지 해서 그리스도의 몸을 깨뜨리지 않도록 해야 한다. 당신의 변화에 대한 열정을 위해서 다른 사람들을 통하여 하나님이 훌륭하게 사용하셨던 관계나 전통이나 경험들을 깨뜨리지 않도록 매우 조심해야 한다.

☞ 원칙 9.3 문화의 상호 교류

　새로운 문화나 민족의 환경에 접하게 되는 활동에 참여하는 것은 그리스도의 지체의 다양성에 대한 이해를 넓히는 것이다. 내가 흑인 형제들과 같이 있을 때마다 그들이 떠나온 나라들과 오늘날과 같은 예배와 전도 방식을 활기 있게 한 이전의 여러 가지 환난에 대한 기억을 새롭게 한다. 나의 중국 친구와 먹고, 웃고, 활기찬 대화를 나눌 때, 성령님의 열매가 그들의 점잖고, 자비하고, 친절하며, 부드러운 마음씨를 통하여 나타나는 것을 볼 수 있다. 브라질 목사님과 손을 잡고 나를 위하여 포르투갈 억양으로 기도할 때에 성령님의 역사하심을 느끼며, 주님이 주시는 기쁨으로 나아가는 것을 느낀다.

　몇 번의 국제적인 선교 대회에 참가했던 특별한 경험으로, 서로 다른 민족이 나라가 다름에도 불구하고 어떻게 그리스도의 지체가 되는지 처음으로 알게 되었다. 하나님의 사람들과의 관계 안에서 문화의 상호 교류를 통하여, 세계 선교와 국제적이고 민족적인 봉사에 관하여 많은 것을 얻게 되었다.

　동네에서, 지역에서, 국가적으로, 세계적으로 문화의 상호 교류에 참여 할 때, 세계적으로 열린 교회를 우리의 삶 안으로 끌어 오게 된다. 인터넷을 통하여 국제적인 교회에 대한 형상을 보며, 개인적으로 여러 가지 문화적인 배경의 다름을 경험하게 된다. 다른 사람의 경험담을 통하여, 여러 나라에서 사는 다른 사람의 마음과 삶을 통하여 역사하시는 하나님의 인도하심을 접하게 된다.

　우리는 결단해야 한다. 단순하게 현재의 교회 생활 안에 가두어

두든지, 아니면 다양하게 펼쳐지는 교제를 통하여 하나님이 어떻게 축복하시며 영혼에 힘을 불어 넣으시는지를 경험함으로, 관심과 교제와 경험을 통한 안목을 넓혀야 한다. 교회는 인종, 취미, 모양, 형식, 경험, 민족적으로나 문화적으로나 사람들의 그룹에 따라서 다양하다. 당신도 그런 총체적인 모양을 그려 볼 수 있는가?

☞ 원칙 9.4 다각적 연구

침례교회 남서부 지방회장인 빌 호이트(Bill Hoyt)에 따르면:

문화적인 장벽은 멀리 있는 것이 아니다. 그 장벽은 당신이 넘어가보기 전까지는 느낄 수 없다. 나는 원래 미국의 동북부 백인들로 구성된 초교파적인 작고 차분한 교회 출신이었지만, "전도 집회"를 통하여 전통에 따른 형식적인 예배를 싫어하게 되었고, 복음송가를 좋아하는 근본주의자가 되었다. "예배 준비"가 가장 중요하게 생각되었고, 설교는 그런 때에 하나의 형식으로 간주되었다.

그러다가 삼촌이 우리와 함께 살게 되었는데, 그는 성공회 신자였다. 이번에는 그분과 함께 성공회 교회에 출석하게 되면서 위엄과 신비와 예배의 역사를 배우며 감사하게 되었다. 그 후에 나는 아주 전통적인 장로교회의 기독교 대학에 다니게 되면서 예배의 순서와 계획의 중요성을 경험하였다. 그 후 4년 동안 시카고에 있는 흑인 교회에 다니면서 예배를 통한 기쁨과 자연스러움을 찾았다. 복음송가를 통해 예수님을 형식이 없이 경배하는 것을 배웠다.

약 5년 전에, 북가주에 있었던 500명이 모인 포스트모더니즘 집회에 아들과 함께 참여하였다. 내게는 고양이 싸움 같이 들리는 음악이 연주되는 방에서 그들은 하나님의 임재 가운데 아주 즐거워하는 것을 보았다. 그들은 하나님을 찬양하고 그분의 은혜를 기뻐하는 그런 예배에서 내가 원하는 방식대로 예배를 드릴 필요가 없었다. 그 예배 경험을 통하여 나는 문화적인 차이를 인정할 수밖에 없었고 감사하였다.[11]

빌과 많은 신자들에게는 하나님께 예배를 드리는 방법이야 어떻든지 간에 믿음을 굳게 하고, 그리스도의 몸인 교회에 대한 사랑을 더욱 돈독하게 한다는 것을 알았다. 그러나 이렇게 하기 위하여 당신이 속한 교단을 떠나야 한다는 뜻이 아니다. 다만, 다른 믿음의 형제들이 하나님께 대한 사랑의 표시를 그들의 방식대로 예배와 교제와 전도한다는 것을 이해해야 한다. 당신은 언제 이런 경험을 해본적이 있는가?

☞ 원칙 9.5 기도로 동참

그리스도의 지체들과의 교제는 보고, 듣고, 느끼는 것만이 아니다. 확장된 교제권은 영원하고, 범세계적으로 구석구석에 있는 모든 사람을 포함한다. 교제권의 엄청난 힘은 이해를 초월하지만 하나님의 이름으로 사랑하고 섬기기 위하여 우리를 부르신 특별한 교제는 이미 경험을 통하여 알고 있다. 우리를 향하신 하나님의 예비하심은 살아가는 동안에 분명하게 알 수 있게 된다.

그러므로 그리스도의 지체들이 모인 교회가 하나가 되어 교제하는 것을 위하여 기도로 참여하는 것은 매일 조용한 곳에서 드리는 기도와 기도 일지에 적혀 있는 기도 제목들과 기도 팀의 일원으로서 믿음의 행진에 실제적으로 참여하는 경험으로 이어져야 한다. 이런 제자도의 건강을 위한 원칙을 보여 주고 이해하게 될 때, 기도를 통해 교제권을 넓혀 나가기를 원하게 된다. 이 간단한 결단을 통해 성령님이 역사하시도록 길을 열어 주는 것이 되고, 당신의 교제권이 자연스럽게 넓혀지는 장소나 관계로 인도하심을 받게 된다. 이런 것은 하룻밤 사이에 일어나는 것은 아니지만, 범세계적인 그리스도의 지체들과의 교제권을 넓혀나가기를 적극적으로 원하는 동안 시간이 지나면서 당신의 삶이 더욱 풍성하게 되는 것을 경험하게 될 것이다.

당신은 하나님이 그분의 몸인 교회를 다양하게 하시는 동시에 하나가 되게 하시는 능력을 통해서 얼마나 훌륭하게 만드셨는지를 새롭게 발견할 것이다. 모든 것이 완성되었을 때 우리는 교회 안에서 하나가 되게 하심을 위하여 기도하면서 예수님의 우선순위로 돌아와야 한다. 하나 됨은 사랑으로 단결하는 것과 함께 섬김으로 나타난다. **예수님과 아버지가 하나인 것 같이 우리도 하나가 되게 하소서.** 이 기도를 드릴 때, 우리는 진실로 모든 제자들을 위한 하나님의 마음을 나타내게 된다.

제자의 기도

⊙ક   ৯⊙

　주 예수님, 요한복음 17장에서 보여 주신 당신의 위대하신 기도에 부응하기 위하여 당신의 말씀의 진리와 당신의 능력의 사랑과 은혜와 자비를 다시 생각하나이다. 당신께서는 삶과 죽음과 부활로 저에게 긍휼을 베풀어 주셨나이다. 당신은 성부, 성자, 성령 하나님이 하나가 되심으로 세상에서 하나가 되심을 보여 주셨고, 다양성 안에서 하나가 되게 하심을 약속하셨나이다.

　당신께서는 예수님의 지체로서의 다양성의 아름다움을 볼 수 있도록 하시려고 마음의 눈을 뜰 수 있는 기회를 주셨나이다. 오늘, 저의 마음도 당신의 마음과 함께 교회 안에서 하나 됨을 위하여 기도하나이다. 당신의 교회들과 교단들과 다른 민족들과 개인들이 이 도시와 지역과 나라와 세계 구석구석까지 목회 사역과 선교 사역을 넓혀 가기를 위하여 기도하나이다.

　그리스도의 지체 안에서 다양하게 당신의 사람들과 깊은 관계를 이끌어 나갈 날을 위하여 기도하나이다. 당신의 나라의 발전적인 사역의 이해를 넓혀가는 것은 당신께 대한 우선순위를 가지고 믿음으로 살아가는 사람들에 의하여 이루어져야 한다는 것을 믿나이다. 사람들의 마음을 모아 하나로 엮어서 다가오는 날을 대비하기를 원하나이다. 우리 세대에 당신의 기도가 이루어지시기를 소원하나이다. 당신의 나라를 위하여 당신의 거룩하신 예수님의 이름으로 기도합니다. 아멘

묵상과 변화를 위하여

건강한 제자는 관계와 예배와 친교와 사역을 위하여 기독교 공동
체 안에서 다른 사람들에게 능동적으로 손길을 뻗어야 한다.

1. 현존하는 관계 안에서 다양성을 적으라. 생각나는 것들부터 적고,
   그 다음에 당신이 알고 있는 하나님의 공동체들을 적으라. 당신
   은 그런 다양한 그리스도인의 공동체에서 어떻게 다른 사람과 새
   로운 관계를 만들고, 그리스도의 지체가 하나가 되는 것을 숙지(熟
   知)하고 발전시킬 수 있는가?

2. 항상 드려 오던 구태의연한 예배에서 벗어난 다양한 예배를 드려
   보았는가? 그 특별한 예배에 대하여 관찰한 것을 메모하라. 그
   예배에서 그리스도의 지체로서 어떻게 다양성이 표현되었는가?
   그 예배가 당신을 진정으로 하나님을 높이는 예배로서 더 깊은
   수준으로 들어갈 수 있도록 무엇을 어떻게 도왔는가?

3. 개인기도 수첩을 돌아보고, 얼마나 다양한 활동이 그 수첩에 적
   혀 있는지를 살펴보라. 교회가 커질수록 당신의 기도는 어느 방
   향으로 더 넓혀야 하는가?

4. 그리스도의 몸 안에서 다른 민족의 지역 사회로 더 넓혀가거나
   또는 교파가 섞여 있는 경험을 할 수 있는 곳이 있는가? 참여하고

있는 작은 공동체 안에서 누가 당신과 함께 이 새로운 관계를 이루기 위하여 책임감을 가지고 노력할 수 있는가?

5. 앞으로 하나님의 나라를 확장하고 복음을 나누기 위하여 어떤 새로운 사역의 기회가 당신에게 주어질 것인가? 이 중에서 하나 아니면 그 이상을 생각해 보고, 그 중에 하나를 택하고, 하나님이 어떻게 그쪽의 사역을 넓혀 나가시는지를 살펴보아야 한다.

10

풍성한 삶을 경영한다

건강한 제자는 모든 것이 하나님께로부터 온 것을 믿고, 먼저 하나님의 나라와 그 의를 위하여 그 소유를 풍성하게 사용해야 함을 안다.

"한 알의 밀이 땅에 떨어져 죽지 아니하면 한 알 그대로 있고, 죽으면 많은 열매를 맺느니라."

요한복음 12:24

갈렙 로링 3세(Caleb Loring Ⅲ)는 나의 신학교 동창이면서 친구일 뿐만 아니라 상관이었다. 그는 내가 비전 뉴잉글랜드의 소장이었을 때 이사장이었다. 그는 제자도의 건강 원칙을 내가 만난 누구보다 더욱 구체적으로 강조하고, 입으로만 가르치는 것이 아니라 삶을 통하여 본을 보이며, 맡은 자로서 의무뿐만 아니라 그 이상을 내게 가르친 사람이다.

갈렙과 그의 아내 보니(Bonny)는 그리스도의 몸인 교회에 대한 사랑의 마음과 풍성한 섬김으로 지역에서 잘 알려져 있다. 그 중에 가장 중요한 것은 그들이 30대에 거듭난 후에 그들에게 맡겨진 모든 것들이 하나님께로부터 직접 왔으며 또한 하나님의 나라를 위해 우선적으로 쓰인다는 것을 보여 주었다.

갈렙과 함께 하는 사람은 오래지 않아 하나님을 섬기고 하나님 나라의 사역을 위한 그의 마음이 진실하다는 것을 곧 발견하게 된다. 갈렙은 청지기와 관용을 베푸는 자로 복음적인 교회들뿐만 아니라 출신지인 매사추세츠의 베벌리(Beverly)에 사는 일반 사람들에게도 잘 알려져 있다. 세계적인 유대인 기관인 브네이 브리스(B'nai Brith; 유대인 남성 봉사 단체)에서 갈렙을 베브 지역의 "올해의 인물"로 추대하였다. 그 행사에서 갈렙이 "옷 잘 입는 올해의 인물"로서 그가 후원하고 있는 단체가 많다는 것을 소개하기 위하여 옛날 18세기 형태의 신사복과 모자, 넥타이, 외투와 지팡이 등의 복잡한 의상을 입고 청중들에게 소개되었을 때 그의 아내와 자녀들은 깜짝 놀랐다. 사실은 그가 이곳 뉴잉글랜드 지역의 YMCA 사역과 "유나이티드 웨이"라는 구제 사업과 구세군 사업, 고든콘웰신학교와 그 외 여러 교회 사역과 심지어 음악 공연장 사업에 이르기까지 여러 사역을 돕고 있기에 그와 같이 풍자적으로 의상을 입도록 하였기 때문이다.

그는 성공회 교인과 교회의 지도자로 섬기면서 그 교회의 예수님 중심의 원리와 부르심에 대하여 충성하고 있다. 열렬한 전도자로서 갈렙은 아내와 함께 노스쇼어기독교연맹(North Shore Christian Network)의 매사추세츠 지부에서 알파(Alpha) 학습 과정을 개발하고 있고,

거의 20년 동안이나 회사에서 매주 모이는 남성 성경 공부를 주관하고 있다. 또한 교회의 이사회 일원으로서 젊은 청년들을 개인적으로 만나서 지도하고 있다.

가정에 헌신한 갈렙과 보니는 지금은 출가한 두 자녀를 훌륭하게 양육하였다. 그는 치매를 앓고 있는 어머니를 수년 동안이나 정성스럽게 봉양하는 효자이고, 지금은 80세가 넘은 아버지와 매주 테니스를 하며 효도하고 있다. 아내와 가족들을 위해 함께 하는 즐거운 시간을 많이 가짐으로 우리에게 풍성한 삶을 사는 것이 무엇을 의미하는 것인지 보여 준다.

갈렙은 언제나 웃음을 지으며, 그에게 어떤 어려움이 닥치더라도 단지 몇 사람만이 할 수 있는 그런 일들, 즉 다른 사람들에게 겸손히 관용을 베푸는 삶이 무엇인지를 보여 준다. 그의 삶은 풍성하다. 그가 부자라서가 아니라 그에게는 예수님과 함께 하는 생기가 넘치고 건강하기 때문이다. 그의 소원은 역동적으로 섬기는 삶을 통해 다른 사람과 아름다운 관계를 맺고, 탄압받고, 연약하고, 갇혀 있고, 위험한 처지의 사람들을 돕는 것을 통해 예수님을 섬기는 것이다.

갈렙을 알기 위해서는 그가 주님과 동행하면서 충성스럽게 책임을 다하기를 원하는 그의 삶과 간증을 이해해야 한다. 그가 많은 사람들의 친구라는 표현은 그가 하나님과 친한 관계임을 보여 주는 것이다. 주님과 함께 하는 청교도적 삶이 너무나 분명하게 그의 일상적인 삶을 통해 나타난다. 그는 매일 네다섯 가지의 묵상 교재를 읽고 수많은 식구들의 이름과 교회 지도자들과 후원하는 기관들의 이름을 부르면서 기도함으로서 하루를 시작한다. 그는 우선순위를 하나님이 기뻐하시는 대로 정하고 또한 행하는 훈련 받은 청지기이다.

모두가 삶 가운데서 풍성하게 받은 청지기로서 관용을 베푼다면, 당신도 이 책을 읽고 있기 때문에 같은 범주에 속하게 된다. 예수님께 대한 믿음이 있기에 당신의 삶은 풍성한 삶이다. 그렇다면 당신은 영적인 풍성함 가운데서 살고 있는가? 아니면 금생(今生)뿐이라는 생각으로 인생을 낭비하고 있는가?

갈렙 로링스는 인생에 대하여 금생에 있는 모든 것들을 붙잡고 지킬 수 없다는 것을 깨닫게 되었는데, 하나님의 손으로부터 직접 오는 선물들을 열린 마음으로 하나님의 인도하심을 위하여 우선적으로 나누어 주어야 한다는 것을 깨달았다. 그것은 풍성한 삶을 예수님의 영광을 위해 부어드리는 것이고, 또한 이 좋은 세상에서 사는 동안 그분의 나라를 이루어 드리기 위한 것이다. 모든 좋은 선물들은 하나님의 손으로 지으신 것이므로 가진 것 모두는 그분의 것이다. 우리의 것을 나누어 준다는 것은 우리에게 허락하신 삶의 풍성함을 잘 관리한다는 것이고, 가진 것들 중에 귀한 것들이 먼저 땅에 떨어져서 죽게 해야 한다는 것이다. 그것들을 손에서부터 놓아 주고 순종함으로 그들을 놓아 줌으로 새로운 삶의 씨 뿌림이 되는 것이며, 그것들이 뿌리가 나고 여러 배로 자라나게 된다. 그런 후에 오직 하나님의 은혜로 부르심을 받은 추수꾼들이 와서 추수할 수 있게 된다. 이것이 바로 삶의 풍성함이 예수님을 닮은 여러 사람의 마음에서 어떻게 여러 배로 자라나는지를 보여 주는 것이다.

놀라운 모순

"인자의 영광을 얻을 때가 왔도다. 내가 진실로 진실로 너희에게 이르노니, 한 알의 밀이 땅에 떨어져 죽지 아니하면 한 알 그대로 있고, 죽으면 많은 열매를 맺느니라. 자기 생명을 사랑하는 자는 잃어버릴 것이요, 이 세상에서 자기 생명을 미워하는 자는 영생하도록 보존하리라. 사람이 나를 섬기려면 나를 따르라. 나 있는 곳에 나를 섬기는 자도 거기 있으리니, 사람이 나를 섬기면 내 아버지께서 저를 귀히 여기시리라"(요 12:23~26).

인자가 영광을 받을 때가 가까이 왔다! 유대인들은 다니엘의 때부터 이 날이 오기까지 기다리고 있었다. **인자**라는 말은 하나님께로부터 오신 "꺾을 수 없는 정복자"라는 뜻이다.[1] 그러므로 예수님이 그 말씀을 하셨을 때는 청중들이 숨을 죽이고 영원한 승리의 나팔이 불기를 기다리고 있었다. 하늘의 권능이 움직였고, 그 결과로 승리가 가까이 다가오고 있었다.

그러나 예수님이 영광을 받으신다는 말씀은 십자가에서의 죽음을 의미하셨던 것이다. "하나님의 사람(인자)이 말씀하셨을 때 사람들은 하나님의 군대가 와서 정복할 줄로 생각하였다. 그러나 그분은 십자가에서 이루신 정복을 의미하셨던 것이다."[2] 이런 서로 다른 생각으로부터 온 충격은 제자들에게는 처음에 너무나 컸다. 그분의 말씀은 놀라게 했으며 당황하게 하였다. 그 제자들은 예수님이 정복자가 되기를 기대했었으나 예수님은 희생과 죽음을 말씀하셨다. 그들의 승리의 꿈은 십자가의 비전으로 바뀌어졌고, 십자가 위에서의 승리와 존귀와 영광으로 가득한 구세주께서는 그들이 전혀 감당할 수가 없는 분이었다.

예수님의 어떤 가르침이 놀라운가? 그분은 세 가지를 말씀하셨다. 그것들은 모두 진리에서 나온 것들이었고, 모두 성도들의 믿음과 삶의 마음에 바탕을 둔 것들이었다.

1. 예수님은 생명은 오직 죽음으로부터 온다고 말씀하셨다. 밀알은 그것이 안전하고 철저하게 잘 보존되는 한 영향을 끼칠수도 열매를 맺을 수도 없다. 그것이 마치 무덤 같이 차가운 땅에 떨어지고 땅에 묻힐 때 비로소 열매를 맺는다. 그 예로, 교회를 성장시키기 위한 순교자들의 죽음이 그것이다. 그것은 순교자 모두 큰 열매를 위하여 죽을 준비가 되어 있을 때 가능한 것이다. 그런데 이것은 매우 개인적인 체험이다. 한 개인이 하나님을 위하여 진정으로 사용되기 원하여 그의 개인적인 목표와 야망을 포기하고 묻어버릴 때만 가능한 것이다. 죽음은 생명을 가져온다. 개인적인 욕망과 야망을 죽임으로 하나님의 진실한 종이 되는 것이다.

2. 예수님은 소유한 삶을 드릴 때만 가능하다고 말씀하신다. 자기 목숨을 사랑하는 자는 두 가지 목적, 즉 이기심과 신변의 안전을 위한 욕심에 의하여 움직인다. 예수님은 한두 번이 아니라 아주 여러 번 말씀하셨다. 자기 목숨을 위하는 자는 결국에는 그것을 잃을 것이고, 목숨을 버리는 자는 나중에 그것을 다시 얻을 것이라고. 사람들이 자기의 개인적인 안전과 이기

심이 없어진다면, 이 세상이 어떻게 될까 생각해 보라. 세상은 하나님과 이웃을 위하여 자기의 가진 것과 자기 자신을 아끼지 않은 많은 사람들에게 모두 빚지고 사는 것이 된다. 이런 희생을 가볍게 생각하고, 모든 무거운 짐을 피하며, 우리 자신의 것만 챙긴다면 우리들은 지금 존재하지 못할 것임에 틀림없다. 아니면, 틀림없이 오랫동안 존재하겠지만, 절대로 **생명**을 소유할 수 없을 것이다.

3. 예수님은 오직 섬기는 것으로만 위대한 것이 온다고 말씀하셨다. 사랑을 가지고 기억하는 사람은 다른 사람을 섬긴 사람이다. 한 번은 학교에 다니는 아이에게 **나의**와 **나의 것**의 차이점을 물어보았다. 그는 그가 아는 것 그 이상으로 대답하였다. 그것들은 **자기만을 강조하는** 대명사라고 말하였다. 현대를 살아가는 데 있어서 섬긴다는 것은 잃어버릴 위험을 각오하고 하는 것이라는 사실이다. 너무나 많은 사람들이 사업을 하는데 오직 그 사업으로부터 무엇인가 얻어 내려고만 한다는 것이다. 그런 사람들은 부자가 될지도 모르지만, 한 가지 분명한 사실은 그들은 절대로 사랑을 받지 못한다는 사실이다. 인생의 가장 진정한 부(富)가 바로 그 사랑인데 말이다.

예수님은 유대인들에게 인생의 새로운 관점을 가져다 주셨다. 그들은 정복자로 능력을 얻고, 심판할 권능으로 영광을 보았다. 그분은 십자가로 영광을 보셨다. 그분은 죽어야만 삶을 얻고, 생명을 내어 줌으로만 생명을 지킬 수 있고, 섬김으로만 위대해질 수 있다는 것을 가르쳐 주셨다. 특별한 것은 그것을 생각할 때만이 가능하다. 예수님의 모순은 생각하는 진실 그 이상도 그 이하도 아니다.[3]

요한복음의 위대한 구절에 표현되어 있는 그 모순은 오늘날 우리에게도 적용된다. **주님께로부터 받은 그것을 드리는 것이다.** 그것은 십자가에서 이루신 축복을 진정으로 이해하며 희생할 때이다. 그것은 자신에 대하여, 이기심에 대하여, 가진 것에 대하여, 진정한 기쁨의 의미를 다시 발견할 때 가능한 것이다. 예수님을 처음 믿었을 때, 기쁨(JOY)이라는 단어는 그 철자 하나 하나에 의미가 넘쳤었다. J는 예수님(Jesus)이었고, O는 다른 사람들(Others)이었고, Y는 당신(You)을 나타내는 것이었다. 우선순위가 단순하게 표현될 때, 우리는 진정한 그리스도인으로서 삶의 기쁨을 경험할 수 있다.

예수님이 그분의 죽음을 말씀하실 때, 그분은 제자들에게 세상에 대한 심판이 지금 이르렀다고 말씀하셨다. 그러므로 아직 우리에게 빛이 있는 동안에는 우리는 빛 가운데 다닌다. 그분은 유대인들과 한 번 더 변론하셨고 (요 12:37~43), 또한 그들 앞에서 그렇게 많은 기적을 베푸셨건만 그들의 마음은 차가웠다. 그분의 부르심은 순종이었고, 그 순종을 통하여 믿음의 사람들을 위하여 희생이 되었지만, 마침내 영광으로 열매를 맺으셨다. 하나님께로부터 칭찬받기보다는 사람들에게 칭찬받기를 원하는 바리새인들에게 주님이 하신 말씀은 그들의 굳어진 마음에 막혀서 전달되지 않았다. 그 결과로, 그 바리새인들은 어두움 가운데 있게 되었고, 예수님의 풍성하신 생명을 전혀 이해할 수 없었다.

예수님은 그분의 가르침을 간추려서 외치셨다:

나를 믿는 자는 나를 믿는 것이 아니요 나를 보내신 이를 믿는 것이며, 나를 보는 자는 나를 보내신 이를 보는 것이니라. 빛으로 세상에 왔나니, 무릇 나를 믿는 자로 어두움에 거하지 않게 하려 함이로라.

사람이 내 말을 듣고 지키지 아니할지라도 내가 저를 심판하지 아니하노라. 내가 온 것은 세상을 심판하려 함이 아니요, 세상을 구원하려 함이로라. 나를 저버리고 내 말을 받지 아니하는 자를 심판할 이가 있으니, 곧 나의 한 그 말이 마지막 날에 저를 심판하리라. 내가 내 자의로 말한 것이 아니요, 나를 보내신 아버지께서 나의 말할 것과 이를 것을 친히 명령하여 주셨으니, 그의 명령이 영생인줄 아노라. 그러므로 나의 이르는 것은 내 아버지께서 내게 말씀하신 그대로 이르노라 하시니라.

요한복음 12:44~50

요한복음 12장 전체는 제자들의 건강과 생기의 원칙을 확실하게 보여 준다. 본장에서 주제로 나타나는 이야기는 처음부터 11절까지, 베다니의 마리아가 순전한 나드 한 근을 예수님의 발에 붓고, 그분의 발을 그녀의 머리카락으로 닦은 이야기이다. 그 집이 그녀의 갑작스런 사랑의 행동으로 향기가 가득한 곳이 되었는데, 예수님을 팔려는 가룻 유다는 이런 그녀의 사랑의 표현을 엉뚱하다고 하며 쓸데없는 짓이라고 나무랐다. 오히려 유다는 완전히 빗나갔고, 마리아는 그녀의 영혼 깊은 곳으로부터 삶의 풍성함을 영위하는 것이 무엇인지 충분히 알고 있었다.

12~19절까지는 예수님이 어린 나귀를 타시고 왕으로 예루살렘에 입성하시는 것을 보여 준다. 마음의 겸손은 승리의 입성을 계속하

게 하였고, 예루살렘뿐만 아니라 제자들의 마음속까지 입성하셨다. 그들은 외쳤다. "'호산나!' '찬송하리로다. 주의 이름으로 오시는 이여!' '찬송하리로다. 이스라엘의 왕이시여!'" (13절) 여기에서 예수님은 풍성한 삶을 사셨고, 그와 같은 믿음을 찾는 다른 사람들까지도 사로잡으셨다. 그들은 기쁨으로 충만한 그 날에 도시 전체를 열광적으로 만들었다.

그러는 와중에 바리새인들은 더욱 화가 나 있었다. "볼지어다, 너희 하는 일이 쓸데없다. 보라, 온 세상이 저를 좇는도다!" (19절) 그 후 몇 날이 못 되어 이 예수님이 십자가에 달리시게 되었고, 그 많은 사람들이 기쁨이 충만하여 외치며 시내로 모셔 들이던 그 왕을 향한 꿈에서 깨어나게 되었다. 그러나 그분을 진심으로 믿던 사람들은 이 세상에서 믿음으로 풍성한 삶을 온전하게 경험하였을 뿐 아니라, 그 풍성함을 영원히 간직하며 살 수 있는 영광 가운데로 인도되었다.

영생의 풍성한 삶은 앞으로의 삶뿐 아니라 지금 살고 있는 이곳에서의 삶도 포함한다. 랜디 알콘(Randy Alcorn)은 그의 저서 〈재물의 원칙〉(The Treasure Principle)에서 이런 감동적인 질문을 한다. "내가 죽고 난 5분 후에 '살았을 때 무엇을 더 많이 나누어 줄 수 있었을까'를 생각해 볼 수 있다면?" 그는 계속하여 그의 독자들에게 여섯 가지의 "재물의 원칙들"에 입각하여 이와 같은 질문을 해보기를 권한다. 그 원칙들은 삶의 풍성함에 대한 청지기 직분을 감당하기를 원하는 예수님의 제자들에게 지침이 되어야 한다.

1. 하나님은 모든 것을 소유하고 계신다. 나는 그분의 재산 관리인이다.
2. 나의 마음은 언제나 하나님의 재산을 놓아 둔 곳에 있다.
3. 나의 집은 이 세상이 아니라 하늘나라이다.
4. 나는 세상에서 하나의 정점(定點) 같이 사는 것이 아니라 천국에 있는 끊어지지 않는 선(線) 같이 살아야 한다.
5. 오직 베푸는 것만이 물질 만능주의에 대한 처방이다.
6. 하나님은 나의 삶의 기준을 높이시기 위함이 아니라 베푸는 것의 기준을 높이시기 위하여 축복하신다.[4]

삶의 풍성함을 관리한다는 것은 세상에서의 재물을 어떻게 하는지와 그 원리를 삶의 구석구석까지 적용하는 것이다. 예수님은 재물을 마음이 있는 바로 그 곳에 두기 위하여 우리를 부르셨다. 마음이 세상의 재물에 관심이 있다면, 우리는 세상에 속한 물건들과 자신의 명예를 이루기 위하여 투자할 것이다. 그러나 마음이 천국의 신령한 것에 관심이 있다면, 우리는 선진들의 믿음을 따를 것이며, 하나님 나라의 확장을 위하여 믿음을 심을 것이다. 이 문제는 정직을 원하며, 풍요롭고 관용을 베풀기를 원하며, 가족과 사랑하는 사람들의 필요를 채워 주기를 원하는 대부분의 신자들에게는 매우 중요한 관심사이다.

앞에서 말한 모순 됨을 기억하라. 한 알의 밀알이 땅에 떨어져서 죽지 않으면 새로운 생명을 가져오는 씨앗을 얻을 수 없다는 것을! 당신의 삶이 하나님의 나라에 합당한 풍성한 열매를 맺기 위하여 당신에게 있는 어떤 밀알(들)이 땅에 떨어져서 죽어야 하는가? 성 프란시스의 기도를 생각해보자. "받은 것으로 주는 것이고, 용서 받은 것으로 용서하는 것이고, 영생을 받기 위하여 태어나는 것으로 죽는 것이다."

감사의 자세

건강한 제자가 되는 것은 삶의 청지기로서 하나님의 풍성하신 관용을 위하여 부르신 뜻을 이루어 드리는 것을 포함한다. 청지기는 하나님의 목적을 위하여 시간과 재능과 재물을 예수님의 제자인 우리에게 맡기신 것을 의미한다. 그것은 삶에 대한 태도로부터 시작한다. 잔이 **반밖에** 차지 않았는가? 아니면 잔이 **반이나** 찼는가?

어린 시절을 돌아보면 없는 것을 가지려고 애쓰기보다는 할 수 있는 것과 가진 것을 감사하면서 자라났다는 생각이 든다. 가족 간에, 교회 안에서, 또 믿는 자들에게 있어서 모든 사물은 결국 우리의 만족을 위하여 힘과 즐거움과 성취감을 발견하기 위한 것이다. 사도 바울은 범사에 만족하라고 빌립보서 4장 11~13절에서 말한다. "어떠한 형편에든지 내가 자족하기를 배웠노니, 내가 비천에 처할 줄도 알고 풍부에 처할 줄도 알아, 모든 일에 배부르며 배고픔과 풍부와 궁핍에도 일체의 비결을 배웠노라. 내게 능력 주시는 자 안에서 내가 모든 것을 할 수 있느니라."

감옥에 갇혀 있으면서도 바울은 그 마음 한쪽에서 기쁨을 발견하였다. 그의 감사는 만족에 있었다. 언제나 우리에게 없는 것을 갖기를 갈망하기 보다는 가진 것으로 만족하는 것을 배우는 것이 풍성한 삶을 살아가기 위한 기본이다. 잔은 언제나 반이나 차 있다. 감사하는 자세는 영적인 건강과 생기를 추구하는 제자들에게 있어서는 첫 번째의 진리로 받아들여야 한다.

나단은 만족하는 법을 매우 힘들게 배웠다. 그의 생애에서 처음 17년 동안, 그가 날 때부터 약하고 병들었던 그의 오른쪽 다리의 정강이를 보완하고 강하게 하기 위하여 열두 번이나 수술을 받아야 했다. 그 열두 번의 수술을 받은 후에야 그의 다리가 건강하게 되는 것을 볼 수 있었다. 실제로 그는 다리가 계속 부러지는 고통 속에서 살았었다. 나단에게 그가 할 수 없는 것을 가르치는 대신 그의 연약함 가운데서 할 수 있는 것이 무엇인지를 가르치기 위하여 가족의 계속적인 관심과 격려가 필요하였다.

부모로서 나단이 감사와 만족하는 태도를 키워 나가는 것을 보는 것은 놀랄 만하였다. 그는 다른 사람들과 관계에서 주님께서 주시는 기쁨이 넘쳐난다. 그는 고등학교에 다니는 4년 동안 매 시즌마다 운동 팀의 매니저로 참여하였다. 그는 학교에서 연극할 때 무대 뒤에서 일을 도왔고, 중학교 선수들을 지도하였고, 많은 행사 때에 주차 정리를 도왔고, 언제나 다른 사람을 돕는 일에 자기의 시간을 내어 주었다.

나단은 다리에서 오는 통증에 대하여 한 번도 불평한 적이 없고, 그가 교회에서나 휠체어에서 또는 병원 침대에서 지켜야 하는 금지 사항들에 대하여 불평하지 않았다. 그는 모든 처지에서 만족하는 법을 견디기 어려운 가운데서 배웠다. 그뿐 아니라 당면했던 많은 어려움들에 대하여 굴복하지 않고 만족하며 사는 법을 배웠다. 주변 사람들은 나단이 그의 신체적 장애를 기쁨과 만족하는 자세로 극복하는 것을 보면서 은혜를 받는다. 그의 완전하지 못함과 명예가 깎이는 경험은 하나님의 선물이다. 그의 겸손하고 만족하는 자세는 다른 사람에게도 영향을 미치기 때문이다.

당신은 어떠한가? 당신의 삶을 영원히 바꾸어 놓을 수 있는 만족에 대한 비결을 배웠는가? 오늘부터 지금까지 당신이 받은 축복을 세어보고, 그것들을 하나하나 적어보는 것을 통해 하나님이 이루어 주신 것들을 보도록 하자. 가득히 차고 넘치는 당신의 잔에 하나님이 당신에게 넘치도록 부어 주시고 축복하신 은혜들을 하나씩 적어보자. 하나님의 축복을 살펴보는 것은 마음과 영과 혼과 힘을 다하여 하나님께 대한 열정을 다시 불붙이는 것이다. 감사하는 자세는 당신의 여생을 위하여 계속하여 키워나갈 가치가 있는 마음의 자연적인 습관이 될 것이다.

풍성한 삶

풍성한 삶을 관리하는 것은 마음속의 영적인 만족에서 나오는 감사하는 자세로부터 시작할 뿐 아니라 삶의 기쁨, 축제, 화합, 정의, 연속성, 효율적인 것, 성실, 순종, 여유로움, 희생, 긍휼, 사랑을 포함한다. 그리스도인의 풍성한 삶은 하나님의 우선순위를 기도하면서 매일 삶의 우선순위에 적용할 때 경험할 수 있다. 미국에 사는 그리스도인은 풍성한 삶을 살 수 있을 뿐 아니라, 또한 세상적인 풍요로

움도 이미 누리고 있다. 세상적인 풍요로움은 자기 개인적인 부의 축적을 위하기보다는 관용을 베푸는 마음으로 관리되어야 한다.

자칫 풍성한 삶을 추구한다는 것이 개인적인 이익을 위하여 물질과 경험들을 쌓아 두는 데 치우치기 쉬워진다. 그런 일시적인 것들을 좇을 때, 우리는 결국 우상을 좇게 되는 결과를 가져오고, 하나님의 마음을 좇아가기 위한 열심을 놓치게 된다. 하나님을 일과와 소득으로 바꾸게 되면 예수님을 높이는 진실한 청지기의 삶을 추구하는 것으로부터 점점 멀어지게 된다.

옛날에는 그것들을 우상이라고 불렀지만, 오늘날에는 중독이라고 부르기도 한다.

- ◆ 너무나 많은 음식은 폭식을 가져오고;
- ◆ 너무나 많은 열정은 욕망을 가져오고;
- ◆ 너무나 많은 시간은 권태와 나태를 가져오고;
- ◆ 너무나 많은 풍족은 이기심을 가져오고;
- ◆ 너무나 많은 권력은 부정을 가져오고;
- ◆ 너무나 많은 능력은 자만을 가져오고;
- ◆ 너무나 많은 자유는 무질서를 가져오고;
- ◆ 너무나 많은 의약품은 중독을 가져온다.

풍성한 삶을 사는 그리스도인의 삶은 자신의 욕심을 만족하는 것과 경험이 풍부해지는 것이라고 잘못 이해하기 쉽다. 그러나 그것은 절대로 아니다. 그리스도인의 풍성한 삶은 마음과 영과 혼과 힘의 풍성함을 갖고 그것들을 예수님과 그분의 나라의 필요를 위하여 나누어 주는 것이다. 그것은 가족의 필요를 채우는 것과 우리의 풍성함을 너그러운 마음으로 나누는 것이다. 우리에게 있는 모든 것들이 전능하신 하나님의 너그러운 마음으로 허락하셨다는 것을 이해할 때 그리스도인의 풍성한 삶에는 기쁨이 넘치게 된다. 하나님은 이 세상에서 그분의 전능하신 목적을 위하여 관용을 베푸는 모든 청지기로서의 직분을 감당하는 것을 보기를 즐거워하신다.

그러므로 믿는 자로서 주님이 몹시 싫어하시는 것들을 좇지 않기 위하여 영적인 건강과 생기를 찾는 것은 우리의 책임이다. 잠언 6장 16~19절에 보면, 주님이 몹시 싫어하시는 것이 무엇인지 분명하게 나타나 있다. "여호와의 미워하시는 것, 곧 그 마음에 싫어하시는 것이 육칠 가지니, 곧 교만한 눈과 거짓된 혀와 무죄한 자의 피를 흘리는 손과 악한 계교를 꾀하는 마음과 빨리 악으로 달려가는 발과 거짓을 말하는 망령된 증인과 및 형제 사이를 이간하는 자니라."

이 잠언 말씀은 진정한 삶을 영위하는 것을 어떻게 조롱거리로 만들게 되는지를 보여 준다. 하나님이 우리에게 주신 기본적인 것들, 즉 눈, 혀, 손, 발, 마음의 관계성들을 고려해 볼 때, 그것들을 전혀 관리하지 않고, 여유가 없게 하며, 생명까지 없어지도록 함부로 사용하는 것은 옳지 못하다.

1. 교만한 눈: 교만한 마음에서 나타난다.
2. 거짓말하는 혀: 사람의 말 속에 있는 거짓을 보여 준다.
3. 무죄한 피를 흘리는 손: 도둑질로 부자가 되는 사람이나 다른

사람을 억압하는 것을 인정하는 것이다. 특별히 다른 사람을 이용하거나 성적인 부도덕으로 재물을 모으는 것이다.

4. 악한 계교를 꾀하는 마음: 다른 사람에게 악한 음모를 행하는 것이다.

5. 악으로 달려가는 발: 사람의 삶의 방식이 파괴적인 길로 가는 것이다.

6. 거짓말하는 망령된 증인: 다른 사람에 대하여 거짓으로 비난하는 것이다.

7. 형제 사이를 이간하는 자: 다른 사람들을 비방함으로 소외와 대립하게 하는 불신을 조장하는 것이다.

예수님의 제자라는 내가 다른 교인으로부터 위에 열거한 것들을 당했을 뿐만 아니라 나도 하나님과 사람 앞에 같은 죄를 저질렀다는 것을 인정할 수밖에 없다. 그리스도의 제자로서의 삶을 살기를 원하는 사람은 하나님이 싫어하시는 것들을 행하는 것이 죄라는 것을 아는 것만 아니라, 마음속에 나쁜 것이 있다는 것을 또한 증명하는 것이다. 이것 때문에 풍성한 삶을 영위하는 것은 처음부터 끝까지 마음을 다스리는 것으로부터 시작해야 한다는 것이다. 하나님의 사랑을 매일의 일과와 물건 따위를 갈취하는 것이나 하나님으로부터 멀어지려는 마음으로 바꾸어 버리면, 그것들이 하나님이 몹시 싫어하시는 우상이 되기 시작하며, 하나님을 향한 우리들의 열정이 나자신을 위한 죄의 열정으로 바뀌어 버린다.

당신의 마음은 어떠한가? 당신은 하나님을 세상의 모든 것보다 더욱 사모하는가? 당신은 당신을 위하여 주신 그 어떤 세상적인 것들보다 하나님을 더욱 사모하는가? 당신은 하나님을 그분이 주신 물질적인 축복보다 더욱 사모하는가? 그렇지 않다면 당신은 살아계신 하나님께 대한 신실한 마음보다도 예수님 중심의 신실한 관계보다도, 기복 신앙의 우상숭배로 빠져가고 있는 것이다. 그분이 주시는 삶은 풍성한 삶이며, 그분의 영광을 위하여 무한하시고 항상 넘치게 하기 위한 삶이다. 원수 마귀에게 당신의 기쁨을 빼앗기지 않기를 바란다.

☞ 원칙 10.1 아낌없는 섬김

헨리 나우웬은 즐겁고 은혜롭게 섬김으로 인색하지 않은 삶과 그와는 반대로 탐욕으로 가득하고 염려를 자아내는 것들에 대하여 속마음을 빼앗기게 되는 인색하고 자기 것만 챙기는 그런 폐쇄적인 삶을 비교하는 글을 종종 썼다. 그는 정신과 병원을 찾은 어떤 할머니에 관한 이야기를 썼다. "그녀는 난폭하였고, 보이는 것마다 따라다녔고, 모든 사람을 무서워하였기에, 의사들은 그녀의 근처에 아무것도 가까이 둘 수 없었다. 그런데 그녀는 조그마한 동전 하나를 손에 꼭 쥐고 있었고 절대로 놓질 않았다. 실제로 두 남자가 그녀의 손을 강제로 펴서 겨우 꺼냈다. 그것은 마치 그 동전을 잃어버리는 것은 그녀 자신을 잃어버리는 것과도 같았다. 그들이 그 마지막 남은 동전을 빼앗아 버린다면, 그녀는 아무것도, 정말 아무것도 가진 것이 없게 될 것이라고 생각했었을 것이다. 바로 그것이 그녀의 두려움이었다."[5]

인정하기 어려운 너무나 극적인 이야기지만 우리들 중에 많은 사람들로부터 볼 수 있는 것이다. 우리는 소유와 경험에 집착한다. 어떤 사람들은 잃어버릴지도 모르는 두려움과 그것들을 놓았을 때 무슨 일이 생길 것 같은 두려움 때문에 꽉 붙잡고 있는 주먹을 절대로 펴지 못한다. 나우웬은 꽉 잡은 손을 펴서 자신과 자기가 가진 모든 것을 놓기 전에는 예수님의 풍성하신 삶을 경험하지 못한다고 우리에게 주의를 준다. 예수님은 죄와 그 죄 속에 빠져 들어가서 죄의 노예가 되는 것으로부터 우리들을 건지시기 위하여 그분 자신과 그분의 모든 것을 주셨다.

꽉 붙잡고 있는 두려워하는 삶에 대한 해독제는 기도이다. "기도는 하나님 앞에서 당신의 손을 펴는 것이다. 그것은 천천히 긴장을 푸는 것이다. 그것은 두 손을 함께 꽉 붙이고 마음에 예수님에 대한 임재를 기대하는 당신의 존재를 인정하는 것이다. 그것은 나의 소유를 붙잡기 위한 것이 아니고, 주님의 임재를 선물로 받기 위한 것이다. 무엇보다도, 기도는 당신의 손을 하나님의 약속을 받기 위하여 벌리는 것이고, 사랑하는 사람들과 당신이 살고 있는 지역을 위한 소망을 발견하는 이 세상 가운데서 당신이 잠잠히 주님을 찾을 수 있는 삶의 방법이다. 기도하는 중에 주위의 고통과 기쁨과 당신의 마음의 외로움 가운데서 부드럽게 다가오시는 하나님의 임재를 경험한다."[6]

풍성한 삶을 영위하는 것은 기도를 통하여 자신과 모든 것을 하나님의 사랑 가운데로 내어 놓는 것으로부터 시작한다. 그분은 생명의 원천이시고 모든 좋은 것들을 선물로 주시기 때문에, 우리는 순종하는 마음으로 우리들의 꽉 쥔 손을 펴고, 소유한 것들을 가지고 다른 사람들이 섬김을 받을 수 있도록 관용을 베풀어야 한다. 섬기는 것은 자기만족이 아니다. 그것은 하나님의 영광을 위한 것이고 다른 사람들의 필요를 채우는 것이다. 그런 경험을 할 수 있는 유일한 방법은 기도로 하나님의 자녀인 우리들을 위한 그분의 우선순위에 자신을 맞추어 갈 때이다. 아낌없는 섬김은 기도로 시작하여 기도로 끝난다.

☞ 원칙 10.2 기도하며 삶을 경영

아낌없이 기도하는 삶을 살아갈 때, 개인적인 청지기로서 특별한 은총을 경험한다. 마태복음 25장에서 예수님은 그분의 제자들에게 달란트에 대한 비유를 자세히 설명하신다. "어떤 사람이 타국에 갈 제 그 종들을 불러 자기 소유를 맡김과 같으니, 각각 그 재능대로 하나에게는 금 다섯 달란트를, 하나에게는 두 달란트를, 하나에게는 한 달란트를 주고 떠났더니...."

"오랜 후에 그 종들의 주인이 돌아와 저희와 회계할새 다섯 달란트 받았던 자는 다섯 달란트를 더 가지고 와서 가로되, '주여, 내게 다섯 달란트를 주셨는데, 보소서, 내가 또 다섯 달란트를 남겼나이다.' 그 주인이 이르되, '잘 하였도다, 착하고 충성된 종아. 네가 작은 일에 충성하였으매, 내가 많은 것으로 네게 맡기리니, 네 주인의 즐거움에 참예할지어다' 하고, 두 달란트 받았던 자도 와서 가로되,

'주여, 내게 두 달란트를 주셨는데, 보소서, 내가 또 두 달란트를 남겼나이다.' 그 주인이 이르되, '잘 하였도다, 착하고 충성된 종아. 네가 작은 일에 충성하였으매, 내가 많은 것으로 네게 맡기리니, 네 주인의 즐거움에 참예할지어다' 하고,

한 달란트 받았던 자도 와서 가로되, '주여, 당신은 굳은 사람이라. 심지 않은 데서 거두고 헤치지 않은 데서 모으는 줄을 내가 알았으므로, 두려워하여 나가서 당신의 달란트를 땅에 감추어 두었었나이다. 보소서, 당신의 것을 받으셨나이다.' 그 주인이 대답하여 가로되, '악하고 게으른 종아, 심지 않은 데서 거두고 헤치지 않은 데서 모으는 줄로 네가 알았느냐? 그러면 네가 마땅히 내 돈을 취리하는 자들에게나 두었다가 나로 돌아 와서 내 본전과 변리를 받게 할 것이니라' 하고, '그에게서 그 한 달란트를 **빼앗아** 열 달란트 가진 자에게 주어라. **무릇 있는 자는 받아 풍족하게 되고**, 없는 자는 그 있는 것까지 **빼앗기리라.** 이 무익한 종을 바깥 어두운데로 내어쫓으라. 거기서 슬피 울며 이를 갊이 있으리라' 하니라" (마 25:14~15, 19~30; 고딕체 저자 강조 첨가)

여기서 예수님은 제자들에게 마치 주인이 직접 그의 하인들에게 내린 것 같은 풍성한 삶을 잘 관리해야 할 것을 주지시키셨다. 우리도 기도하며 적극적으로 우리에게 주신 모든 것을 증식시킬 방법을 찾아야 한다. 소유를 늘리지 않는 것은 무엇이든지 주인의 우선순위로부터 불순종의 길로 가는 것이다. 복음서에 나오는 이 중요한 이야기를 통하여 주님은 모든 제자들이 달란트를 얼마를 받았든지 간에 마음을 열고 순종해야 한다는 것을 분명하게 말씀하신다.

가진 모든 것은 하나님께 영광을 돌리기 위하여 사용되어야 한다. 기도로 삶을 관리하는 것은 우리에게 다음과 같은 네 가지의 매우 중요한 원칙들을 심사숙고하며 점검하게 한다.

시간(Time): 하루의 모든 시간을 그분께 드리라!
　　　　개인적인 일정이 당신을 향한 하나님의 우선순위를 보여 주는가?
달란트(Talent): 모든 은사와 능력을 그분의 영광을 위하여 드리라!
　　　　당신의 사명과 역할과 목표에 대한 개인적인 관리 책임이 있는가?
소유물(Treasure): 모든 물질은 하나님의 영광을 위하여 관리하라!
　　　　개인적인 금융 투자금과 통장은 다른 사람들을 위하여 관용을 베풀고 있는가?
성전(Temple): 몸의 모든 부분을 하나님의 영광을 위하여 드리라!
　　　　육체를 잘 관리하고, 영양을 공급하고, 쉬고, 절제하고 있는가?

☞ 원칙 10.3　물질적인 희생

"하나님의 편에서 보실 때, 지상에서 우리의 소유와 영원한 우리의 영혼과는 생명선으로 연결되어 있다"라고 캘리포니아에 있는 바이올라대학교(Biola University)의 부총장인 웨슬리 윌머(Wesley Willmer) 박사가 말했다. "나누어 주는 것은 영적인 문제인데, 하나님께 대한 순종적인 예배 행위이다. 우리는 하나님이 모든 것을 소유하신다는 사실을 인정할 때, 하나님의 우선순위가 믿음이 좋은 제자들을 양육하고, 관대함을 통하여 영적으로 성장하는 것을 보게 되는 것을 우리는 알 수 있다."[7]

하나님을 닮은 자들로서 그분이 관용을 베푸신 것처럼, 우리는 관용을 베풀도록 부름을 받았다. 풍성하게 나누어 주는 것은 희생을 요구하지만, 그것은 언제나 주는 자에게나 받는 자에게나 좋을 뿐 아니라 하나님께도 영광이 된다! 그렇다면 우리는 관용을 베푸는 마음을 어떻게 발전시킬 수 있는가? 지상에서 우리의 소유와 영원한 우리의 영혼과는 끊을 수 없게 연결되어 있기 때문에, 어떻게 나누어 주는가는 영원한 결과를 초래함으로 심각하게 숙고해 보아야 한다. 윌머는 하나님이 소유에 관하여 말씀하신 여섯 가지에 가치를 둔다.

1. 하나님은 천국에서 무슨 상급을 줄 것인지 결정하시기 위하여 그리스도인들이 어떻게 물질을 사용하는지 그 행적을 기록하신다. 말씀이 가르치는 영원한 상급은 세상에서 무엇을 하는가에 바탕을 두고 있다. 그 무엇이란 천국에서 인정해 주는 명예의 등급에 따른다. 질문: 당신은 천국의 면류관을 얻기 위하여 하나님이 주신 물질을 사용하여 "선하고 충성된 종"으로서 무엇을 하였는가? (참고: 잠언 24:11~12; 마 19:27~30; 눅 14:12~14)

2. 물질을 사용할 때 천국에서도 받을 수 있을 만큼 책임감 있게 행동하였는가? 하나님이 당신이 이 세상에서 소유하고 있는

작은 것들, 즉 집이나 자동차, 노후 대책 연금 등에 대하여 당신을 믿을 수 없으시다면, 영원한 천국에서 진짜 부를 주시고자 할 때 어떻게 당신을 믿으실 수 있겠는가? 질문: 당신은 당신이 영원한 천국에서 진짜 중요한 임무들을 수행할 수 있다는 것을 이 세상에서 당신에게 맡기신 소유물을 사용함을 통하여 어떻게 하나님께 증명할 수 있는가? (참고: 눅 16:10~12)

3. **관용을 베푸는 것은 하나님의 은혜에 보답하는 기회이다.** 하나님은 너무나 너그러우시기 때문에, 우리도 맡기신 소유물을 가지고 하나님처럼 너그럽게 베풀어야 한다. 나누어 주는 것을 우리에게 대한 그분의 자비하심에 감사드리는 기회로 삼아야 한다. 하나님을 믿고 따르는 자로서 그분처럼 관용을 베풀어야 한다. 질문: 당신이 하나님의 은혜를 나누어 주는 신실한 청지기로서 무슨 증거가 있는가? (참고: 벧전 4:10)

4. **하나님은 우리의 소유물을 다른 사람에게 그리스도를 전하는 도구로 사용하신다.** 지혜로운 청지기는 그들의 모든 소유물을 하나님을 위한 도구로 사용한다. 질문: 당신은 자동차, 집, 옷, 주식, 여러 가지 수집품들을 하나님의 영광을 위한 수단으로 사용하고 있는가? 당신을 천국에서 맞을 때 누가 "우리는 당신이 우리를 예수님께로 인도하기 위하여 당신의 물질을 사용하였기에 여기 있어요"라고 말하겠는가? (참고: 눅 16:9)

5. **우리에게 맡겨진 것들은 누가 인생의 주인인가를 시험하기 위한 것이다.** 하나님과 물질을 겸하여 섬길 수 없다. 하나님은 우리의 자세와 행위를 나 자신보다 더 잘 아신다. 질문: 당신

의 인생을 주관하는 것은 하나님인가 물질인가? 하나님의 영원한 나라가 당신의 우선순위라는 것을 나타내기 위하여 그분의 물질을 어떻게 사용하고 있는지 보여 줄 수 있는가? (참고: 눅 16:1~9)

6. **어떻게 물질을 사용하는지가 표식이 된다.** 삶의 가치를 가장 잘 보여 주는 것 중의 하나가 소유물이다. 질문: 당신의 이웃, 친구들과 동료들은 당신에게서 무슨 표식을 보게 되는가? 이 세상에서 소유하고 있는 것보다 천국에서 소유할 집을 더욱 소중히 여긴다는 것을 당신의 소유물을 사용할 때 분명하게 보여 줄 수 있는가? 당신이 소유하고 있는 것들을 계수하여 보고 스스로에게 질문해 보라. "나는 이것들을 하나님을 위하여 사용하고 있는가 아니면 나 자신을 위하여 사용하고 있는가?" 당신이 소유물을 사용할 때 그리스도인으로서 당신의 표식으로서 어떤 특별한 증거가 있는가? (참고: 눅 16:13)[8]

☞ 원칙 10.4 관용으로 씨 뿌리기

풍성한 삶을 관리하는 것에 대하여 말할 때마다 우리는 영적인 삶에서 얼마나 잘 하고 있는지 두 가지 나타나는 표징을 이야기한다. 그 두 가지 표징들은 우리의 가계부 장부와 하루 일과표이다. 이 두 가지를 잘 살펴보면 풍성한 삶을 관리하는 상태가 어떤지 알 수 있다.

관용으로 씨를 뿌리는 자는 다른 형제들에게 가계부를 거리낌없이 보여 준다. (나는 당신이 스스로에게 시험해 보길 원한다!) 그들은 또한 다른 사람들과 주님의 나라를 세우기 위한 우선순위에 그들의 소유물들을 어떻게 사용하는지에 관하여, 또는 그들의 새해의 목표로 그들의 수입에서 몇 퍼센트를 떼어서 주님의 사업에 쓸 것인지에 관하여 서로 의견을 교환할 수 있다. 이것은 남들과 비교하며 자기를 나타내거나 자랑하려는 의도가 아니라 책임감 있는 청지기로서의 삶을 위하여 진지한 의견 교환인 것이다. 이런 부분에서 어떻게 성장해야 하는지에 관하여 열린 마음으로 의견을 나눌 수 있는 경우, 이 모든 중요한 일들에 관하여 어떤 다른 방법으로 현명한 결단을 할 수 있는가?

프랭크(Frank)는 회사를 크게 성장시킨 후 사장이 되었는데, 회사의 주주들이 자기에게 제안하는 월급과 보너스가 너무 많다고 생각했다. 그들의 제안을 거절하는 대신, 그와 아내는 그들의 수입을 자기들만을 위하여 쓰지 않기로 결심했다. 프랭크가 크게 번창하는 회사의 사장이었지만, 그들 부부는 삶의 수준을 높이지 않았다. 그 결과로 그들은 수입의 90퍼센트를 나누어 주게 되었다! 그의 수입은 그들의 필요보다 훨씬 많은 것이었다. 헌신된 그리스도인으로서, 그들은 자신들의 재산과 금전적인 부를 증식하는 대신 하나님의 나라를 우선순위로 하여 투자하기로 결단한 것이었다.

당신은 비슷한 결단을 한 사람들을 아는가? 당신의 교제권에 있는 사람들과 그리스도인으로서 금전에 관한 문제를 자유롭게 말할 수 있기 전에는, 최선의 결단을 하고 있는지 어떻게 알 수 있겠는가? 프랭크 같은 사람을 아는 것은 가족의 우선순위를 정하는 데 도움이 된다. 비록 프랭크 같이 많은 수입이 없을지라도, 매년 다른 사람에게 나누어 주는 비율을 늘려가려고 노력하게 된다.

이 세상의 많은 사람들이 배고픈 채로 잠자리에 드는 한 우리들만을 위하여 부를 축적하면 안 된다. 이런 일은 북미 지역에는 거의 없겠지만, 다른 대륙에 가보면 비참한 빈곤이 풍요로운 북미 땅에 사는 사람들과는 너무나 비교가 된다.

우리는 계속적으로 금전적인 소유물 관리를 하나님이 보시기에 잘하고 있는지를 점검해야 할 뿐 아니라 일과표도 같은 이유로 점검해야 할 필요가 있다. 우리는 또한 하루의 일과가 얼마나 바쁜지에 대하여 서로 만족할 때가 많이 있다. 우리는 일, 일, 또 일로 인해서 쉬고 기분 전환과 새롭게 하는 시간을 낼 수가 없다.

우리는 하루 종일 여러 가지 일로 인하여 바쁘다는 것을 칭찬하여 주기보다는 균형 잡힌 삶을 살기 위하여 서로에 대한 책임을 말할 시간이 아닌가? 관용을 가지고 씨를 뿌리려고 한다면, 어떻게 씨를 뿌려야 하는지를 알아야 한다. 씨를 한 곳에 모두 뿌려도 안 되고, 그것을 생각 없이 아무데나 마구 뿌려도 안 된다. 시간과 봉사의 씨를 뿌리는 것은 투자에 대하여 최대한의 보상을 받을 수 있도록 조심스럽고 계획적이어야 한다.

다음 주간의 당신의 일과표를 잘 살펴보라. 어떤 것이 가장 우선순위에 있는가? 어떤 것을 빼거나 다른 사람에게 부탁할 수 있는가? 하나님께 더 가까이 가기 위하여 당신은 무엇을 바꾸어야 하는가? 당신의 인간적인 관계에 있어서 우선순위는? 다른 사람들의 필요를 돕는 것도 포함이 되어 있는가? 쉬고 기분 전환할 수 있는 것들은 무엇이 포함되어 있는가? 이런 것들이 당신 스스로에게 물어보고 다른 사람들과도 이야기해 보아야 할 사항들이다.

관용을 가지고 씨를 뿌리는 것은 세상에서 가질 수 있는 가장 큰 기쁨 중의 하나이다. 왜냐하면 그렇게 함으로 하나님의 영광과 목적을 위하여 그분이 우리들에게 원하시는 관대하게 베푸는 삶을 어떻게 살아갈 수 있는지를 물어보는 것이기 때문이다. 머리를 눕혀 평안한 안식에 들어가는 그 날에 예수님이 "잘 하였도다, 착하고 충성된 종아. 네가 작은 일에 충성하였으매, 내가 많은 것으로 네게 맡기리니, 네 주인의 즐거움에 참예할지어다!"(마 25:21)라고 말씀하시는 것을 알게 되는 것보다 더 큰 만족은 없을 것이다. 낮에 관용으로 씨를 뿌릴 때 우리의 시간, 재능, 재물, 우리 몸(성전)을 잘 관리함으로 그분이 기뻐하시고 영광을 받으심을 알고 평안히 잠들게 된다.

☞ **원칙 10.5 미소를 많이 짓는 삶**

교회의 사명 선언문 중 내가 가장 좋아하는 것은 "예수님을 미소 짓게 하는 교회"이다! 그 말을 듣기만 해도 나를 미소 짓게 한다. 그런 비전이 있는 삶을 원하지 않는 사람이 누가 있겠는가?

그렇다면 평신도로서 우리는 어떠한가? 건강하고 생기 넘치는 모든 제자들이 같은 비전을 갖는다면 어찌 될 것인가 상상할 수 있는가? 결단할 때마다, 관계를 만들어 갈 때마다, 가진 소유물을 사용할 때마다 "예수님을 미소 짓게" 한다면, 마음은 얼마나 더 밝아질 것이고, 이 세상은 또 얼마나 더 기쁨이 넘치게 될 것인가.

그리스도인들은 그들 자신들의 기쁨과 그들 자신들에게 관용을 베풀기 위하여 사는 사람들이 아니다. 얼마나 불행한 것 같은가. 그러나 이 세상의 사람들은 그런 생각을 영원히 바꿀 수 있다. 우리는 시편의 저자가 "아침에 주의 인자로 우리를 만족케 하사 평생에 즐겁고 기쁘게 하소서"(시 90:14)라고 기도한 즐거움을 선택할 수 있다. 마음에 관용을 가지고, 예수님을 미소 짓게 하는 목적뿐 만 아니라 삶과 섬김의 구석구석까지도 주님이 주시는 기쁨을 가져올 수 있도록 풍성한 삶을 관리하도록 결단할 수 있다.

나의 친구 갈렙을 기억하는가? 그는 매일의 시작과 끝을 예수님을 미소 짓게 하기로 결단하였다. 그가 삶의 지표로 삼은 말씀은 미가서 6장 8절의 "…여호와께서 네게 구하시는 것이 오직 공의를 행하며, 인자를 사랑하며, 겸손히 네 하나님과 함께 행하는 것"이다. 그는 그의 영혼의 중심에 자리 잡고 계신 예수님의 충만과 겸손이 없이는 다른 사람이 미소 짓게 하기보다는 눈살을 찌푸리게 한다는 것을 알았다.

오늘 당신의 마음 상태는 어떤가? 하나님이 사랑의 청진기로 당신의 마음의 박동을 주의 깊게 들으신다면, 그분이 무엇을 들으실 것인가? 당신의 마음이 차가운가? 그렇다면 그분이 따뜻하게 하시도록 하라. 당신의 마음이 굳어 있는가? 그렇다면 그분이 부드럽게 하시도록 하라. 당신의 마음이 상처를 받았는가? 그렇다면 그분이 치유하시도록 하라. 당신의 마음이 갈라져 있는가? 그렇다면 그분이 합하게 하시도록 하라. 당신의 마음이 지쳐 있는가? 그렇다면 그분이 새 힘을 주시도록 하라. 오늘 당신의 마음을 그분께 드려라

—전능하신 하나님의 품 같이 따뜻한 보금자리는 이 세상에 없다. 바로 지금부터 당신은 예수님이 주시는 풍성한 삶을 살 수 있다.

다윗의 찬양과 기도인 역대상 29장 10~13절과 16~19절은 사람들이 하나님께 기쁨으로 전심을 다하여 드린 자취가 다음과 같은 기도에 기록되어 있다.

제자의 기도

여호와여, 광대하심과 권능과 영광과 이김과 위엄이 다 주께 속하였사오니, 천지에 있는 것이 다 주의 것이로소이다. 여호와여, 주권도 주께 속하였사오니, 주는 높으사 만유의 머리심이니이다. 부와 귀가 주께로 말미암고, 또 주는 만유의 주재가 되사 손에 권세와 능력이 있사오니, 모든 자를 크게 하심과 강하게 하심이 주의 손에 있나이다. 하나님이여, 이제 주께 감사하오며 주의 영화로운 이름을 찬양하나이다.

하나님 여호와여, 주의 거룩한 이름을 위하여 전을 건축하려고 미리 저축한 이 모든 물건이 다 주의 손에서 왔사오니, 다 주님의 것이니이다. 나의 하나님이여, 주께서 마음을 감찰하시고 정직을 기뻐하시는 줄 내가 아나이다. 내가 정직한 마음으로 이 모든 것을 즐거이 드렸사오며, 이제 내가 또 여기 있는 주의 백성이 주께 즐거이 드리는 것을 보오니 심히 기쁘도소이다. 열조 아브라함과 이삭과 이스라엘의 하나님 여호와여, 주께서 이것을 주의 백성의 심중에 영원히 두어 생각하게 하시고, 그 마음을 예비하여 주께로 돌아오게 하옵시며, 또 우리들에게 정성된 마음을 주사 주의 계명과 법도와 율례를 지켜 이 모든 일을 행하게 하옵소서. 아멘

묵상과 변화를 위하여

건강한 제자는 모든 것이 하나님께로부터 온 것을 믿고, 먼저 하나님의 나라와 그 의를 위하여 그 소유를 풍성하게 사용해야 함을 안다.

풍성한 삶을 관리한다는 것은 하나님이 풍성한 선물로 주신 개인적인 삶의 관리 상태를 점검하기를 원한다는 의미이다. 이 마지막 특징은 건강하고 살아 있는 삶을 추구하는 제자들이 감당해야 하는 과제는 본장에서 강조하고 있는 여러 가지 관리에 관한 문제점들을 잘 상고하여 보고, 그 문제점들을 하나씩 구체적으로 해결하며 나아가야 한다.

다음에 보여 주는 도표는 이런 각 문제점들을 해결해 나갈 수 있도록 돕기 위하여 고안되었다. 각 항목별로 계속하여 고치고 수정할 때, 당신의 풍성한 삶을 관용을 가지고 관리하려고 할 때 당신이 주님의 인도하심을 받는 방향에 대하여 다른 사람과 나누는 것이

좋다.

지금 시간을 내어서 풍성한 삶을 관리하기 위하여 새롭게 시작하라. 당신이 그렇게 결단한 것에 대하여 너무나 기뻐할 것이다!

풍성한 삶의 관리
하나님의 은혜와 인도하심으로...

하나님의 풍성한 은혜	은혜에 대한 나의 관리 (때, 장소, 방법)
삶 가운데서 나의 사명 (왜: WHY)	
삶 가운데서 나의 역할 (누가: WHO)	
삶 가운데서 나의 목표 (무엇을: WHAT)	
나의 시간표의 우선순위 (시간: TIME)	
나의 씨 뿌림, 섬김과 희생 (달란트: TALENT)	
나의 육체적인 몸 (성전: TEMPLE)	
나의 재정 (보물: TREASURE)	
영적인 기쁨 (진정한 마음: TRUE HEART)	

결론

―――――――――

“오직 이것을 기록함은 너희로 예수께서 하나님의 아들 그리스도이
심을 믿게 하려 함이요, 또 너희로 믿고 그 이름을 힘입어 생명을
얻게 하려 함이니라.”

요한복음 20:31

지금까지 예수님의 사랑을 받는 제자들을 비롯하여 여러 가지
중요한 것들을 다루며 오랫동안 요한복음을 연구하였다. 예수 그리
스도의 삶과 가르침은 영적인 건강과 생명을 찾기 위하여 모든 제자
들이 찾는 진리의 정상에 오르도록 인도하신다. 마태, 마가, 누가,
요한복음을 비롯하여 구약에 나오는 선지자들의 가르침과 사도행
전에서부터 계시록에 이르기까지 초대 교회의 많은 요한의 제자들
의 가르침을 연구하여 볼 때 주님에 대하여 배워야 하는 것은 끝도
없다. 그들의 가르침은 모두 우리로 하여금 한 분만을 향하게 한다.
그분은 예수 그리스도이시다.

예수님을 믿는 자로서 우리는 그분의 말씀을 읽는다. 그리하여
서 믿음이 깊어지고, 그 믿음을 따라 예수님의 이름 아래 삶이 더욱

만족하게 된다. 바로 이것이 요한복음의 사명이며, 우리의 관심을 집중해야 하는 것이다. "내 말이 네가 믿으면 하나님의 영광을 보리라 하지 아니하였느냐?" (요 11:40)

요한복음의 마지막 몇 장에서 예수님의 생애와 사역을 정리하는 것이 서술되어 있다. 18장과 19장은 그분의 잡히심, 십자가에서 죽으심과 장사 지냄에 대한 내용이고, 20장과 21장은 그분의 비어 있는 무덤을 발견한 후에 그분의 부활과 활동하신 내용이다. 이 모든 것들은 그분이 일찍이 제자들에게 말씀하셨던 것이었다. "세상에서는 너희가 환난을 당하나 담대하라. 내가 세상을 이기었노라" (요 16:33). 그분의 위로와 소망의 말씀은 제자들에게 그리스도 안에서 영적인 건강과 생명이 그들을 영생으로 인도하신다는 것을 확인시켜 주었다. 명심하라. 주님이신 예수님이 세상을 이기셨다.

이것에 대한 증거로서 예수님이 부활하신 후에 죽음을 이기시고, 제자들에게 나타나셨고, 영원히 사시며, 세상을 다스리는 분이라는 것을 보여 주셨다. "부활하신 주님은 환상이나, 어떤 사람의 환각이나, 유령이나 혼령이 아니었다. 그것은 바로 죽음을 이기시고 살아나신 예수님이셨다."[1]

여기에는 믿는 자들을 위하여 많은 증거가 기록되어 있다 (마 28:9 —여자들에게 나타나심; 마 28:17~20—지상명령을 주심; 눅 24:15~35—엠마오로 가는 도중에 나타나심; 눅 24:50~51—그분이 공중으로 들려 올려 가심; 고전 15:5—베드로와 그 나머지 열두 제자들에게 나타나심; 고전 15:6—500명이나 되는 제자들에게 나타나심; 고전 15:7—야고보에게 나타나심; 고전 15:8, 행 9:5—바울이 변화될 때 나타나심). 네 가지 가장 중요한 부활의 증거는 요한복음 20장과 21장에서 찾아볼 수 있다.

부활 후 예수님의 나타나심 #1

요한복음 20장 10~18절에서, 예수님은 전에 일곱 귀신을 쫓아내신 막달라 마리아에게 나타나셨다. 그녀는 창녀였었는데, 예수님이 용서하시고 깨끗하게 하시며 회복시켜 주셨던 그녀가 빈 무덤을 제일 먼저 목격하였다. 죄가 너무 많아서 예수님에 대한 사랑도 많았으나 그녀에게는 그 사랑밖에는 드릴 것이 없었다.

예수님이 그녀에게, "여자여, 왜 울고 있느냐?"(15절)라고 말씀하셨다. 대답은 의심의 여지가 없었다. 그녀의 주님은 몇 시간 전에 계셨던 그 자리에 계시지 않았다. 그녀의 마음은 너무나 아팠는데, 죽음을 이기신 주님은 그녀의 상처받은 마음을 위로하여 주셨다. 그 결과 그분은 그녀의 고통 가운데 말씀하셨고, 놀라우신 사랑으로 그녀에게 자신을 나타내셨다. 사랑이 이 장면의 주제였다.

부활 후 예수님의 나타나심 #2

요한복음 20장 19~23절에서 예수님은 가룟 유다와 도마가 없는 가운데 열 명의 제자들에게 나타나셨다. 제자들은 단단히 잠긴 방 속에 숨어 있었다. 왜냐하면 유대인들이 그들을 찾아내지 않을까 하는 두려움 때문이었다. 그때 예수님이 나타나셔서 "너희에게 평강이 있을지어다!"(19절)라고 말씀하셨다. 예수님의 못 자국 난 손과 옆구리를 본 제자들은 주님을 다시 만나게 되었음에 기쁨을 이기지 못하였다.

예수님은 그 제자들에게 지난번에 예언하신 대로 그들의 믿음을 더 강하고 담대하게 하라고 하셨다. 그 후에 그분은 숨을 내쉬시며 그 제자들에게 성령을 받으라고 하시고, 누구든지 예수님의 이름과 주님이 주신 권능으로 죄를 용서하라고 말씀하셨다. 그 방은 부활하신 예수님으로 인하여 빛이 충만하였을 것이고, 탄압을 받는 제자들의 마음은 부활하신 그들의 구속의 주님을 보는 것으로 마음이 들뜨게 되었을 것이다.

부활 후 예수님의 나타나심 #3

도마가 예수님이 나타나셨다는 것을 듣고 "내가 그 손의 못 자국을 보며 내 손가락을 그 못 자국에 넣으며 내 손을 그 옆구리에 넣어보지 않고는 믿지 아니하겠노라 하니라." 일주일 후에 예수님이 열한 제자들에게 나타나셨다. 이때에는 도마가 거기 있었다 (요 20:26~31). 예수님이 역시 "너희에게 평강이 있을 지어다" (26절) 하시며 의심 많은 도마까지도 지난번에 부활하신 예수님과 함께 했던 제자들과 같은 경험을 할 수 있도록 배려하셨다.

도마가 의심하는 것을 알고 계신 예수님이 그가 의심하는 바를 직접 다루셨다: "네 손가락을 이리 내밀어 내 손을 보고, 네 손을 내밀어 내 옆구리에 넣어보라. 그리하고 믿음 없는 자가 되지 말고 믿는 자가 되라" (27절). 예수님이 그의 의심을 이보다 어떻게 더 직접 다룰 수 있으셨을까? 예수님은 제자들의 마음 가운데 의심하는 바가 무엇인지 확실하게 알고 계셨고, 문제 있는 심령들의 마음마다 평강을 넣어 주셨다. 감사하게도 예수님은 오늘날에도 똑같이 역사하고 계신다.

부활 후 예수님의 나타나심 #4

요한복음 21장 1~14절에서 예수님은 그 제자들이 고기를 잡고 있는 동안에 나타나셨고, 다른 사람과는 같지 않게 바닷가에서 조반을 준비하고 그들을 초청하셨다. 이 기적 같은 물고기 잡는 이야기에서, 예수님은 그들의 물고기를 잡지 못한 것을 아시고, "그물을 배 오른편에 던지라. 그리하면 얻으리라"(요 21:6)고 말씀하셨다. 그들이 예수님의 말씀에 순종하였을 때, 너무 많은 고기가 잡혀서 그물을 끌어 올릴 수가 없을 만큼 되었다.

바닷가에서 그들에게 말씀하시는 분이 누구신지 알게 되자, 베드로는 다른 사람보다 예수님께 빨리 가려고 성급하게 물로 뛰어 들었다. 예수님은 숯불을 피워놓고 기다리셨고, 그들은 앞으로 다시는 기회가 없을지도 모르는 조반을 예수님과 즐겼다. 예수님은 베드로에게 (15~25절) 양을 치고 먹이라는 명령을 하시면서 그의 마음에 용기를 불어넣어 주셨다. 그에게 예수님이 함께 이 땅에 계실 때 이루셨던 양들을 구원하는 일에 최우선으로 열심히 순종하라고 명령하셨다. 그분의 부르심과 축복은 그들이 함께 진정으로 감사하는 마음으로 조반을 먹는 동안에 약속하신 것이었다.

부활하신 예수님이 나타나신 것을 보며, 그분이 제자들을 어떻게 은혜롭게 양육하셨는지를 새롭게 발견한다.

- 예수님의 출현 #1: 깊은 **고통** 가운데 있을 때 (그분이 이해하시며 치유하시길 원하심)
- 예수님의 출현 #2: **평강**을 말씀하실 때 (성령을 보내실 것을 약속 하심으로)
- 예수님의 출현 #3: 성장의 **과정**으로 인도하실 때 (그분의 임재와 전능하심을 의심할 때조차도)
- 예수님의 출현 #4: 삶에 **열매**를 맺도록 축복하실 때 (부르심을 받은 순간부터 우리의 삶을 통하여 그분의 때에 주시는 끊임없는 모든 은혜의 선물)

오늘 당신의 영혼의 상태가 예수님의 치유의 은혜가 임하시기를 바라고 있는가? 그분은 당신이 힘들고, 지치고, 의심 많은 당신의 영혼에 평강을 말씀하기 원하신다. 그분은 당신의 삶 가운데서 매 순간마다 그분의 임재와 능력을 부어 주신다고 약속하신다. 그분의 부르심에 대한 믿음에 순종할 때에 성령님이 역사하시는 열매를 주신다. 그분의 변함없는 긍휼을 믿고, 그분의 한결같은 돌보심에 당신 자신을 맡겨라. 성령으로 가득한 생명을 찾는 예수님의 제자들에게는 뒤돌아보는 것은 불가(不可)하다. 앞으로 전진하라. 힘차게 건강한 주님의 제자가 되라. 지금부터 영원까지 당신의 마음에 심어 놓으신 소망을 꼭 붙잡으라.

우리는 과정에 있는 사람들이다

축하한다! 건강한 제자들의 열 가지 특징을 다 마쳤고, 각 특징마다 담고 있는 다섯 가지의 원칙들을 기도하는 마음으로 살펴보았다. 이 책 전체를 통하여 당신이 예수님과 개인적인 만남의 관계 안에서 같은 제목들을 가지고 훈련하기를 원하는 형제들과 함께 이런 제자들의 특징들을 상고하기를 원하였다.

이제 할 수 있다면, 당신이 그 동안 책 여백에 메모했거나, 책에 있던 질문들에 대한 답변들을 상고하여 보기를 권하며, **변화**를 위하여 담대하게 전진하기를 권하고 싶다! 이 책에서 다룬 건강한 제자로서의 특징이나 원칙들을 실행하기 위하여 당신이 구체적으로 변화되어야 하는 것이 무엇인가?

사도 바울이 우리에게 "그러므로 형제들아, 내가 하나님의 모든 자비하심으로 너희를 권하노니, 너희 몸을 하나님이 기뻐하시는 거룩한 산 제사로 드리라. 이는 너희의 드릴 영적 예배니라. 너희는 이 세대를 본받지 말고, 오직 마음을 새롭게 함으로 변화를 받아 하나님의 선하시고 기뻐하시고 온전하신 뜻이 무엇인지 분별하도록 하라"(롬 12:1~2)고 주지시켰다.

마틴 루터는 이 말씀을 "우리의 삶은 의롭지 못하지만 하나님의 의로우심 안에서 자라고; 건강한 것이 아니라 치료를 받아야 하고; 만들어진 것이 아니라 만들어지는 것이고; 쉬고 있는 것이 아니고 움직이는 것이다. 우리는 거룩해야 하지만 아직 거룩해지지 않았고, 그러나 거룩하여져 가고 있다; 과정(過程)은 끝난 것이 아니고 계속되는 것이다; 이것은 끝이 아니고 끝으로 가는 길이다. 모든 것이 영광으로 빛나고 있지 않지만 순결해지고 있다"고 해석하였다.

옛말에 이르기를 "보여 주지 못하는 행동은 의미가 없다!"고 한다. 그러므로 당신이 이 책을 읽고 당신이 수고했던 것에 대하여 가장 최상의 결과를 얻기 원하면 다음 네 가지 기본 "션"(-tions)을 "션"(shun) 하지 말고 [영어로 발음이 tion과 shun이 같은데, shun은 '-을 회피하다'라는 뜻으로, 회피하지 말고 꼭 아래에 있는 -tion으로 끝나는 단어의 뜻을 생각하며 실천하라는 뜻—역자 줘, 예수님의 건강한 제자가 되기 위하여 꼭 실천해서, 예수님의 형상을 닮아가도록 계속적으로 바뀌어져야 한다.

1. **묵상** (Reflection): 바쁘게 돌아가는 당신의 삶의 일정에 "잠시 중단" 버튼을 눌러라. 하나님의 말씀의 진리가 당신을 통하여 완성이 되는지 안 되는지를 묵상해 보는 방법이다. 조용한 묵상의 기회를 놓치지 말라. 그 묵상은 이 책에 있는 내용과 매 장의 마지막 부분에 나오는 질문들을 대답함으로 분명해진 문제점들과 이 열 가지 특성에 대하여 다른 그리스도인들과 함께 나누면서 공부하는 동안에 얻은 가장 최선의 선물일지도 모르기 때문이다.

2. **확인** (Affirmation): "잘했다, 착하고 충성된 종아!"라는 주님의 말씀을 주의 깊게 믿음을 가지고 듣도록 하라. 동시에 다른 그리스도인들이 당신을 향한 은사와 달란트, 당신의 사랑과 믿음을 확인하는 말을 할 때도 그들의 은혜로운 말들을 주의 깊게 들어라.

3. **평가** (Evaluation): 당신이 미래에 아주 특별하게 평가될 뿐 아니라

알려져야 될 필요가 있는 문제점과 관계와 태도들을 확인할 수 있을 것임을 의심할 여지가 없다. 그러므로 진실을 보기를 두려워하지 말고, 진정한 당신을 보라. 당신이 지금 있는 곳에 당신이 영원히 있을 필요가 없다는 것을 알라. 소망을 주신 주님을 찬양하라.

3. **적용** (Application): 당신 안에 완전하게 해야 할 부족한 것을 찾았으면, 당신을 통하여 하나님의 형상이 나타나도록 하나님이 당신에게 원하시는 마음과 영혼과 의지를 바꾸기 위하여 노력하기 시작하라. 이 모든 변화는 오직 그분의 은혜를 따라, 그분의 영광을 위하여, 당신을 통한 주님의 나라가 먼저 완성되어야 한다는 것을 명심하라.

건강한 제자가 되는 것은 매일 한 발자국씩 움직이는 인내를 가지고 평생을 동하여 이루어야 하는 것이다. 그 길은 우리에게서 최선을 요구하지만, 실제로 하나님은 당면하는 모든 것에 대하여 이미 우리의 전부를 인도하고 계신다. 조지 맥도날드(George MacDonald)는 "당신은 그 모든 결과가 당신에게 있다고 생각하지 말아야 한다. 문제는 당신이 하나님의 역사하심을 의지하고 있는가이다. 하나님은 그분의 때에 그분의 방법으로 그 일을 이루신다. 우리의 책임은 단순히 준비하고 있다가 그분이 보내시는 곳으로 가고 우리에게 닥치는 일을 행하는 것뿐이다."[2]

당신은 당신의 삶 전체를 통하여 이렇게 하는 것을 원하는가? 그렇다면 "지금부터 준비하시고 뛰세요!"

이것이 건강하고 생명력 넘치는 삶을 추구하는 나의 동료 제자인 당신을 위한 나의 기도이며, 골로새서 3장 1~10, 12~17절의 성경을 통하여 당신의 이름까지 기억하고 계신 사랑이 많으신 하나님 아버지가 당신을 위하여 사랑으로 말씀하시는 것이다.

그러므로 너희가 그리스도와 함께 다시 살리심을 받았으면 위엣 것을 찾으라. 거기는 그리스도께서 하나님 우편에 앉아 계시느니라. 위엣 것을 생각하고 땅엣 것을 생각지 말라. 이는 너희가 죽었고 너희 생명이 그리스도와 함께 하나님 안에 감취었음이니라. 생명이신 그리스도께서 나타나실 그때에 너희도 그와 함께 영광 중에 나타나리라.

그러므로 땅에 있는 지체를 죽이라 곧 음란과 부정과 사욕과 악한 정욕과 탐심이니, 탐심은 우상 숭배니라. 이것들을 인하여 하나님의 진노가 임하느니라. 너희도 전에 그 가운데 살 때에는 그 가운데서 행하였으나, 이제는 너희가 이 모든 것을 벗어버리라. 곧 분과 악의와 훼방과 너희 입의 부끄러운 말이라.

너희가 서로 거짓말을 말라. 옛 사람과 그 행위를 벗어버리고 새 사람을 입었으니, 이는 자기를 창조하신 자의 형상을 좇아 지식에까지 새롭게 하심을 받는 자니라.

그러므로 너희는 하나님의 택하신 거룩하고 사랑하신 자처럼 긍휼과 자비와 겸손과 온유와 오래 참음을 옷 입고, 누가 뉘게 혐의가 있거든 서로 용납하여 피차 용서하되, 주께서 너희를 용서하신 것과 같이 너희도 그리하고, 이 모든 것 위에 사랑을 더하라. 이는 온전하게 매는 띠니라.

그리스도의 평강이 너희 마음을 주장하게 하라 평강을 위하여 너희가 한 몸으로 부르심을 받았나니, 또한 너희는 감사하는 자가 되라. 그리스도의 말씀이 너희 속에 풍성히 거하여 모든 지혜로 피차 가르치며, 권면하고, 시와 찬미와 신령한 노래를 부르며, 마음에 감사함으로 하나님을 찬양하고, 또 무엇을 하든지 말에나 일에나 다 주 예수의 이름으로 하고, 그를 힘입어 하나님 아버지께 감사하라.

오직 주님께 영광을!

개요

1. 하나님의 임재의 권능을 경험한다

건강한 제자는 성령님의 역할을 이해할 뿐 아니라 매일의 생활 가운데 그분의 능력과 임재를 새롭게 실제적으로 경험한다.

"보혜사...성령 그가 너희에게 모든 것을 가르치시고, 내가 너희에게 말한 모든 것을 생각나게 하시리라" (요 14:26).

1.1—성령의 열매를 예증하라
1.2—성령의 손자국을 구체적으로 남겨라
1.3—성령의 은사를 나타내라
1.4—성령의 부르심을 기대하라
1.5—성령의 임재를 경험하라

2. 하나님을 높이는 예배를 드린다

건강한 제자는 하나님의 가족과 함께 매주 의미 있는 하나님 중심의 예배에 전심을 다해 참여한다.

"예배하는 자들은 신령과 진정으로 예배할 때가 오나니 곧 이때라. 아버지께서는 이렇게 자기에게 예배하는 자들을 찾으시느니라" (요 4:23).

2.1—예배 준비는 월요일에 시작된다
2.2—예배 참여는 성취를 낳는다
2.3—예배의 형태들은 다양성을 반영한다

2.4—예배가 산만하지 않게 보호
2.5—향상을 위한 처방

3. 영적인 훈련을 실천한다

건강한 제자는 매일 조용한 독방에서 기도와 성경 공부 및 묵상의 훈련을 쌓는다.

"내 안에 거하라. 나도 너희 안에 거하리라" (요 15:4).

3.1—기도: 행함과 적용
3.2—성경: 읽기와 깨닫기
3.3—적용: 복습과 예습
3.4—탐구: 규칙적인 실행
3.5—책임감: 가족과 친구들

4. 공동체 안에서 배우고 성장한다

건강한 제자는 같은 믿음을 가진 믿음의 식구들과 영적으로나 생활 가운데서 함께 버성기며 성장한다.

"그물을 배 오른편에 던지라. 그리하면 얻으리라 하신대, 이에 던졌더니, 고기가 많아 그물을 들 수 없더라" (요 21:6).

4.1—나눔을 위한 안전한 장소
4.2—기도를 위한 안전한 장소
4.3—배움을 위한 안전한 장소
4.4—돌보기 위한 안전한 장소
4.5—성장을 위한 안전한 장소

5. 사랑과 돌봄의 관계에 헌신한다

건강한 제자는 가정, 직장, 교회 그리고 믿음의 공동체의 구성원들 사이에 신실한 사랑으로 연결되는 생명력 넘치는 관계를 대단히 중요시한다.

"내 계명은 곧 내가 너희를 사랑한 것 같이 너희도 서로 사랑하라 하는 이것이니라. 사람이 친구를 위하여 자기 목숨을 버리면 이에서 더 큰 사랑이 없나니" (요 15:12~13).

  5.1—아가페 사랑
  5.2—절대적인 기쁨
  5.3—긍정적인 의사소통
  5.4—의견 충돌 해소
  5.5—여유 있는 시간

6. 그리스도와 같이 섬기는 종의 모습을 실천한다

건강한 제자는 모든 삶과 사역의 영역에서 예수님처럼 하나님을 높이는 종의 모습을 실천한다.

"내가 너희에게 행한 것 같이 너희도 행하게 하려 하여 본을 보였노라" (요 13:15).

  6.1—수건과 대야
  6.2—종의 마음
  6.3—기꺼이 주고받기
  6.4—들어 주는 귀
  6.5—잘 사는 삶

7. 그리스도의 사랑을 풍성하게 나눈다

건강한 제자는 믿지 않는 사람들에게 말과 행동에 있어서 예수님의 사랑을 나누어 주기 위하여 모든 기회를 사용한다.

"하나님이 세상을 이처럼 사랑하사 독생자를 주셨으니, 이는 저를 믿는 자마다 멸망치 않고 영생을 얻게 하려 하심이니라" (요 3:16).

  7.1—전도
  7.2—사회적인 관심

8. 지혜롭고 책임감 있는 삶을 산다

건강한 제자는 개인의 삶을 경영하는 법과 책임감 있는 관계 속에서 살아간다.

"때가 아직 낮이매, 나를 보내신 이의 일을 하여야 하리라" (요 9:4).

9. 그리스도의 지체들과 긴밀하게 협력한다

건강한 제자는 관계와 예배와 친교와 사역을 위하여 기독교 공동체 안에서 다른 사람들에게 능동적으로 손길을 뻗어야 한다.

"저희로 온전함을 이루어 하나가 되게 하려 함은 아버지께서 나를 보내신 것과 또 나를 사랑하심 같이 저희도 사랑하신 것을 세상으로 알게 하려 함이로소이다" (요 17:23).

10. 풍성한 삶을 경영한다

건강한 제자는 모든 것이 하나님께로부터 온 것을 믿고, 먼저 하나님의 나라와 그 의를 위하여 그 소유를 풍성하게 사용해야 함을 안다.

"한 알의 밀이 땅에 떨어져 죽지 아니하면 한 알 그대로 있고, 죽으면 많은 열매를 맺느니라" (요 12:24).

10.1—아낌없는 섬김
10.2—기도하며 삶을 경영
10.3—물질적인 희생
10.4—관용으로 씨 뿌리기
10.5—미소를 많이 짓는 삶

후기

———————

    예수님이 제자들을 택하셨는데, 제자들의 이름은 다음과 같다: 시몬 베드로, 세배대의 아들 야고보와 요한, 안드레, 빌립, 바돌로메, 마태, 도마, 알패오의 아들 야고보, 다대오, 가나안인 시몬, 갸롯 유다.

    아무도 신학적인 교육을 받지 못했고, 제사장이나 종교 지도자도 아니었다. 대개는 별명이 있었는데, 그것들의 대부분은 예수님이 지어 주셨다. 시몬은 "반석," 야고보와 요한은 "우뢰의 아들," 도마는 "쌍둥이," 또 다른 시몬은 "열혈당원"이었다. 다대오는 또한 야고보의 아들 유다로도 불렸다. 두 사람은 형제들이었고, 네 사람은 어부였고, 한 사람은 세리, 한 사람은 열심당원, 그 나머지는 그 직업이 알려지지 않았다. 그 사도들 중에 셋은 그들의 이름을 따라 성경을 썼고, 몇은 유명해졌으며, 몇은 그 이름 외에는 알려지지 않았다. 그들은 모두 보통 사람들이었다.

    그들 열두 명 중 열한 명은 제자로서 사명을 감당하였다. 그들은 예수님께 배웠고 그대로 삶을 살았다. 그들의 성령님으로부터 능력을 받았고, 그래서 다른 사람에게 능력을 전수하였다. 그들이 예수님의 건강한 제자가 되었다. 요한 같은 제자는 다른 제자들보다 쉬웠던 반면, 시몬 베드로나 도마 같은 사람들은 어려웠다. 갸롯 유다를 제외하고는 모두 사도직을 위임 받고 잘 수행하였다. 그런데 유다는 같이 훈련을 받았지만 탈락했다.

유다가 예수님을 배반하던 날에 열두 제자들 중에 하나를 비게 하였고, 그를 보충하기 위하여 토론이 있었다. 사도행전 1장 23~26절에 보면 유다를 대신하여 맛디아를 뽑지만, 그는 그 후에 신약성경에서 한 번도 나타나지 않았다. 그리하여 어떤 학자들은 사도 바울이 유다를 대신하여 열두 사도에 편입되었고, 유다보다 훨씬 더 큰일을 하였다고 지적한다. 성경은 열두 번째 사도 자리를 의도적으로 비워 놓았을까? 어쩌면 예수님이 그 열두 제자의 자리를 채울 당신이나 나 같은 보통 사람을 찾고 계신 것은 아닐까? 어떤 사람들은 제자도에 쉽게 적응하는 반면에 너무나 힘들게 성장하는 사람도 있다. 쉽고 어려운 것이 중요한 것이 아니라 예수님의 신실한 제자 명단에 내가 들어가는 것이 더더욱 중요한 것이다.

베드로, 야고보, 요한...수잔, 랄프, 메리디스, 쿠퍼, 케빈, 캐런, 아메드, 호세, 셀리나, 브라이언, 제시카, 로시...그리고 **당신!** 예수님의 부르심을 들으라. 다음 명령에 크게 "아멘"으로 답하라.

건강한 제자가 되라!

레이스 앤더슨 (Leith Anderson)

우드데일교회 (Wooddale Church)

미네소타의 에덴 프레이리 (Eden Prairie, Minnesota)

주(註)

서문

1. Stephen Macchia, *Becoming a Healthy Church* (Grand Rapids: Baker, 1999).

2. John Stott, *Basic Christianity*, as quoted in *Christianity Today*, 2 April 2001, 64.

3. William Barclay, *The Gospel of John*, vol. 2 (Philadelphia: Westminster John Knox, 1975), v.

4. Ibid., vol. 1, 24.

5. Margaret Campbell, *Renovaré Newsletter* 12, no. 1 (January 2002): 1.

6. George Barna, *Barna Research Newsletter*, September 2001.

1. 하나님의 임재의 권능을 경험한다

1. Barclay, *Gospel of John*, vol. 2, 154.

2. Ibid., 166.

3. Macchia, *Becoming a Healthy Church*, 32~35.

4. C. Peter Wagner, *Your Spiritual Gifts Can Help Your Church Grow* (Ventura, Calif.: Regal, 1994), 34.

5. Bruce Bugbee, Don Cousins, and Bill Hybels, *Network* curriculum (Grand Rapids: Zondervan, 1994).

2. 하나님을 높이는 예배를 드린다

1. C. S. Lewis, *Reflections on the Psalms* (New York: Harcourt, 1986).
2. Barclay, *Gospel of John*, vol. 1, 159~61.
3. Ibid., 105.
4. Max Lucado, *Traveling Light* (Nashville: W. Publishing Group/Thomas Nelson, 2001), 41~42.

3. 영적인 훈련을 실천한다

1. Barclay, *Gospel of John*, vol. 2, 172.
2. Ibid., 173.
3. Ibid., 177~79.
4. Philip Yancey, "The Back Page," *Christianity Today*, 3 April 2000, 104.
5. Rueben P. Job, *A Guide to Retreat for all God's Shepherds* (Nashville: Abingdon, 1994), 136~37.
6. Dallas Willard, "Spiritual Formation for Real Life and Ministry in the Twenty First Century" (speech, Pastors Convention, San Diego, February 2001).
7. Robert E. Coleman, introduction to *Resolutions of a Saintly Scholar*, by Jonathan Edwards, in *Billy Graham Center Collection of Classics* (Wheaton: World Wide Publications, 1992).
8. Christopher Lydon, "Remembering Sarah Small," *Boston Globe*, 28 December 2001.
9. Ibid.
10. Juan Carlos Ortiz, keynote address at Congress, Boston, 2002.
11. I highly recommend Richard J. Foster, *Prayer: Finding the Heart's True Home* (San Francisco: HarperSanFrancisco, 1992; Rueben P. Job and Norman Shawchuck, *A Guide to Prayer for All God's People* (Nashville: UpperRoom Books, 1990); Jonathan Edwards, *Religious Affections*, abridged and updated by Ellyn Saima (Uhrichsville, Ohio: Barbour, 1999); Henri J. M. Nouwen, *With Open Hands* (New York: Ballantine,

1987); John Baillie, *A Diary of Private Prayer* (New York: Macmillan, 1949); Dallas Willard, *Renovation of the Heart* (Colorado Springs: NavPress, 2002).

12. Keith Anderson and Randy Reese, *Spiritual Mentoring* (Downers Grove, Ill.: InterVarsity Press, 1999), 97~99.

4. 공동체 안에서 배우고 성장한다

1. Diana Bennett, personal correspondence.

2. Barclay, *Gospel of John*, vol. 2, 281.

3. Ibid., 282.

4. Ibid.

5. Ibid., 283~84.

6. Henri J. M. Nouwen, *In The Name of Jesus* (New York: Crossroad Publishing, 1998), 62~63.

7. Bennett, conversation with the author.

8. Rueben Job and Norman Shawchuck, *A Guide to Prayer* (Nashville: Upper Room Books, 1983).

5. 사랑과 돌봄의 관계에 헌신한다

1. Barclay, *Gospel of John*, vol. 2, 109~10.

2. Ibid., 112.

3. Gary Chapman, *The Five Love Languages* (Chicago: Moody, 1992).

4. http://www.CNN.com/2003/world/europe/01/06/offbeat.happiness. equation/index.html.

5. Graham Kendrick, "Consider It Joy," *What Grace* (sound recording, Croydon, England, Make Way Music, 2001).

6. Stephen Macchia, *Becoming a Healthy Church Workbook* (Grand Rapids: Baker, 2001).

7. Lewis Smedes, *The Art of Forgiving: When You Need to Forgive and Don't*

Know How, quoted in *Christianity Today*, 3 December 2001, 73.

6. 그리스도와 같이 섬기는 종의 모습을 실천한다

1. Christina Wallace, "Sharing Faith and Strength," *Metro Boston*, 14~16 February 2003, Weekend Edition.
2. Ibid.
3. Barclay, *Gospel of John*, vol. 2, 137.
4. Ibid.
5. Ibid., 139.
6. Ibid., 143 44.
7. Richard Foster, *Celebration of Discipline* (New York: Harper & Row, 1978), 110~11.
8. Ibid., 112~13.
9. Ibid., 117~21.

7. 그리스도의 사랑을 풍성하게 나눈다

1. Barclay, *Gospel of John*, vol. 1, 124~27.
2. Ibid., 125.
3. Ibid., 134.
4. Ibid., 135.
5. Ibid., 137~38.
6. Ibid., 140.
7. Bob Jacks and Betty Jacks, *Your Home A Lighthouse* (Colorado Springs: NavPress, 1986); idem, *Divine Appointments* (Colorado Springs: NavPress, 2002).
8. Barclay, Gospel of John, vol. 1, 151.

8. 지혜롭고 책임감 있는 삶을 산다

1. Stephen Covey, *The Seven Habits of Highly Effective People* (New York: Simon and Schuster, 1989).

2. Barclay, *Gospel of John*, vol. 2, 40.

3. Covey, *Seven Habits*.

9. 그리스도의 지체들과 긴밀하게 협력한다

1. Barclay, *Gospel of John*, vol. 2, 211~12.

2. Ibid., 212.

3. Ibid., 213~14.

4. Ibid., 215~16.

5. Ibid., 216.

6. Ibid., 217.

7. Ibid.

8. Ibid., 218.

9. Ibid., 219~20.

10. Gerald Sittser, *Loving Across Our Differences* (Downers Grove, Ill.: InterVarsity, 1994), 45~46.

11. Bill Hoyt, quoted in "Church Champions Email Update," ed. Dave Travis, Leadership Network, Dallas, 24 November 2000.

10. 풍성한 삶을 경영한다

1. Barclay, *Gospel of John*, vol. 2, 122.

2. Ibid., 123.

3. Ibid., 123~25.

4. Randy Alcorn, *The Treasure Principle* (Portland: Multnomah, 2001), 23, 41, 45, 49, 56, 73.

5. Henri Nouwen, *With Open Hands* (Notre Dame, Ind.: Ave Maria, 1982),

12.

6. Ibid., 154.

7. Wesley Willmer, "Encouraging Generosity: Learning to Value What God Values," *Christian Management Report*, June 2002, 8.

8. Ibid.

결론

1. Barclay, *Gospel of John*, vol. 2, 283.

2. George MacDonald, *Highlanders Last Song* (Minneapolis: Bethany, 1986), 169.

도서출판 세 복의 발간 도서

간증 서적

나는 어떻게 예수님을 만났는가?
홍성철 편집 / 신국판 / 초판 1쇄, 개정판 11쇄 / 332 / 8,000원
각계 각층에서 그리스도의 향기를 진하게 풍기고 있는 21명의 신앙 고백으로, 새신자 및 전도용 선물로 최적인 책.

하나님과 함께 한 스탠리 탬의 놀라운 모험
스탠리 탬 지음 / 류선욱 옮김 / 신국판 / 초판 1쇄 / 334쪽 / 8,500원
하나님의 주권을 인정할 때 얼마나 놀라운 모험을 할 수 있으며, 무엇보다도 영혼을 구원하는 일에 하나님의 동역자가 될 수 있음을 체험적으로 보여 준 책.

사망의 골짜기를 지날지라도
볼레터 스틸 크럼리 지음 / 유정순 옮김 / 신국판 / 초판 1쇄 / 158쪽 / 4,500원
말로 다 표현할 수 없는 인간의 비극 가운데서 하나님의 평강을 발견한 저자의 믿음과 용기에 관한 능력 있는 체험적인 이야기.

하나님의 회초리 능력을 위한 사랑의 매
스탠리 탬 지음 / 성미영 옮김 / 신국판 / 초판 1쇄 / 234쪽 / 6,500원
어떻게 하나님의 능력을 갖게 되고, 기도의 응답을 받으며, 매일 당면하는 문제를 초월하여 승리하고, 열매 맺는 삶을 누릴 수 있는지를 체험적으로 쓴 책.

How I Met Jesus
John Sung-Chul Hong 편집 / 신국판 / 초판 1쇄 / 296쪽 / $9.99 (10,000원)
『나는 어떻게 예수님을 만났는가?』의 영어판. 한국 평신도 남녀 각 5인, 한국 목사 5인 및 외국인 5인의 신앙 고백.

경건 서적

성령의 충만을 받으라
존 T. 시먼즈 지음 / 홍성철 옮김 / 신국판 / 재판 4쇄 / 152쪽 / 4,000원
성령의 충만과 능력을 갈구하는 모든 그리스도인에게 그 방법을 단계적으로 제시한 책.

첫 걸음부터 주님과 함께
션 던 지음 / 전현주 옮김 / 신국판 / 초판 3쇄 / 116쪽 / 3,500원
반복되는 일시적인 결단의 공허함을 극복할 수 있는 원리를 제시하며, 그 원리를 삶에 적용할 때 믿음의 진보와 주님과 하나 되는 매일의 삶으로 인도하는 책.

너희는 나를 누구라 하느냐?
존 T. 시먼즈 지음 / 홍성철 옮김 / 신국판 / 초판 1쇄 / 198쪽 / 6,500원
예수님의 인격과 비유와 기적을 통해 "너희는 나를 누구라 하느냐?"에 대한 질문을 신학적으로나 신앙적으로 명쾌하게 제시한 책.

주님, 나를 변화시켜 주세요
에벌린 크리스튼슨 지음 / 이예숙 옮김 / 신국판 / 초판 1쇄 / 280쪽 / 9,500원
하나님이 어떻게 사람들을 변화시키시는지를 경험한 저자는 변화를 이루시는 분이 하나님이심을 확신하게 하며, 실제적이고 획기적으로 변화되는 길을 안내해 주는 명저.

현대인을 위한 존 웨슬리의 메시지
스티븐 하퍼 지음 / 김석천 옮김 / 신국판 / 초판 2쇄 / 168쪽 / 5,000원
존 웨슬리의 메시지를 현대인을 위해 재해석한 책으로, 현대의 그리스도인들에게 빛과 방향을 제시해 주는 책.

성령님, 나를 변화시켜 주세요 그리고 사용하여 주세요
커리 매버스 지음 / 홍성철 옮김 / 신국판 / 초판 1쇄 / 180쪽 / 5,500원
분노와 죄의식 등 감정의 문제들이 어떻게 성령의 역사로 변화되어 성장할 수 있고, 주님께 쓰임받을 수 있는가를 제시하는 책.

참된 믿음을 가지려면
존 슈와츠 지음 / 전현주 옮김 / 신국판 / 초판 1쇄 / 148쪽 / 5,000원
성경 개관, 기독교 역사 이해, 기독교 특성 이해, 그리스도인의 성장 방법 등을 설명하는 기독교의 기본 안내서.

성령과 동행하라
스티븐 하퍼 지음 / 홍성철 옮김 / 신국판 / 초판 3쇄 / 224쪽 / 5,500원
기독교 영성이 무엇이며, 또 어떻게 그 영성을 체험하고 유지할 수 있는지에 대한 좋은 안내자가 되는 책.

십자가 앞에서
라차드 바우크햄, 트레보 하트 지음 / 김동욱 옮김 / 신국판 / 초판 1쇄 / 156쪽 / 5,000원
십자가 앞에 서 있던 열한 명의 삶의 관점에서 십자가를 묵상하므로 우리의 삶을 깊이 있게 변화시켜 줄 것을 기대할 수 있는 책.

그리스도의 마음
데니스 킨로 지음 / 홍성철 옮김 / 신국판 / 초판 1쇄 / 188쪽 / 6,000원
성령이 믿는 자에게 주시는 "그리스도의 마음"이 의미하는 바가 무엇인지 잘 설명해 주는 명저.

성결의 아름다움
베인즈 에트킨슨 지음 / 홍성국 옮김 / 신국판 / 초판 1쇄 / 184쪽 / 5,500원
성결이라는 성경적 진리의 핵심에 직면하여 마음의 감동과 함께 성결하게 되는 것을 체험하도록 인도해 주는 책.

제자훈련

이렇게 예수 그리스도의 제자가 되자
홍성철 지음 / 신국판 / 초판 2쇄 / 238쪽 / 7,000원
예수 그리스도처럼 제자훈련의 모범과 성공을 이룬 사람은 일찍이 없었다. 그분의 훈련 방법과 원리가 무엇인지에 대한 해답을 성경적으로 명쾌하게 제시한 책.

건강한 제자가 되자 생명력 넘치는 그리스도인의 열 가지 특성
스티브 매카아 지음 / 최언집 옮김 / 신국판 / 초판 1쇄 / 367쪽 / 12,000원
건강한 그리스도인으로서 예수 그리스도의 성숙한 제자가 되는 원리를 열 가지로 제
시하고 있는 책.

QT 서적

날마다 솟는 샘
존 T. 시먼즈 지음 / 이영기 옮김 / 크라운판 (양장본) / 초판 1쇄 / 378쪽 / 12,000원
사복음서에 나타난 예수님의 삶과 가르침을 통하여 1년 동안 큐티를 위한 매일의 영적
양식으로, 독자의 영적 삶을 풍성하게 해주는 책.

하나님의 임재를 연습하라
로렌스 형제 지음 / 스티브 트락셀 편집 / 류명욱 옮김 / 신국판 / 초판 2쇄 / 172쪽 / 6,500원
일상생활 속에서 하나님을 사랑하라는 명령을 실천하는 것이 무엇인가를 보여 주어
하나님의 임재 안에서 사는 법을 훈련할 수 있는 명저.

전기 서적

거룩한 삶을 산 믿음의 영웅들
웨슬리 듀웰 지음 / 홍성철 옮김 / 신국판 / 초판 1쇄 / 312쪽 / 8,000원
거듭난 후 성령으로 충만함을 받은 경험을 하고 하나님이 사용하신 믿음의 영웅들 열
네 명의 전기집.

위대한 그리스도인들은 어떻게 성령의 충만을 받았는가
제임스 로슨 지음 / 홍성철 옮김 / 신국판 / 초판 2쇄 / 298쪽 / 7,000원
하나님의 장중에 사로잡혀 위대하게 살았던 20명의 감동적인 성령 충만의 체험담을
기록해 놓은 책.

수잔나 존 웨슬리의 어머니
아놀드 댈리모어 지음 / 김석천 옮김 / 신국판 / 초판 2쇄 / 230쪽 / 6,000원
존과 찰스 웨슬리의 어머니 수잔나의 경건의 모범, 자녀 교육과 양육, 고난과 어려움
을 이겨 풍성한 영적 유산을 남겨 준 이야기.

존 웨슬리 그의 생애와 신학
로버트 G. 터틀 2세 지음 / 김석천 옮김 / 신국판 / 초판 1쇄 / 480쪽 / 13,000원
하나님께 전적으로 헌신하며 살았던 존 웨슬리의 이야기를 통해 독자를 예수 그리
스도의 충만한 믿음으로 인도하는 책.

전도 및 선교 서적

불타는 전도자 존 웨슬리
홍성철 지음 / 신국판 (양장본) / 초판 5쇄 / 344쪽 / 12,000원
존 웨슬리가 어떻게 불타는 전도자가 될 수 있었는지를 제시하여, 현대 그리스도인들
도 불타는 전도자가 되도록 인도해 주는 책.

당신의 생애도 변화될 수 있다
알란 워커 지음 / 홍성철 옮김 / 신국판 / 초판 2쇄 / 104쪽 / 4,000원
삶의 목적과 변화를 원하는 모든 현대인들에게 예수 그리스도가 제공하는 구원의 은혜로 변화된 생애를 살 수 있도록 도전하고 길잡이 역할을 할 명저.

현대인을 위한 복음전도의 성경적 모델
홍성철 지음 / 신국판 / 초판 2쇄 / 320쪽 / 11,000원
복음적인 안목으로 성경에 접근하고자 하는 그리스도인과 복음전도 지향적인 설교를 준비하는 사역자를 위해 길잡이 역할을 할 명저.

전도학
홍성철 편저 / 신국판(양장본) / 초판 1쇄 / 432쪽 / 15,000원
전도학의 대가들의 글들을 모아 편집한 책으로, 전도 신학, 전도 전략, 전도 방법을 기술한 전도학의 길잡이가 될 명저.

복음을 전하세 복음전도의 성경적 근거
홍성철 지음 / 신국판 / 초판 1쇄 / 198 / 8,000원
목회자는 물론 평신도에게 복음전도에 대한 뜨거운 열정과 사명을 일으키게 할 책.

주님의 지상명령 성경적 의미와 적용
홍성철 지음 / 신국판 / 초판 2쇄 / 218쪽 / 7,000원
주님의 지상명령이 함축하고 있는 의미를 깊이 조명하여 그리스도인들로 하여금 그 명령에 보다 확실히 순종할 수 있게 할 저자가 심혈을 기울인 책.

회심 거듭남의 의미와 적용
홍성철 편집 / 신국판 / 초판 2쇄, 개정판 3쇄 / 224쪽 / 7,000원
기독교에서 가장 핵심적 교리인 "회심"의 문제를 신학적, 경험적, 적용적으로 이 분야의 권위자들이 다룬 9편의 글.

타문화권 복음 전달의 원리와 적용
존 T. 시먼즈 지음 / 홍성철 옮김 / 신국판 / 초판 3쇄, 2판 2쇄 / 342쪽 / 8,000원
복음과 타종교와의 관계 및 복음 전달의 원리와 방법을 깊게 다루어 복음 전달의 이론적 인도자가 되는 명저.

서로 사랑하자 성경적 복음전도의 모형
진 게츠 지음 / 하도균 옮김 / 신국판 / 초판 2쇄 / 228쪽 / 7,000원
사랑의 동기로 시작하는 복음전도에서 그리스도인들이 사랑으로 하나됨을 통해 사람들을 그리스도께로 인도할 구체적인 방법을 안내하는 베스트 셀러 작가 진 게츠의 명저.

상담 서적

상처난 아버지와의 관계 회복
제임스 L. 쉘러 지음 / 이기승 옮김 / 신국판 / 초판 3쇄 / 272쪽 / 8,000원
인생의 풀리지 않는 아버지와의 문제들이 무엇이며 그것을 어떻게 다루어야 할지, 더 나아가 하나님 아버지께로 인도하는 책.

당신의 인생을 다시 시작하라
데일 겔러웨이 지음 / 류선욱 옮김 / 신국판 / 초판 1쇄 / 202쪽 / 6,500원
인생에서 위기를 당하거나 상처를 입었을 때 어떻게 극복할 수 있는지 저자 자신의 경험을 통해 새롭게 일어날 수 있는 길을 감동적으로 조명해 주는 책.

마음의 숨겨진 상처를 치유하시는 예수님　성령님과 치유 사역
브래드 롱, 신디 스트릭클러 지음 / 전현주 옮김 / 신국판 / 초판 1쇄 / 318쪽 / 11,000원
독특하고 실제적인 방식으로 전인적이고 균형 있는 영적인 치료법을 다룬 상담과 치유 사역을 위한 필독서.

자살을 애도하며
알버트 쉬 지음 / 전현주 옮김 / 신국판 / 초판 1쇄 / 262쪽 / 7,000원
사랑하는 사람이 자살한 후 남겨진 자살 생존자들을 돕는 안내서이며, 자살을 예방할 수 있도록 돕는 책.

절망과 소망 사이에서　어떻게 육체의 질병을 이길 수 있는가
알 B. 와이어 지음 / 박현주 옮김 / 신국판 / 초판 1쇄 / 280쪽 / 9,500원
육체의 질병에 대해 심각한 진단을 받을 때, 어떻게 대처하고, 어떠한 선택을 하고, 어떻게 하나님과 함께 동행하며 승리하는가를 보여 주는 책.

도움의 기술　상처받은 사람에게 무엇을 말하고 행할 것인가
로렌 리타우어 브릭스 지음 / 전현주 옮김 / 신국판 / 초판 1쇄 / 432쪽 / 13,000원
우리의 도움을 필요로 하는 상처받은 사람들에게 우리가 의미 있는 격려를 할 수 있는 상식적, 실제적, 구체적인 방법들을 제시해 주는 필독서.

잃어버린 퍼스낼리티를 찾아서
최병전 지음 / 신국판 / 초판 1쇄, 개정판 1쇄 / 206쪽 / 5,000원
구원은 받았지만 인격의 상처는 개인과 가정과 교회와 사회에 문제를 일으키는 것을 진단하고 해결의 실마리를 제시하는 책.

목회 서적

목회자의 자기 관리
로이 오스왈드 지음 / 김종환 옮김 / 신국판 / 초판 2쇄 / 276쪽 / 7,000원
자기 관리에 게으르거나 무관심한 그리스도인이 어떻게 자기 관리를 해야 하는지 구체적으로 제시하는 책.

영혼을 돌보는 목자
캐롤 와이즈, 존 힝클 지음 / 이기승 옮김 / 신국판 / 초판 1쇄 / 248쪽 / 6,500원
잠재력이 있는 영혼들을 돌보는 사역을 감당하고자 하는 목사, 전도사, 평신도 지도자, 구역장 등에게 안내자 역할을 하는 책.

가정교회　21세기 목회의 새로운 대안
박승로 지음 / 신국판 / 초판 1쇄 / 214쪽 / 7,500원
교회성장을 위하여 소그룹의 특성을 살리며 살아 있는 교회의 세포인 "교회 안의 작은 교회"의 가정교회의 사례 연구와 교회 갱신의 전략으로서 구체적인 방향을 제시한 책.

강해설교 서적

고난 중에도 기뻐하라 (빌립보서 강해설교)
홍성철 지음 / 신국판 / 초판 2쇄 / 506쪽 / 10,000원
고난 중에도 기뻐할 수 있는 사도 바울의 비결을 성경적으로 파헤치고, 목회적으로 제시한 41편의 강해설교집.

하나님의 사람들 마태복음 1장 1절 강해설교
홍성철 지음 / 신국판 / 초판 1쇄 / 272쪽 / 9,000원
14회에 걸친 강해설교로, 아브라함, 다윗, 예수 그리스도의 비천에서 존귀로의 삶을 통해 21세기를 살아가는 그리스도인들에게 실제적인 교훈과 열정을 회복시키는 메시지.

눈물로 빚어 낸 기쁨 (룻기 강해)
홍성철 지음 / 신국판 / 초판 1쇄 / 182쪽 / 6,000원
룻기에 담겨진 아름다운 이야기를 새로운 각도로 접근하여 전개한 강해집.

절하며 경배하세
홍성철 지음 / 신국판 / 초판 1쇄 / 224쪽 / 8,000원
예배의 대상과 예배자의 자세를 마태복음과 요한계시록을 근거로 제시하여, 예수 그리스도를 깊이 만나게 하는 명저.

우리에게 일용할 양식을 주소서 (주기도문 강해설교)
홍성철 지음 / 신국판 / 초판 2쇄 / 228쪽 / 6,000원
주기도문에 나타난 하나님의 영광과 우리의 필요를 깊이 조명시켜 주는 강해설교집.

기적을 만드는 사람들
워렌 위어스비 지음 / 구교환 옮김 / 신국판 / 초판 1쇄 / 182쪽 / 6,000원
사도로 변화된 베드로의 이야기를 통해 현대의 그리스도인들이 하나님의 기적을 만들며 살아가도록 도전하는 책.

가상칠언 그 의미와 적용
아더 핑크 지음 / 전현주 옮김 / 신국판 / 초판 1쇄 / 192쪽 / 7,000원
십자가 위에서 하신 주님의 일곱 말씀을 통해 용서, 구원, 사랑, 고뇌, 고난, 승리, 만족에 대한 교훈을 얻을 명저.

알기 쉬운 히브리서 (히브리서 강해)
네일 라이트푸트 지음 / 홍성철 옮김 / 신국판 / 초판 1쇄 / 244쪽 / 7,500원
대제사장이요 단번에 드려진 속죄물이신 예수 그리스도를 소개하여 모든 그리스도인들의 신앙을 깊게 하며 예수 그리스도를 깊이 만나게 하는 명저.

성령 안에서 설교하라
데니스 F. 킨로 지음 / 홍성철 옮김 / 신국판 / 초판 3쇄 / 176쪽 / 4,500원
방법과 기교를 강조하는 현대 설교에서 성령의 임재를 회복할 수 있는 설교의 원리와 방법을 분명하게 제시하는 책.

심령의 호소를 들으시는 하나님 (시편 1~23편 강해)

이태웅 지음 / 신국판 / 초판 1쇄 / 304쪽 / 7,500원
시편을 기록한 지 수천 년이 지났으나, 시편 기자들이 경험한 변함없는 하나님의 실재와
냉험한 현실 사이에서 의에 주리고 목말라하는 사람에게 한 모금의 냉수와 같은 책.

시편 강해 (I-IV)

강선영 지음 / 신국판 (양장본) / 초판 1쇄 / 550쪽 / 권당 15,000원
저자가 4년여 동안 시편 전체를 연구하며 설교한 것을 정리하여 펴낸 강해설교집.

요한복음 강해 (I-IV)

강선영 지음 / 신국판 (양장본) / 초판 1쇄 / 590쪽 / 권당 12,000원
저자가 6년여 동안 요한복음을 연구하며 설교한 것을 정리하여 펴낸 강해설교집.

신학 서적

복음주의 실천신학개론

복음주의 실천신학회 편 / 신국판(양장본) / 초판 5쇄 / 430쪽 / 15,000원
한국 교회의 목회자와 그리스도인들에게 신학의 복음주의적인 안목을 갖게 함으로 목
회 현장을 더욱 풍요롭게 하는 지침서.

성령은 누구인가 삼위일체론적 성령론

전성용 지음 / 신국판 / 초판 1쇄 / 390쪽 / 13,000원
은사를 중심으로 다룬 성령론이 아니라 성령을 삼위일체 하나님으로, 그리고 성부 성
자와 동등한 독자적인 인격으로 다루는 새로운 성령론의 패러다임을 제시하는 책.

신앙과 신학을 위한 요한복음의 삼위일체 하나님

배종수 지음 / 신국판 / 초판 1쇄 / 610쪽 / 15,000원
요한복음에 나타난 삼위일체 하나님이 누구이시며, 어떻게 존재하시고 구원을 위해
무엇을 하시는지를 누구나 읽고 이해할 수 있도록 쉽게 쓴 책.

웨슬리안 조직신학

오톤 와일리, 폴 칼벗슨 지음 / 전성용 옮김 / 신국판 / 초판 2쇄 / 570쪽 / 15,000원
신학의 기초 과정을 위한 교과서일 뿐만 아니라, 평신도들이 사용할 수 있도록 간략하
면서도 체계를 갖춘 기독교 교리를 제시한 신학의 고전.

최후의 승리

어네스트 젠타일 지음 / 이혜숙 옮김 / 신국판 (양장본) / 초판 1쇄 / 398쪽 / 15,000원
예수님의 영광스러운 재림이 어떠할 것인지를 알려 주고, 영적으로 깨어서 기쁨으로
준비할 수 있게 할 역작.

워크북 시리즈 (그룹 교재로 사용 가능)

죽음에 이르는 죄 어떻게 극복할 것인가

맥시 더남, 킴벌리 더남 레이스먼 지음 / 서대인 옮김 / 신국판 / 초판1쇄 / 288쪽 / 7,000원
피할 수 없는 일곱 가지 죄가 우리의 삶에 어떻게 나타나며, 이러한 죄를 다루는 방법
을 제시하여 죄를 극복하게 하는 책.

중보기도
맥시 더남 지음 / 구교환 옮김 / 신국판 / 초판 1쇄 / 266쪽 / 7,000원
본서는 중보기도의 이해를 도울 뿐만 아니라, 개인이나 그룹이 중보기도를 실제로 하게 하기 위한 구체적이고 실제적인 지침서.

예수님처럼 사랑하자
맥시 더남 지음 / 류명욱 옮김 / 신국판 / 초판 1쇄 / 202쪽 / 7,000원
사도 바울의 사랑장인 고린도전서 13장의 내용을 구체적으로 파악할 수 있고, 독자로 하여금 사랑할 수 있는 구체적인 사랑의 길로 인도하는 책.

그리스도인의 문제들 어떻게 극복할 것인가?
맥시 더남 지음 / 하도균 옮김 / 신국판 / 초판 1쇄 / 264쪽 / 7,000원
그리스도인이 매일의 삶 속에 당면하는 문제들을 어떻게 대처하고 극복해 나갈 수 있는지 안내하는 책.

영적 훈련
맥시 더남 지음 / 이연승 옮김 / 신국판 / 초판 1쇄 / 230쪽 / 7,000원
승리하는 그리스도인의 삶을 형성하기 위한 훈련 과정의 워크북으로, 개인적인 묵상뿐만 아니라 소그룹에서 사용할 수 있는 훈련 교재로도 적합한 책.

성령의 열매와 생활
맥시 더남, 캄벌리 더남 레이스먼 지음 / 박재승 옮김 / 신국판 / 초판 1쇄 / 270쪽 / 7,000원
그리스도인의 믿음을 강화시켜 줄 재료로 일곱 가지 기본 덕목을 제시하며, 하나님이 창조하신 대로 선한 자가 되어, 독자를 성령의 열매를 맺는 생활로 안내하는 책.

기독교 고전 시리즈 (1~16권 / 문고판 / 초판 2쇄 / 권당 1,500원)

1. 왜 하나님은 무디를 사용하셨는가   R. A. 토레이 지음 / 홍성철 옮김
2. 보다 깊은 삶   로버트 머레이 맥체인 지음 / 구교환 옮김
3. 하나님의 임재를 연습하라   로렌스 형제 지음 / 이소연 옮김
4. 성결   J. C. 라일 지음 / 서대인 옮김
5. 예수님을 위하여 선하게 증거하자   존 왓슨 지음 / 이대규 옮김
6. 공격적인 기독교   캐더린 부스 지음 / 염동팔 옮김
7. 구령자를 위한 권면   호레시우스 보너 지음 / 최석원 옮김
8. 불타는 사랑   블레즈 빠스칼 지음 / 곽춘희 옮김
9. 행동하는 믿음   조지 뮬러 지음 / 송철웅 옮김
10. 하늘가는 마부   존 번연 지음 / 문정일 옮김
11. 성도다운 학자의 결단   조나단 에드워즈 지음 / 홍순우 옮김
12. 설교자와 기도   E. M. 바운즈 지음 / 이혜숙 옮김